金融周期

THE LONG GOOD BUY

Analysing Cycles in Markets

[英] 彼得·奥本海默 / 著

(Peter C. Oppenheimer)

黄秋怡 / 译

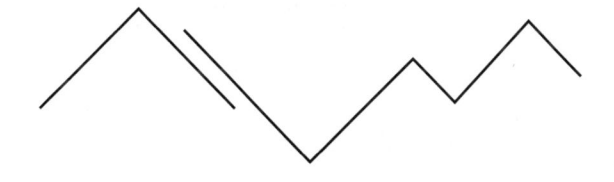

中信出版集团 | 北京

图书在版编目（CIP）数据

金融周期 /（英）彼得·奥本海默著；黄秋怡译. -- 北京：中信出版社，2022.9（2025.1重印）
书名原文：The Long Good Buy : Analysing Cycles in Markets
ISBN 978-7-5217-4449-1

Ⅰ.①金… Ⅱ.①彼…②黄… Ⅲ.①金融投资 Ⅳ.① F830.59

中国版本图书馆 CIP 数据核字（2022）第 091161 号

The Long Good Buy: Analysing Cycles in Markets by Peter C. Oppenheimer
ISBN 9781119688976 (cloth)
Copyright © 2020 by Peter C. Oppenheimer
All rights reserved. Authorized translation from the English language edition published by John Wiley & Sons Limited. Responsibility for the accuracy of the translation rests solely with China CITIC Press and is not the responsibility of John & Wiley Sons Limited. No part of this book may be reproduced in any form without the written permission of the original copyright holder, John Wiley & Sons Limited. Copies of this book sold without a Wiley sticker on the cover are unauthorized and illegal.
Simplified Chinese translation copyright © 2022 by CITIC Press Corporation.
All rights reserved.
本书仅限中国大陆地区发行销售

金融周期
著者：　　[英]彼得·奥本海默
译者：　　黄秋怡
出版发行：中信出版集团股份有限公司
　　　　（北京市朝阳区东三环北路 27 号嘉铭中心　邮编　100020）
承印者：　北京盛通印刷股份有限公司

开本：787mm×1092mm 1/16　　印张：17　　字数：220 千字
版次：2022 年 9 月第 1 版　　　　　印次：2025 年 1 月第 5 次印刷
京权图字：01-2021-1007　　　　　　书号：ISBN 978-7-5217-4449-1
定价：79.00 元

版权所有·侵权必究
如有印刷、装订问题，本公司负责调换。
服务热线：400-600-8099
投稿邮箱：author@citicpub.com

献给乔安娜、杰克和米娅

目 录

- 前言 VII
- 概述 XI

第一部分

来自过去的经验：
周期是什么样的？是什么驱动了周期？

第 一 章 · 在大环境下把握周期 002

第 二 章 · 长期回报 018
- 不同持有期的回报 020
- 风险回报和股权风险溢价 024
- 股息的力量 027

- 影响投资者回报的因素 030

    投资时机 030

    股票与债券的估值和回报 033

- 多元化对投资周期的影响 035

第 三 章 · **股市周期** 037

- 股市周期的四个阶段 038
- 投资周期内的微型周期 046
- 周期与债券收益率的相互作用 049

第 四 章 · **资产回报周期** 051

- 经济周期不同阶段的资产表现 051
- 投资周期不同阶段的资产表现 054
- 债券收益率变化对股票的影响 056

    周期时点：越早越好 061

    调整速度：越慢越好 062

    收益率水平：越低越好 062

- 股票与债券之间的结构性变化 064

第 五 章 · **行业、公司与周期** 068

- 不同行业与周期的关系 070
- 周期性公司与防御性公司 072
- 价值型公司与成长型公司 077
- 价值型 / 成长型股票及其久期 079

— II —

第二部分

牛市与熊市：
什么引发了牛熊，投资者需要注意什么？

- 第 六 章 · **熊市的本质与表现形式** 086
  - 熊市并非一模一样 086
  - 周期性熊市 093
  - 事件驱动型熊市 095
  - 结构性熊市 096
    - 降息与结构性熊市 099
    - 价格冲击 101
    - 对"新时代"的信念 101
    - 高负债水平 101
    - 领导股渐失领先地位 102
    - 高波动性 102
  - 熊市与企业利润的关系 103
  - 熊市特征总结 105
  - 定义金融危机：特殊的结构性熊市 106
  - 寻找预示熊市风险的指标 107
    - 熊市前的典型表现 109
    - 熊市预测系统 112

第 七 章 • **牛市的本质与表现形式** 114

- "超级周期"：长期牛市 114

    1945—1968 年：战后的繁荣 116

    1982—2000 年：通货紧缩开始 118

    2009 年以后：量化宽松与"大稳健" 120

- 周期性牛市 121

- 牛市持续时间 124

- 无趋势牛市 126

第 八 章 • **膨胀的泡沫：过度的迹象** 129

- 惊人的上涨与崩溃 132

- 对"新时代"的信念……这次不一样了 136

- 放松管制与金融创新 143

- 宽松的信贷 145

- 新的估值方法 147

- 会计丑闻 149

第三部分

对未来的启示：
后金融危机时代的变化和意义

第 九 章 · **金融危机后的经济周期** 154

- 金融危机的三次浪潮 156
- 金融市场与实体经济的显著差距 159
- 流动性浪潮掀起了每一艘船 163
- "超级回报"的驱动因素 165
- 较低的通货膨胀率和利率 165
- 全球增长预期的下降趋势 168
- 失业率下降，就业率上升 169
- 利润率上升 170
- 宏观经济变量波动性下降 172
- 科技的影响力不断上升 175
- 增长与价值之间的鸿沟 176
- 日本的教训 182

第 十 章 · **利率：超低债券收益率的影响** 186

- 零利率与股票估值 191
- 零利率与增长预期 193

- 由零利率倒推未来增长率 195
- 零利率与人口统计 200
- 零利率与风险资产偏好 201

第十一章 · **科技与周期** 205
- 科技的崛起与历史的对照 206
  - 印刷机与第一次大数据革命 207
  - 铁路革命与基础互联设施 208
  - 电力和石油推动了20世纪的发展 210
  - 技术：颠覆与适应 210
- 科技创新、经济增长与周期 212
- 科技股和科技行业的主导地位还能持续多久？ 216
- 估值会涨到多高？ 217
- 相对于市场，公司能有多大？ 220
- 科技的赢家与输家 223

- **结　论** 227
- **致　谢** 235
- **参考文献** 237
- **推荐阅读** 247

前　言

本书主要内容为经济和金融市场周期以及影响它们的因素。之所以写这本书，是出于我长久以来的兴趣：尽管经济、社会和技术随着时间的推移发生了巨大的变化，但是重复的行为模式和市场周期似乎一直存在。

在我过去35年的职业生涯中，通胀预期已然崩溃，我们进入了美国150年来最长的经济周期，全球约有1/4的政府债券收益率为负。同一时期，技术取得了巨大进步，政治背景也发生了巨大变化。与此同时，全球已经发生了三次大衰退（在大多数经济体中）和若干次金融危机。

尽管自20世纪80年代中期以来发生了许多政治、经济和社会变化，但是经济和金融市场的某些模式仍在重复。这些模式可以追溯至100多年前的市场表现，金融市场周期对经济周期做出反应并预期经济周期。在某种程度上，这些模式也受到情绪和心理变化的驱动。了解人们如何处理信息、如何应对风险和机遇，有助于解释金融市场周期的存在。

虽然很难得知我们在一个周期中的实时位置，而且短期回报难以预测，但是投资者仍可利用有用的信息帮助自己评估风险，理解发生不同结果的可能性。

本书的主旨不是提出预测未来的模型，而是找出存在于经济和金融周期之间的信号和关系。我试图开发一些实用的工具和框架，用于评估随着投资周期的演变而产生的风险和潜在回报，并着重强调部分指标和预警信号，这些指标和信号可能表明，市场上出现一个向上或向下拐点的可能性正在上升。

最后，我试图找出经济和金融变量之间一些"典型"关联是如何随着时间变化的，特别是自金融危机以来。

认识和理解这些不断变化的状况及其对投资机会的影响，可以帮助投资者提高回报，尤其是在股市上享受长期回报。

本书分为三个部分：

1. 前车之鉴：周期是什么样的，它们的驱动因素是什么？
2. 牛市和熊市的性质和成因：什么引发了牛市和熊市，需要注意什么？
3. 对未来的启示：聚焦后金融危机时代，什么发生了变化？这对投资者意味着什么？

第一部分首先描述了自 20 世纪 80 年代以来，经济环境以及政治和技术方面发生的一些重大变化。

第一章描述了在不断变化的背景下，熊市、金融危机和崩盘、牛市和泡沫经济是如何来了又走的，熟悉的模式是如何在明显不同的情境下重复出现的。本章讨论了这些周期产生的原因，包括人类情感和心理因素产生的影响。

第二章记录了历史上不同资产类别和特定持有期限所获得的长期

回报，并研究了承担风险的回报。本章探讨了股息在股票总回报中的重大作用，以及影响投资者回报的关键因素。

第三章着重讲述股票牛市和熊市的四个阶段——绝望、希望、增长和乐观，并展示了各个阶段是如何由不同影响因素下的不同回报驱动的。

第四章探讨了在一个典型的投资周期中，不同竞争性资产类别的回报模式。

第五章侧重于讨论股权投资风格或因素是如何在周期中演变的。

第二部分是对股票牛市和熊市的性质、成因和影响的深入研究。

第六章描述了不同类型的熊市：周期性、事件驱动型和结构性熊市，以及可以用来识别熊市风险的因素。

第七章描述了不同类型的牛市，特别是长期上涨的牛市和周期性牛市之间的区别，以及产生这种区别的原因。

第八章重点关注泡沫经济及其特征，以及识别正在形成中的投机泡沫的常见信号。

第三部分考察了自 2008 年、2009 年金融危机以来，周期的许多基本成因和特征发生的变化。

第九章侧重于讨论盈利能力、通货膨胀和利率的长期放缓，同时讨论了一些可以从日本市场及其 20 世纪 80 年代后期的泡沫经济中学到的教训。

第十章描述了零甚至负债券收益率对回报和周期产生的影响及其后果。

第十一章讲述了近年来科技领域的巨大变化、历史上的相似之处，以及这些变化对股市和周期的影响。

概 述

我作为实习研究分析师的第一份工作开始于1985年底。自那时起，经济和社会中的许多事物都发生了翻天覆地的变化。世界变得更加互联互通；"冷战"结束，苏联解体，预示着一个"全球化"时代的到来。在我开始职业生涯的不久前，英国于1979年取消了外汇管制（这是90年来的第一次），而法国和意大利仍保留着这些限制，直至1990年才取消。[1] 经济状况也发生了变化，几个关键的宏观经济基本面指标发生了巨大变动：30年来，通胀持续下降，利率大幅下跌；美国10年期政府债券收益率从超过11%下降至2%，联邦基金利率从超过8%降至1.5%，目前全球1/4的政府债券收益率为负。通胀预期得到良好控制，经济波动性有所下降。

与此同时，科技创新也改变了我们的工作和交流方式，计算能力彻底颠覆了处理和分析数据的能力。1985年最强大的超级计算机

---

[1] 根据欧共体的指导方针，法国和意大利必须在1990年7月1日之前结束所有的外汇管制，但法国提前6个月实施了这一规定，以显示其对欧洲商品、资本和人员自由流动原则的承诺。

（Cray-2）的处理能力与 iPhone 4（苹果手机）相当。[1] 这些年来，数字革命的规模和可用数据的数量在当时是不可想象的，而且这一趋势似乎正在加速。微软总裁布拉德·史密斯最近指出："这个 10 年结束时的数据量将是这个 10 年开始时的 25 倍。"[2]

同一时期，全球已经发生了三次重大经济衰退（在大多数经济体中）和若干次金融危机，包括 1986 年美国储蓄贷款协会危机、1987 年"黑色星期一"，1986 年至 1992 年日本资产泡沫的形成和崩溃，1984 年的墨西哥危机，20 世纪 90 年代的新兴市场危机（1997 年的亚洲、1998 年的俄罗斯以及 1998—2002 年的阿根廷），1992 年的 ERM 货币危机，2000 年的科技股崩盘，以及全球金融危机——始于 2007 年的次贷危机和美国房地产市场的下跌，以及 2010 年、2011 年的欧洲主权债务危机。

在过去的 30 年里，全球经济状况和科技发生了巨大变化，偶尔也会发生金融和经济危机，而类似的模式倾向于在金融市场呈周期性重复出现，尽管形式略有不同。在 2019 年的一篇论文中，作者菲拉尔多、隆巴尔迪和拉乔指出，在过去的 120 年里，美国经历了通货膨胀率低的金本位时期以及通货膨胀率高且波动的 20 世纪 70 年代，而在这段漫长的历史时期里，中央银行的价格稳定作用已经转变，财政和监管政策也发生了巨大变化，但"在所有这些过程中，金融周期的

---

[1] Stone, M. (2015). The trillion fold increase in computing power, visualized. Gizmodo [online]. Available at https://gizmodo.com/the-trillion-fold-increase-in-computing-power-visualiz-1706676799.

[2] Smith, B., and Browne, C. A. (2019). *Tools and weapons: The promise and the peril of the digital age.* New York, NY: Penguin Press.

动态演变仍然是经济的不变特征"。[1]

本书探讨的是周期以及驱动周期的因素。撰写本书的目的是证明，尽管背景和环境发生了重大变化，但是随着时间的推移，经济和金融市场的表现和行为模式似乎一直在重复。

本书在承认这些变化的基础上，试图评估我们观察到的变化中有多少是周期性的，有多少是结构性的，而主要内容仍是研究金融市场中哪些部分是可预测的，或者至少是可能被预测的。

人们对经济周期及其对金融市场和价格的影响的兴趣由来已久，也有许多关于经济周期如何发挥作用的理论探讨。以约瑟夫·基钦（1861—1932）的名字命名的基钦周期是一种为期40个月的经济周期，受大宗商品和库存驱动。朱格拉周期（克莱门特·朱格拉，1819—1905）可用来预测资本投资，为期7~11年。库兹涅茨周期（西蒙·库兹涅茨，1901—1985）旨在预测收入，为期15~25年。康德拉季耶夫周期（尼古拉·康德拉季耶夫，1892—1938）为期50~60年，由重大科技创新驱动。显然，人们对经济周期之所以有诸多不同描述，是因为经济周期存在许多不同的驱动因素，这也是所有周期理论都存在的问题。其中一些理论，如持续时间非常长的康德拉季耶夫周期，由于可观测的数据非常少，很难从统计上进行测试。

传统上人们对周期的关注主要与经济有关，而本书的重点是金融周期、金融周期的驱动因素以及金融周期的不同阶段，其中金融周期的不同阶段是第三章详细讨论的主题。金融市场尤其是股票市场普

---

[1] Filardo, A., Lombardi, M., and Raczko, M.（2019）. Measuring financial cycle time. *Bank of England Staff Working Paper No. 776* [online]. Available at https://www.bank of england.co.uk/workingpaper/2019/measuring-financial-cyclc time.

遍存在周期，这种观点已经存在很长一段时间了。费雪（1933）和凯恩斯（1936）都研究过大萧条时期实体经济和金融领域之间的相互作用。伯恩斯和密契尔于1946年发现商业周期存在的证据，后来学术界认为，金融周期是商业周期的一部分，财务状况和私营部门资产负债表的健康程度都是重要的触发及放大周期的因素（埃克斯坦和赛奈，1986）。其他研究表明，全球流动性浪潮可以与国内金融周期相互作用，从而在某些情况下引发极端金融形势（布鲁诺和希恩，2015）。[1]

更近期的研究表明，经济的疲软程度（或产出缺口——实际产出与潜在产出之差）在一定程度上可以由金融因素（博里亚、皮蒂和尤塞柳斯，2013）来解释，这些因素在很大程度上解释了经济产出和潜在增长的波动，并"决定了哪些产出曲线是可持续的，哪些是不可持续的"[2]，这意味着金融与经济周期之间存在密切联系和反馈循环。

也就是说，尽管对经济和金融周期的兴趣由来已久，但是人们对于周期能否被预测并未达成共识。一派观点认为，市场的未来价格波动无法被预测，此观点源于有效市场假说（法玛，1970），该假说认为，任一特定时间的股价或市场价值均反映了这只股票或这个市场所有可用的信息；市场在定价方面是有效的，因此定价永远是正确的，除非或直到遇到某些变化。这个观点引出的另一种观点认为，投资者无法真正预测市场或某家公司的表现。这是因为在任何时候，任何人所掌握的信息都不会比已经反映在市场上的信息多，因为市场总是有

---

1 Bruno, V., and Shin, H. S. (2015). Cross-border banking and global liquidity. *Review of Economic Studies*, 82(2), 535–564.
2 Borio, C., Disyatat, P., and Rungcharoenkitkul, P. (2019). What anchors for the natural rate of interest? *BIS Working Papers No. 777* [online]. Available at https://www.bis.org/publ/work777.html.

效的，基本面的变化（如经济事件）会立即反映在价格上。

但理论是一回事，实践是另一回事。例如，诺贝尔奖得主罗伯特·希勒的研究表明，股价虽然在短期内极不稳定，但其估值或市盈率提供的信息使其在一定程度上具有长期可预测性（希勒，1980），这表明，估值至少为未来回报提供了某种指导。另一些人则认为，人们可以从金融资产中获得的回报与经济状况有关，因此，即使难以做出准确的预测，也可以评估某些结果的可能性。

尽管金融周期和经济周期之间存在一定的联系（主要是因为债券受到通胀预期的影响，股票受到增长率的影响），但人类行为的某些模式反映有时放大了预期的经济状况。投资者对经济和企业基本面（如预期增长、利润、通货膨胀和利率）的看法才是关键。越来越多的学术研究表明，风险偏好是支持性政策（如低利率）影响周期的一个关键路径（博里奥，2013）。[1] 投资者有时承担风险的意愿强烈，有时面对风险过度谨慎（通常是在一段时间的低回报之后），这两种状态往往会放大经济基本面对金融市场的影响，乃至形成周期和重复的行为模式。

恐惧和贪婪，乐观和绝望，这些情绪以及群体行为和共识的力量，可以超越特定的时间或事件，支撑着行为模式在金融市场不断重复，即使环境和条件完全不同。当投资者忽略了经济过热和投机过度的一些重要预警信号时，错误可能会重复出现。当环境利好、有强有力的"好故事"时，过热和过度就可能出现。我将在第八章讨论这一话题，该章探讨情绪在投机过度和金融泡沫中的作用。

1　Borio, C. (2013). On time, stocks and flows: Understanding the global macroeconomic challenges. *National Institute of Economic and Social Research*, 225(1), 3-13.

当然，尽管随着时间的推移，市场仍存在重复的模式，但是不同周期、不同经济背景也存在独特的事件和经济条件。事实上，没有两个时期是完全相同的，即使背景相当相似，不同影响因素的精确排列也不太可能以同样的方式重复。随着时间的推移，产业和经济要素（如通货膨胀和资本成本）的结构性变化会改变变量之间的关系。例如，在高通胀和高利率时期，股市周期的行为和表现可能与低通胀和低利率时期的周期大不相同，公司、投资者和决策者对特定冲击的反应方式可能会随着时间的推移而发生变化，因为他们吸取了过去的经验。

同样重要的是，我们要认识到，当寻找历史因素和变量之间的关系时，我们是在享受后见之明的好处。我们可以在模式形成后识别出它们，但在当时这可能要困难得多。这就是共识和群体行为在推动资产价格波动方面如此重要的部分原因。例如，当经济数据预期放缓，股价走软时，我们不太可能明显看出这是一个"周期中期"的放缓和调整，还是更严重的熊市和衰退的开始，只有在回顾时才能确定。当然，金融市场对未来经济状况的预期变化的"高估"并不罕见，这也是市场周期和拐点的波动会如此剧烈的原因之一。相对于实体经济，金融市场的波动往往更大，但这并不会削弱它们之间的关系。股票回报和预期增长之间存在关联，这一事实至少可以帮助我们理解典型的提前和滞后、变量之间关系的强弱，以及需要找寻的信号。

了解周期的动态，以及哪些变量可能发生了变化，可以帮助我们做出更明智的投资决策，并使风险管理更有效。正如橡树资本创始人、联合董事长霍华德·马克斯在《周期》[1]一书中指出的那样，经济和市场过去从来不会走直线，将来也不会。这意味着，有能力理解周

1　See Marks, H.（2018）. *Mastering the cycle: Getting the odds on your side*（p. 293）. Boston, MA: Houghton Mifflin Harcourt.

期的投资者将找到获利机会。

从长远看，即便要承受周期引起的波动，投资也能获得极高的利润。不同的资产往往在不同的时间表现最佳，而回报将取决于投资者的风险承受能力。但历史表明，对股票投资者而言，如果能够持有投资至少 5 年，特别是如果能够识别出泡沫和周期拐点的迹象，他们就可以从长期投资中获益。

第一部分

来自过去的经验：周期是什么样的？是什么驱动了周期？

第一章
在大环境下把握周期

1985年，我在位于伦敦金融城的一家股票经纪公司Greenwells & Co做实习生时，与其他刚毕业的新员工一起在伦敦证券交易所的大厅里工作过一小段时间。当时的许多操作方法可能与过去几十年差不多。政府的金边证券经纪人仍然戴着大礼帽，而距离第一批女性入选交易所会员也不过12年。我的一个同学因为穿着棕色的鞋子出现而被嘲笑，然后被打发回家换衣服。所谓"蓝色纽扣"——初级经纪人或场内经纪助理——会在各个"股票经纪商"（做市商）的席位前走动，询问他们对股票的报价，把价格写在纸上，然后把报价带到交易大厅后面的股票交易清算室，将报价写在一张大板子上面。当经纪公司的销售人员接到订单时，交易大厅里的"蓝色纽扣"能够给出一个最新的买卖估价。

经过初步培训，我加入了格林威尔斯研究部门的经济团队。初级研究员的任务之一就是搜集最新发布的数据。这项工作需要亲自前往距离我们办公室几个街区的针线街的英格兰银行。从银行拿到最新发布的数据后，分析师会冲到相邻街区证券交易所外的大型电话亭里，把细节告诉经济学家，经济学家会对数据进行解释，撰写一份数据评论，然后复印并分发给销售团队。

这种相当烦琐的系统即将被改变。我们的高级合伙人和经济学家决定投资一项更为节省时间的新科技——移动电话（一个装在盒子里的大家伙），这使得初级经济学家可以在数据刚被发布时就能通过电话把信息直接传达至办公室，从而节省了把硬币放进电话亭的时间和精力。在那个时代，时间上的微小改进对赢得业务也是至关重要的（到新千年，交易速度将显著加快——平均交易执行时间将从数秒大幅降低至百万分之一秒）。[1]

这只是迅速变化的、颠覆的大环境下的一个小小的创新，金融市场即将被彻底改变。伦敦金融城正处于1986年放松管制后的"大爆炸"边缘。面对面交易第一次被计算机和电话取代，这导致交易量激增。旧的运作方式受到威胁。进入壁垒被打破，让位于新一拨进入者，部分进入者来自海外。

科技正在全方位、迅速地改变商业和社会格局。当时，个人计算机领域也出现了重大创新。1985年，微软公司发布了Windows 1.0，这是其计算机操作系统的第一个版本，随后主导了个人计算机市场。同样在1985年，第一个网络域名symbolics.com由Symbolics公司注册，在当时教育机构使用的.edu域名的基础上又增加了一个商业域名。当然，在当时，这些科技领域的变化以及互联网的商业化应用和20世纪90年代末由互联网引发的投机泡沫所带来的影响和深远的变化还不为人所知。

1986年，IBM（国际商业机器公司）推出了第一台笔记本电脑，英特尔推出了386系列微处理器。同年，互联网消息访问协议

---

[1] Lovell, H. (2013). Battle of the quants. *The Hedge Fund Journal*, p. 07.

（IMAP）问世，它成为第一个被用于从邮件服务器检索电子邮件和管理电子邮件的标准协议。

其他影响深远的创新——在当时看来可能没有那么重要，但将是重大变革的开端——也在全面展开。例如，1986 年，一组英国科学家发现了地球臭氧层上的一个空洞，这一发现导致两年后《蒙特利尔议定书》的问世，这是第一个保护臭氧层的国际协议，也是第一个获得普遍批准的联合国条约。这一发现提高了人们对环境风险的认识[1]，气候变化第一次成为一个重要的政治问题。自那以后，这一问题占据了更大的主导地位，并成为政策和政治的核心，尤其是在欧洲。在欧洲，对脱碳的法律承诺将会在一定程度上改变未来几年经济的性质和结构。

20 世纪 80 年代中期，当我刚开始工作时，新科技的浪潮促进了许多社会变革。1985 年 7 月，就在我的第一份工作开始之前，"拯救生命"音乐会在伦敦的温布利球场和费城的肯尼迪体育场同时举行。新的通信技术意味着一场音乐会第一次可以被实时传送到世界各地。通过 13 颗卫星，这场现场音乐会吸引了全球 110 个国家超过 10 亿人观看，这是组织能力和科技变革的双重胜利。[2]

当然，一些重磅老歌也是这场音乐会的重要组成部分：当鲍勃·迪伦与滚石乐队成员基思·理查兹和罗尼·伍德一起演唱《答案在风中飘扬》时，人们感觉好像回到了 16 年前的伍德斯托克音乐节，

---

1 Cawley, L. (2015). Ozone layer hole: How its discovery changed our lives. BBC [online]. Available at https://www.bbc.co.uk/news/uk-england-cambridgeshire-31602871.

2 事实上，这并不是第一场全球直播。1967 年，"我们的世界"演唱会就已经实现了这一目标，它利用卫星向全球 40 万到 70 万观众进行直播，是当时规模最大的一次，巴勃罗·毕加索、玛丽亚·卡拉斯和著名的英国甲壳虫乐队首次表演了《你需要的只是爱》("All You Need Is Love")。

而这种纯粹的技术尝试让这场音乐会像是开启了一个新世界。或许，迪伦演唱《时代在变》更适合。

政治世界也察觉到这些变化，并出现了重大改革的萌芽，这些萌芽将在随后的几年里改变全球政治和经济体系的格局。英国首相玛格丽特·撒切尔和美国总统罗纳德·里根推出的供给侧改革正如火如荼地进行着，纷争不断的英国矿工大罢工刚刚结束，全英多数煤矿被关闭。美国推出《1986年税收改革法》，旨在简化联邦所得税法，扩大税基。与此同时，国际事件也在不断变化。米哈伊尔·戈尔巴乔夫于不久前（1985年3月）在康斯坦丁·契尔年科去世后成为苏联领导人。1985年5月，在列宁格勒的一次演讲中，戈尔巴乔夫承认了经济存在的问题和贫困的生活水平，他是第一个这样做的苏联领导人。随之而来的是一系列的政策倡议，包括开放（允许更多的信息自由）和改革（政治和经济改革），这些举措随后产生的影响比当时人们所能预见的还要深远。苏联的这些转变为1987年、1990年和1991年恢复同美国的谈判及签署三项重要条约铺平了道路，这些条约让双方军事开支大幅减少，并最终共同削减了战略核武器。

虽然这些改革旨在扭转的官僚体制当时已经成为经济发展的主要约束因素，但是现在，它们往往被视为苏联最终于1989年解体的重要催化剂。苏联的解体标志着"冷战"的结束和全球化的现代社会的开始。

1989年夏天，就在柏林墙倒塌前几个月，东欧社会主义国家的压力加剧，美国国务院官员弗朗西斯·福山在一篇题为《历史的终结》的文章中写道："我们见证的可能不仅仅是"冷战"或战后某一特定时期的结束，而是历史本身的终结，即人类意识形态进化的终点和西方自由民主的普遍化作为人类政府的最终形式。"[1]这篇文章似乎抓住了时代精神。

与此同时，大约在这个时期，中国也开始了改革开放。1978年，中国进行了具有里程碑意义的改革，开始在农村实行"家庭联产承包责任制"，农民首次对他们的产出拥有了所有权。1980年，第一个"经济特区"在深圳成立。这一理念允许引进和试验更灵活的市场政策。改革进展缓慢，也并非没有争议，到了1984年，中国政府允许成立人数少于8人的私人企业，到了1990年，也就是柏林墙倒塌一年后，深圳和上海首次开设了股票市场。市场经济的广泛影响似乎已被证实。

时代的变化带来了更多投资机会，开启了一个联系更加紧密的世界，引发了一种乐观主义精神，而乐观的情绪影响了股市。1985年，也就是我工作的第一年，美国道琼斯指数上涨了27%多一点儿，这是1975年（美国从石油危机和1973年、1974年的严重衰退后的崩溃中复苏的一年）以来发展势头最强劲的一年。价格上涨既反映了基本面的改善，也反映了不确定性和地缘政治风险的下降。低通胀和低利率让人们越来越相信，在一段时间的强势增长之后，主要经济体可以实现"软着陆"——避免衰退，享受长期的经济扩张。共产主义的衰落和随之而来的"和平红利"，再加上自由资本主义的扩张，使得风险溢价有所下降。

这种乐观情绪和强势的市场涨势持续了1986年全年以及1987年的前10个月，道琼斯指数惊人地上涨了44%。然而，1987年10月18日，一切突然都改变了。道琼斯指数单日暴跌22.6%。这一天被称为"黑色星期一"，沿用了几乎正好是58年前1929年的"黑色星期

1　See Fukuyama, F. (1989). The end of history？ *The National Interest*, 16, 3 - 18.

一"、"黑色星期二"和"黑色星期四"的说法，当时股市下跌了13%（随后跌幅更大）。尽管在近60年的时间跨度内发生了无数次变化，但是，似曾相识的恐慌还是随之而来。突然间，人们开始焦虑不安，担心由利率下降和低通胀推动的乐观情绪是不正确的。

事实上，决策者也清楚地看到这次下跌与1929年大崩盘的相似之处。为了避免重蹈覆辙，他们迅速果断地做出反应。美国联邦储备委员会立即采取行动向金融系统提供流动性，美联储主席艾伦·格林斯潘在第二天发表声明，确认"（美联储）做好了为经济和金融系统提供流动性的准备"。第二天，美联储将基金利率从周一崩溃前的7.5%下调至7%左右，这起作用了。美国股市用了近25年的时间才从1929年崩盘的损失中完全恢复，但1987年崩盘后，其复苏只用了不到两年时间。

没过多久，又一场危机发生了。1992年，我在一家英国头部股票经纪公司James Capel & Co谋得新职位，在经济分析部门担任欧洲策略分析师。这一年出现了所谓的"黑色星期三"，由于未能在规定的下限内保持稳定，英镑被迫退出欧洲汇率机制（ERM）。[1] 1992年春天，丹麦全民公决否决了《马斯特里赫特条约》[2]，法国也宣布将举行全民公决，此后，该体系中较弱的货币承受着越来越大的压力（英国和意大利都有巨额赤字）。英镑的崩溃发生在法国全民公决的3天前，法国全民公决以51%的微弱优势通过。这场危机迫使英国央行

---

1 http://news.bbc.co.uk/onthisday/hi/dates/stories/september/16/newsid_2519000/2519013.stm.
2 《马斯特里赫特条约》的正式名称是《欧洲联盟条约》，它标志着"欧洲人民建立更紧密联盟的进程进入一个新阶段"。它为欧元单一货币奠定了基础，也扩大了欧洲各国在多个领域的合作。详情见 Five things you need to know about the Maastricht Treaty.（2017）. ECB [online]. Available at https://www.ecb.europa.eu/explainers/tell-me-more/html/25_years_maastricht_en.html。

不断提高利率，以保持英镑的价值。9月16日，英国央行最初将利率从10%上调至12%，之后，随着英镑持续贬值，利率升至15%。我和我的许多朋友一样，不久前刚为自己的第一套公寓办理了抵押贷款——考虑到当时英国大多数抵押贷款都是浮动利率，我们很担心。随着政策迅速放松，利率再次下调，这个问题被解决了。

自那以来，央行的权力已经被运用了很多次，尤其是在当前周期中，央行通过引入量化宽松政策（QE），并时常应用其他同样强有力的指导手段来提振市场信心。这一点或许在2012年欧洲主权债务危机期间得到了最广为人知的证明，当时欧洲央行行长德拉吉说，"欧洲央行准备采取一切必要措施保护欧元。相信我，这就足够了"。

因此，尽管自20世纪80年代以来全球出现了多次冲击和危机，屡次让经济偏离轨道，引发市场大幅调整，但是经济和金融市场的周期模式依然倾向于循环往复。

尽管周期存在于各种迥异的经济环境中，但其中的许多周期是很难被预测的。正如著名投资大师沃伦·巴菲特所说："一直以来我们认为，股市预言家的唯一价值就是让算命先生看起来像那么一回事。即便是现在，查理（芒格）跟我还是相信短期股市的预测是毒药，应该要把它们摆在最安全的地方，远离儿童以及那些在股市中的行为像小孩般幼稚的投资人。"（《致股东的信》，1992）

当然，预测周期的困难性并不意味着试图了解潜在投资风险和评估正在出现的投资机会毫无价值。尽管在经济和金融市场中，精确的拐点预测可能不是非常准确，但是识别那些表明金融市场很可能出现重要拐点的信号会比较容易，在某种程度上也更重要。正如我们将在后面章节看到的，这些拐点非常重要，因为避免大幅调整并参与市场复苏的早期阶段，对投资者的回报来说影响最大。传统预测模型往往忽视了投资者行为及其不断变化的情绪，这在一定程度上解释了为什么人们没能很好地预测到经济和金融周期的拐点。

预测的困难性并不局限于社会科学，即使是基于物理学的天气预报也被证明颇具挑战性，因为模型所依赖的影响和变量可能是快速变化的。在基于计算机技术的新模型出现之前，这是一个更大的挑战。具有讽刺意味的是，最知名的未能成功预测极端天气事件的例子之一，恰好发生在股市意外崩盘的1987年，也就是我第一份工作开始两年后。股市崩盘的前一天晚上，一场猛烈的风暴袭击了英国，造成了巨大的损失。据估计，这是自1706年以来英国城市地区遭遇的最严重的风暴。10月17日，超过1 500万棵树被风刮倒，其中包括肯特郡著名的七橡树小镇的七棵古老橡树中的六棵。肯特郡位于伦敦市郊，当时许多资深股票经纪人都住在那里。

交通大规模中断，以至大多数能够进入伦敦市中心办公室的都是当时住在附近廉价住宅区（在高档化浪潮及家庭趋于搬回市中心居住之前）的职位最低的员工，也包括我。

由于当时没有互联网，各个办公桌上甚至都没有终端即时定价系统，信息传播的速度比现在要慢得多，也更不可靠。当纽约股市开盘时，有关美国股市崩盘的报道开始出现，我们感到十分困惑，一开始不确定这是真的，还是风暴导致我们共享的电子定价系统出现了错误。

人们更关注的是预测，或者预测的缺位。1987年10月15日，BBC（英国广播公司）的首席天气预报员迈克尔·菲什报道："今天早些时候，一个女人打电话给BBC，说她听说有一场飓风要来了。如果你正在看节目，那么别担心，这是没有的事。"[1]可以说，预测困

---

[1] 迈克尔·菲什随后辩称，这些评论与佛罗里达飓风有关，也与天气预报之前的新闻公报有关，但风暴的严重程度确实超出原来的预期。

难的部分原因是数据的可用性和当时的技术水平。现代计算机能够比过去更有效地处理一个模型的多项输入。

对天气预报来说，这似乎是正确的。到了1980年，5日天气预报几乎可以和2日天气预报一样准确。[1]如今的飓风预报平均误差为161公里，远低于25年前的563公里。[2]但经济或市场的预测似乎并非如此。英国央行首席经济学家安迪·霍尔丹在伦敦政府研究所发表演讲时，把未能预测到金融危机比作经济学家的"迈克尔·菲什"时刻。[3]

2008年金融危机以及危机预测的失败，导致了人们对模型预测和经济与金融事件预测能力的广泛反思。2008年11月，在伦敦政治经济学院举行的一次学者聚会上，英国女王提出一个著名的问题：为什么人们没有预见到危机的到来？这个问题问得好。国际货币基金组织（IMF）对2008年至2009年间全球60多次经济衰退进行的一项研究表明，资深经济学家未能对任何一次衰退达成一致预测。此外，在2008年至2012年发生的88次衰退中，经济学家只预测到11次。皇室提出的问题促使英国皇家学会召集了一批顶尖的学者、政治家、记者、公务员和经济学家进行讨论，以解决这个问题，并向女王提供书面答复。这封答复信由伦敦政治经济学院教授、英国央行货币政策委员会成员蒂姆·比斯利和政治历史学家彼得·亨尼西教授共同撰写，他们解释道："……从众心理以及金融和政策大师口中的准则，

1　https://phys.org/news/2019-01-geoscientists-insist-weather-accurate.html.
2　Why weather forecasts are so often wrong.（2016）*The Economist explains*.
3　参见BBC新闻网站：安迪·霍尔丹2017年1月6日提到，股市崩盘是经济学家的"迈克尔·菲什"时刻，他引用道："还记得吗？迈克尔·菲什断言，'西班牙不会有飓风，但是会有很大的风'。这与各国央行在危机前发布的那种报告——此处不指名道姓——非常相似，'不会有飓风来袭，但次贷领域可能会刮起很大的风'。"

创造出一个危险的配方。个体风险可能确实微不足道，但整个系统的风险是巨大的。简言之，陛下，未能预见危机发生的时间、范围和严重程度并阻止危机发生虽然有很多原因，但最基本的原因是本国和国际上许多聪明人集体想象的失败，他们未能理解整个体系所面临的风险。"[1]

在经济存在广泛风险且金融市场估值过高时，周期拐点的预测失败往往看起来最明显。但即便是在正常时期，模型通常也难以准确反映拐点的转折程度。一项覆盖63个国家1992年至2014年GDP（国内生产总值）的预测准确性研究表明，"尽管预测者普遍意识到发生衰退的年份与其他年份不同，但直到这一年快结束时，他们还是会在很大程度上忽略衰退的严重性"。[2] 正如IMF研究人员普拉卡什·隆加尼所说："事实上，最完美无缺的往往是预测衰退失败的记录。"

投资者面临的问题是，预测市场和影响市场的经济变量并不是一门非常精确的科学。由于过度依赖模型，对更广泛的系统性风险和人类心理对行为的影响缺乏足够的认识，许多传统的方法和模型已达不到要求。

尽管如此，有些人确实意识到了风险，并发出了警告——尤其是与过度冒险和估值相关的风险。与标准的经济模型相比，这些人更关

---

1 https://wwwf.imperial.ac.uk/~bin06/M3A22/queen-lse.pdf.
2 An, A., Jalles, J. T., and Loungani, P.（2018）. How well do economists forecast recessions？ *IMF Working Paper No. 18/39* [online]. Available at https://www.imf.org/en/Publications/WP/Issues/2018/03/05/How-Well-Do-Economists-Forecast-Recessions-45672.

注高风险行为和预期所产生的系统性后果。[1]

经济预测模型在理解或考量人类情绪（尤其是在极度乐观或悲观时）方面的弱点并不是一个新发现。查尔斯·麦凯在1841年出版的《大癫狂：群体性狂热与泡沫经济》一书中指出："人啊……像羊群一样思考；我们曾见过他们成群地发狂，却只能慢慢地、一个接一个地恢复理智。"

即使在非泡沫期，或者在危机最严重的时候，个人也并不总像传统经济学理论所认为的那样，总是以"理性的"、可预测的方式行事。正如著名经济学家、心理学家乔治·勒文施泰因指出的那样："心理学家倾向于认为人们是容易犯错的，有时甚至会自我毁灭，而经济学家倾向于认为人们能够有效地将自身利益最大化，他们只有在对自己行为的后果不完全了解的情况下才会犯错。"对人类如何处理信息以及如何应对风险和机遇的理解，在一定程度上有助于理解金融市场周期。[2]

事实上，认为个人是理性的且总是有效地利用可用信息的观点，在经济学中并不总是一种惯例。凯恩斯断言，金融市场的不稳定性

---

[1] 有些人确实对经济下滑的风险发出了警告，他们所写的论文是识别变化信号的有效指南。鲁里埃尔·罗比尼曾在2006年9月向IMF发表演讲，警告美国房地产市场的崩溃及其影响。[See Roubini, N. (2007). *The risk of a U.S. hard landing and implications for the global economy and financial markets*. New York: New York University [online]. Available at https://www.imf.org/External/NP/EXR/Seminars/2007/091307.htm.]

拉古·拉詹于2005年在怀俄明州杰克逊霍尔发表演讲（由堪萨斯城联邦储备银行赞助），对金融市场的风险过度发出警告。[Rajan, R. J. (2005). Financial markets, financial fragility, and central banking. *The Greenspan era: Lessons for the future*.]

国际清算银行（BIS）在2007年7月的年度报告中警告称，全球经济面临重大风险。

[2] Loewenstein, G., Scott, R., and Cohen J. D. (2008). Neuroeconomics. *Annual Review of Psychology*, 59, 647–672.

是心理力量的结果，在动荡时期，心理力量会占主导地位。根据凯恩斯的理论，正是乐观和悲观的浪潮影响着市场，动物精神驱动着人们的冒险欲望。[1] 其他经济学家，如明斯基（1975），也分析了这些影响。[2]

查尔斯·金德尔伯格[3] 在有关周期的研究中也提到预测中的这种"人"的复杂性。他认为，市场中存在羊群效应，即投资者在往往并不理性的状态下一致地购入某种资产，这最终会带来金融泡沫风险（第八章讨论了这一主题）。他和其他经济学家提出这样一种观点：心理和社会学行为会引发情绪传染和欣快感，这些情绪会在繁荣时期在人群中传播，同时也会引发悲观情绪和极端风险厌恶情绪，从而导致并加剧泡沫破裂。[4]

卡尼曼和特沃斯基对心理学产生了重大影响，他们的"合作在科学领域产生的影响非同寻常，他们是社会科学领域的列侬和麦卡特尼"（《纽约客杂志》）。[5] 他们在前景理论方面的研究（提出于1979年，发展于1992年）描述了投资者在面对涉及概率的选择时的行为。他们认为，个体的决策是基于对当前损失或收益的预期。因此，如果有

---

[1] 凯恩斯还认为，投资者容易受到他人的影响，尤其在动荡时期。
[2] 可参见 Shiller, R. J. (2003), From efficient markets theory to behaviord finance. *Journal of Economic Perspectives*, 17 (1), 83–104, 此文对行为金融学和市场方面的文献进行了很好的总结。
[3] Kindleberger, C. (1996). *Manias, panics, and crashes* (3rd ed.). New York, NY: Basic Books.
[4] 对部分文献的详细讨论请见 Baddeley, M. (2010). Herding, social euroscientific analyses. *Philosophical Traditions of The Royal Society* [online]. Available at https://doi.org/10.1098/rstb.2009.0169。
[5] See Sunstein, C. R., and Thaler, R. (2016). The two friends who changed how we think about how we think. *The New Yorker* [online]. Available at https://www.newyorker.com/books/page-turner/the-two-friends-who-changed-how-we-think-about-how-we-think.

一个等概率的选择，大多数投资者会选择保护他们现有的财富，而不是通过冒险去增加财富。[1]但是，这种保护现有财富而不去为未来的收益承担风险的倾向，在市场大幅上涨的极端情况下似乎会消失，对错过机会的恐惧会成为投资行为的主要驱动因素。

自金融危机以来，人们对行为经济学和市场心理学的兴趣增加了。人类的行为和心理往往会显著放大经济和金融变量的发展趋势，而正是这些变量驱动了经济和金融周期。了解这些学科的知识有助于更好地理解金融周期是如何以及因何形成的。诺贝尔经济学奖得主乔治·阿克洛夫和罗伯特·希勒写道："这场危机没有被预见到，而且至今仍未被完全理解……因为传统的经济学理论没有关于动物精神的原则。"[2]正是人类的行为和人类处理信息的方式，使得预测市场比预测天气等物理系统要复杂得多。

从这个意义上说，预测物理系统（如天气预报）与预测市场是不同的，因为这些预报不受人类行为变化的影响。例如，一场风暴导致人们无法出门，但这并不会改变风暴的路线或强度。经济和金融市场则存在重要的反馈循环，即乔治·索罗斯所描述的"反射理论"。[3]这个概念源于社会科学，在金融领域也有很强的影响力。例如，由于人们预期经济可能衰退，股市可能下跌，这会进一步导致商业信心的崩溃，改变公司在投资方面的决策，从而使经济衰退的风险在原本的基础上大大增加。

1　Kahneman, D., and Tversky, A. (1979). Prospect theory: An analysis of decision under risk. *Econometrica*, 47(2), 263-292.
2　Akerlof, G., and Shiller, R. J. (2010). *Animal spirits: How human psychology drives the economy, and why it matters for global capitalism.* Princeton, NJ: Princeton University Press.
3　https://ritholtz.com/2004/04/the-theory-of-reflexivity-by-george-soros/.

预测市场的另一个难点在于，即使在类似的情况下，个体对特定信息（如利率变化）的反应也会随着时间的推移而变化。在研究中，马尔门迪尔和内格尔（2016）[1]认为，随着时间的推移，投资者在对自己的预期做出判断时，会高估个人经验。例如，每个人对通货膨胀的看法都可能因经历的不同而有所不同，与历史数据相比，这些基于个人经验的看法可能会对未来的决策产生更大的影响。这或许可以解释为什么不同年龄段的人对通货膨胀的预期会存在差异。投资者可能会根据自己的经验和心理采取完全不同的行动，而不是理性地以一致、可预测的方式对特定政策或触发事件做出反应。[2]

神经经济学是一个相对较新的研究领域，它为这些不同类型的反应提供了进一步的证据。这一学科研究了大脑如何做出决策，也为人们在面临风险时如何做出选择提供了一些见解。学者（如乔治·勒文施泰因、斯科特·里克和乔纳森·科恩）认为，人们对风险的反应有两种方式：冷静的方式和情绪化的方式。神经经济学认为，我们对新风险反应过度，却对已知的风险反应不足，即使前者是低概率事件，而后者更有可能发生。例如，按这种分析方式，股市暴跌可能会使人们对投资变得非常谨慎，因为他们面临着新的风险，尽管熊市不太可能出现。与此同时，投资者很可能更乐于在接近市场顶部的时候买入股票，尽管经常听到有关估值过高的警告，因为他们见证了价格的上涨，所以更有信心承担风险。

1　Malmendier, U., and Nagel, S.（2016）. Learning from inflation experiences. *The Quarterly Journal of Economics*, 131（1）, 53-87.
2　Filardo, A., Lombardi, M., and Raczko, M.（2019）. Measuring financial cycle time. *Bank of England Staff Working Paper No. 776* [online]. Available at https://www.bank of england.co.uk/working-paper/2019/measuring-financial-cycle-time.

这似乎与金融危机前后的投资者行为以及历史上无数次繁荣和萧条时期的投资者行为相一致。金融市场回报率的持续上升让人们产生乐观情绪，相信这一趋势会持续下去。所需的风险溢价下降，投资者被吸引进入市场，认为风险较低，预期回报将像过去一样持续强劲。相比之下，巨额亏损的临近推高了所需的风险溢价，即投资者承担风险所需的未来预期回报。企业和市场对大幅降息的反应在金融危机之后与金融危机之前明显不同。在经历金融危机和随之而来的经济衰退之后，人们的群体反应似乎比之前更谨慎了。正是这些情绪和信心的波动（在一定程度上受到近期历史的影响）驱动了金融市场的周期。

政策领域也越来越关注反馈循环以及金融市场的预期对经济周期的影响，试图将投资者预期和信心因素考虑在内，尤其关注金融条件指数，它是衡量货币政策对经济影响的指标，与中央银行的利率政策相比，这个指标的覆盖范围更广，通常包括信贷息差、股价和实际汇率等，可以更好地衡量宏观金融环境。

政策制定者面临的难题是如何应对剧烈的市场波动，这些波动可能会（也可能不会）准确地反映经济活动的根本动向。正如美联储前副主席罗杰·弗格森所写："发现泡沫似乎需要在证据缺乏的基础上做出判断，这要求对相关资产的基本价值进行判断。不出所料，央行的银行家们不愿意做出这样的判断，而不可避免的是，声称发现了泡沫的央行会被要求做出解释，为什么它宁愿相信自己的判断，也不相信可能面临数十亿美元风险的投资者的判断。"[1]

---

[1] Ferguson, R. W. (2005). Recessions and recoveries associated with asset-price movements: What do we know? *Stanford Institute for Economic Policy Research*, Stanford, CA.

当然，政策变化的影响取决于信贷的可获得性和便利程度。[1]但是，它似乎也取决于金融市场参与者如何解读政策（这反过来会影响政策的效果）。总的来说，政策变化的影响在很大程度上取决于人类心理和群体行为。正如最近的一项研究所说："越来越多的证据表明，心理学在经济发展中发挥着重要作用。研究结果表明，经济在很大程度上受人类心理的驱动，这一结果与凯恩斯（1930）、阿克洛夫和希勒（2010）的预测是一致的。"[2]心理学在决策和行为方面的作用越来越多地被用于公共政策领域。2008年，理查德·塞勒和卡斯·桑斯坦出版了《助推》一书，该书聚焦行为经济学，十分畅销，对政策的制定产生了广泛影响。塞勒随后因为在该领域的杰出成就于2017年获得诺贝尔经济学奖。

因此，尽管自20世纪80年代以来发生了许多政治、经济和社会领域的变化，甚至包括多次极端事件，尽管人类的情绪和对突发状况的反应难以被预测，但经济和金融市场仍然存在重复的模式。尽管实时了解我们在周期中所处的位置很困难，预测短期回报也很复杂，但投资者依然可以参考一些有用的信息协助自己评估风险，了解不同结果发生的概率。识别情绪过度的迹象（悲观或乐观）和重要拐点的前兆，有助于从投资中获取更高的回报。

1　Aikman, D., Lehnert, A., Liang, N., and Modugno, M. (2017). Credit, financial conditions, and monetary policy transmission. Hutchins Center Working Paper #39 [online]. Availavle https://www.brookings.edu/research/credit-financial-conditions-and-monetarypolicy-transmission.

2　Dhaoui, A., Bourouis, S., and Boyacioglu, M. A. (2013). The impact of investor psychology on stock markets: Evidence from France. *Journal of Academic Research in Economics*, 5(1), 35–59.

第二章

长期回报

所有针对周期的长期研究的出发点，都是投资者在多种竞争性资产类别中期望获得怎样的回报。这似乎是一个简单的问题，但回答这个问题的挑战之一是，不同的投资者持有期不同，他们承受损失的意愿（甚至是调节能力）可能存在巨大差异。

大多数投资者都希望通过承担风险获取更高的收益，而长期历史数据也证实了这一点。以美国这一全球最大的股市为例，从超长期的数据序列开始分析，自 1860 年以来，美国股票的年化总回报率约为 10%，从 1 年至 20 年期不等，如表 2.1 所示。

通常被视为"无风险"资产的 10 年期美国国债（因为这些债券由不会违约的政府做背书），在相同的持有期内，年化回报率在 5% 到 6% 之间。

杰里米·西格尔在其著作《股市长线法宝》（1994）中指出，在不同时期和不同经济体制下，股票的实际回报率（名义回报率经通货膨胀调整）一直非常稳定："纵观所有主要子周期：从 1802 年到 1870 年，年均 7.0%；从 1871 年到 1925 年，年均 6.6%；自 1926 年以来，年均 7.2%。"

表2.1　不同持有期的年化总回报率（1860年至今）

	1 年期	5 年期	10 年期	20 年期
标准普尔 500 指数	11%	12%	10%	10%
10 年期美国国债	5%	6%	5%	5%

数据来源：高盛全球投资研究部。

虽然股票的长期回报令人放心，但风险和波动性远高于低风险资产，如政府债券（有名义回报率保证）。例如，在 1 年期中，股票的波动性（接近平均回报的方差或价差）大约是政府债券的 3 倍。这意味着，如果你想对自己的投资回报更有信心，特别是在短期内，债券是一种更有吸引力的资产，因为你能提前确定可能的回报。然而，随着持有时间的延长，债券的这种安全性优势会逐渐消失。例如，观察 20 年期，你就会发现股票的波动性大幅下降（如表 2.2 所示）。

表2.2　不同持有期年化总回报率的平均年化标准差（1860年至今）

	1 年期	5 年期	10 年期	20 年期
标准普尔 500 指数	10%	2%	1%	1%
10 年期美国国债	3%	1%	0	0

数据来源：高盛全球投资研究部。

简单地说，投资者面临的是预期回报和波动性之间的权衡。从长期看，股票的回报率约为政府债券的 2 倍，但风险和波动性基本上也是政府债券的 2 倍。投资者持有一项投资的时间越长，股票的吸引力越大。如表 2.3 所示，1871 年至今，在 1 年期中，股票回报率为负的概率为 28%，而美国国债为 18%。但在 5 年期中，股票回报率为负的概率降至 11%，美国国债为 1%。在 10 年期中，股票的回报率为负的概率急剧下降到3%。因此，对能够承担按市值计价的风险（当风险发生时不需要承担实际损失）且能够接受长期持有（至少5年）的投资者来说，即使伴随着一个典型的起伏周期，股票投资也往往能提供更好的长期回报。这种情况可以说为投资者实现长期回报提供了最佳机会。

表2.3　不同持有期回报率为负的年份占比（1987年至今）

	1年期	5年期	10年期	20年期
标准普尔500指数	28%	11%	3%	0
10年期美国国债	18%	1%	0	0

数据来源：高盛全球投资研究部。

不同持有期的回报

然而，着眼于长期历史数据的平均值掩盖了这样一个事实：回报率不仅每年都在变化，也倾向于周期性变动。

正如我们将在后面的章节中看到的，股票投资者的回报率在一个周期中往往存在波动，这种波动很大程度上取决于经济基本面的变化，如利率和经济增长预期。但投资者的回报率也会因周期而异，某些周期的回报率要高得多。决定这种趋势的因素有很多，但通常来说，它们要么是销售增长和公司利润率等基本面的结构性变化的结果，要么是估值变化的结果。了解这些因素及其对市场的影响，可以对自身的投资回报率产生重大影响，至少可以帮助投资者避开风险最大的时期。同样需要重点强调的是，以美国股市作为股票长期回报率的参考可能会具有误导性。毕竟，自1989年、1990年金融危机以来，日本股市的回报率要低得多。这是有充分理由的：日本过去25年名义GDP增速放缓肯定是一个原因，估值起点过高则是另一个原因。我在第九章讨论了过去几十年日本市场与全球金融危机之后的其他市场的一些相似之处。

要了解回报率的长期模式和变化方式，一个有用的指导原则是观察特定持有期的回报率。例如，图2.1显示了美国股市在特定10年持有期内的回报率随时间变化的情况（图中的竖条显示了从所示时间开始的10年内，经通货膨胀调整后的股票年化回报率）。

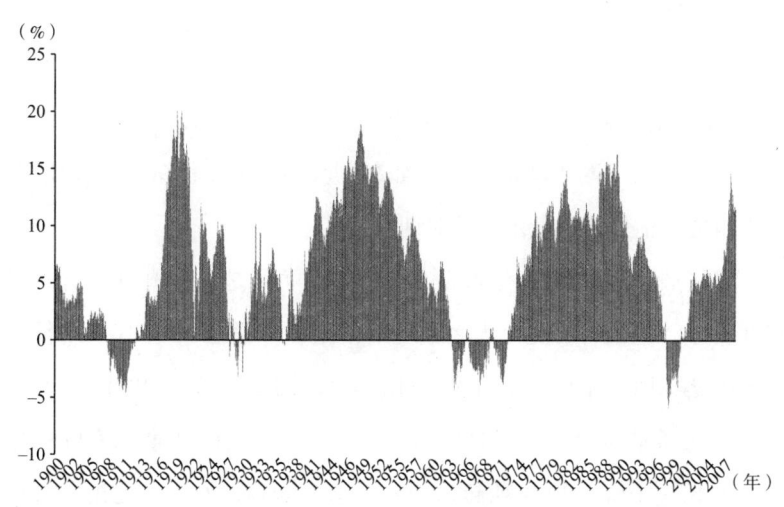

图2.1 标准普尔500指数 （10年期滚动实际年化回报率）

数据来源：高盛全球投资研究部。

用经通货膨胀调整的滚动实际年化回报率观察长期的总回报率，会掩盖不同时期存在的重大差异。投资者可能会预期，如果中线持股，那么回报率会与在其他时期的同等持有期回报率相似。但在实践中未必如此。例如，在重大战争（第一次世界大战和第二次世界大战）开始阶段购买的股票回报率长期为负，因为经济基本面需要很长时间才能从损失中恢复过来。在20世纪60年代末牛市顶峰时购买的股票，也出现了负回报率，当时全球通胀和利率还未出现飙升。

纵观历史，科技泡沫及其在20世纪90年代末的崩溃尤其引人注目。在科技泡沫顶峰时期的2000年（甚至延续至2003年）购入的股票，在随后的10年里出现了100多年来美国股票（包括20世纪70年代）最低的实际回报率。在随后的一段时间内买入的股票则取得了相对较高的回报——与市场长期平均水平一致。与此同时，在2007年、2008年金融危机（图2.1最右侧）之后进入股市的投资者也获得了较高的回报。

最高的10年期回报率通常出现在经济快速增长的时期，如20世纪20年代的繁荣期和20世纪50年代战后的重建期，也可能出现在利率非常低或不断下降的时期，如20世纪80年代和90年代，以及大熊市之后估值达到低水平的时期。

尽管股票在长线持有期间表现更好，尤其是在金融危机后表现得非常好，但是与历史上大多数时期相比，20世纪80年代以来债券市场的实际回报才是真正引人注目的（如图2.2所示）。20世纪80年代初，在通胀周期的顶峰时期购买的美国国债，10年期的实际年化回报率超过10%（20年期超过7%）。这意味着，如果一位投资者在1980年向美国国债投资了1 000美元，在我撰写本书时，其投资价值经通货膨胀调整后将达到约6 000美元。

即使是20世纪90年代早期购买的债券，其20年持有期的实际年化回报率也在5%左右——这是投资者过去期望在股票上获得的实际回报率。这些非凡的回报率表明，投资者一开始并没有充分意识到通货膨胀和利率下降的可能性,预期在最终实现的回报中起到关键作用。

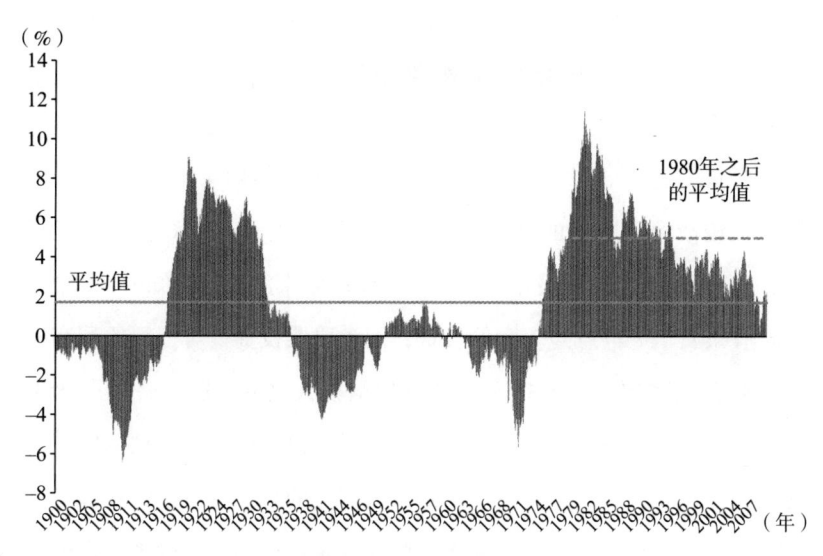

图 2.2 美国 10 年期国债 （10 年期滚动实际年化回报率）

数据来源：高盛全球投资研究部。

当前,由于债券收益率要低得多,加上通胀预期,人们普遍认为未来的长期回报会更低。在这种环境下,全球 1/4 的政府债券收益率为负,这表明未来政府债券的收益率即使不是负数,也会非常低。奥地利最近发行了一种 100 年期债券,收益率略高于 1.1%。[1] 现阶段不同以往,我们正处于一个需要谨慎选择资产的非常时期,这是第九章讨论的主题。

1　Ainger, J.（2019）. 100-year bond yielding just over 1% shows investors' desperation. *Bloomberg* [online]. Available at https://www.bloomberg.com/news/articles/2019－06－25/austriaweighs-another-century-bond-for-yield-starved-investors.

风险回报和股权风险溢价

比较债券和股票的回报率，我们能够回顾承担风险带来的回报（与债券固定的名义回报相比，投资股票的未来回报是未知的）。

股票属于一种风险较高的投资，因为股票投资者对公司的利润拥有的剩余索赔权在债券持有人和其他债权人之后。因此，股票的未来回报是不确定的。公司可能会亏损，股票价格可能会下跌，更糟的是，公司可能会破产。对投资固定收益资产的投资者（投资前即可得知名义回报）来说，投资风险源于政府或企业违约。一般来说，借款给政府通常比借款给公司要安全得多，因为与政府债务违约相比，公司更有可能亏损或彻底破产（尽管在有政府违约先例的新兴经济体中，政府违约的风险更高）。股票的下行风险高于其他许多投资，但潜在的上行回报也更高。

与债券相比，股票所获得的回报通常被称为事后风险溢价，即相对于投资更安全的政府债券，投资者通过投资股票所获得的实际回报。这与股权风险溢价（ERP）不同，后者更像是对可能取得的未来相对回报的衡量，或者风险资产相对于安全资产的预期溢价，投资者在任何时间点选择将边际投资投入股票而不是债券都需要这种溢价。当投资者对未来不确定时，所需的未来回报就会上升，相反，如果经济环境被认为是积极和稳定的，那么承担风险所需的额外回报会下降。

随着时间的推移，学术界涌现出大量计算和解释ERP的文献。

1985年，梅赫拉和普雷斯科特[1]在《货币经济学杂志》上发表的一篇文章指出，与标准经济模型相比，股票的实际回报过高。具体来说，他们发现，从1889年到1978年，美国股票的平均实际回报率约为7%，而政府债券的回报率略低于1%。二者相减得到了每年超过6%的所谓股权风险溢价，这只能用高度的风险厌恶来解释。他们还认为，经济中风险和回报之间的其他权衡表明，投资者所需的风险溢价并没有他们在实际中获得的那么高，并且在金融行为的其他领域，风险规避程度要低得多，相当于1%或更低的ERP。他们把这个难题称为股权风险溢价难题。

此后，许多研究发现，股票风险溢价随着时间的推移而变化。例如，伯恩斯坦1997年提出，股票估值随时间的推移而变化，这可能会扭曲所需的回报。举个例子，如果你在市盈率（P/E）约为10倍的1926年开始长期样本期，并在市盈率约为20倍时（如20世纪90年代）结束，那么这一样本期股票的实际回报率将高于投资者一开始的预期或需求，即事后风险溢价高于事前风险溢价。法玛和弗伦奇（2002）的研究巩固了这一发现，他们利用股利贴现模型（DDM）计算得出，自1926年以来，股票的事前风险溢价平均约为3%。

另外一些研究则强调，现货估值也可能扭曲回报预期。罗伯特·希勒在其著作《非理性繁荣》中指出，股价可能会过度上涨，因此回报率可能在某一时间内高于正常水平，然后在接下来的较长时期内低于正常水平。他引入一种名为CAPE（周期调整市盈率，也称希勒市盈率）的估值指标，该方法以10年期的实际回报数据为分母，而不像标准的市盈率指标那样，仅使用1年期的预期回报。他认为，

1　Mehra, R., and Prescott, E. C. (1985). The equity premium: A puzzle. *Journal of Monetary Economics*, 15(2), 145-161.

CAPE可以更好地预测未来回报。

然而，无论如何计算风险溢价，它似乎一直都在随着时间的推移而变化，而不同时期的风险溢价水平似乎很大程度上取决于起始点的估值。20世纪20年代末股市泡沫破裂后，与政府债券相比，股票的事后风险溢价非常低，但在20世纪50年代和60年代却高得出奇（这取决于战后的低估值，也得益于经济的强势增长），如图2.3所示。

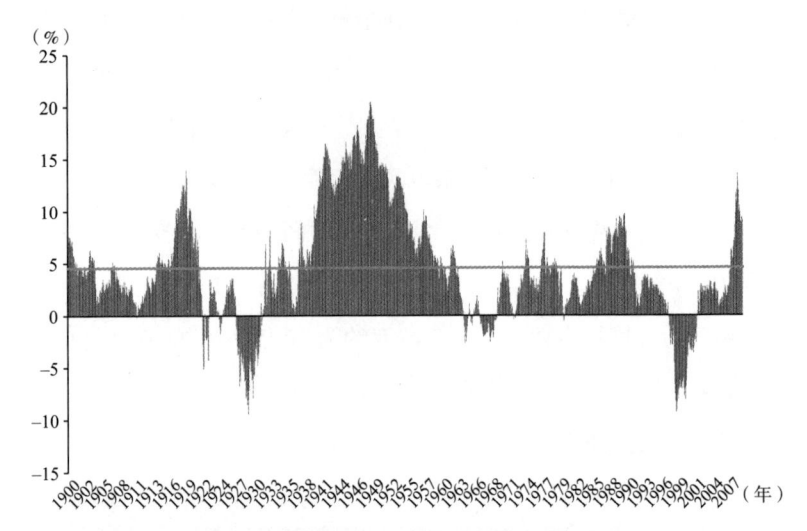

图2.3 标准普尔指数相对于10年期美国国债的事后风险溢价
（10年期滚动年化回报率衡量）

数据来源：高盛全球投资研究部。

20世纪90年代的科技泡沫造成了以估值为导向的股价崩盘，这导致此后数年事后风险溢价均为负值。金融危机前在股市高点买入的股票，随后10年的事后风险溢价也非常低。相比之下，2008年的股价暴跌——以及随后的积极政策刺激——在2009年3月股市触底后的10年里，为投资者带来了强劲的回报。

这表明，尽管从长期看，高风险资产的回报率往往更高，但随着时间的推移，投资时的宏观环境可能会对股票的绝对回报率和相对回报率产生重大影响。

股息的力量

图 2.4 显示了股息随时间推移所产生的力量，图中将标准普尔 500 指数的总回报分解为股价指数增值（人们通常的关注点）和股息（包括股息再投资）。股息再投资是财富长期增长最有力、最可靠的方法之一。自 20 世纪 70 年代初以来，标准普尔 500 指数的总回报中，约有 75% 来自股息再投资和复利效应。

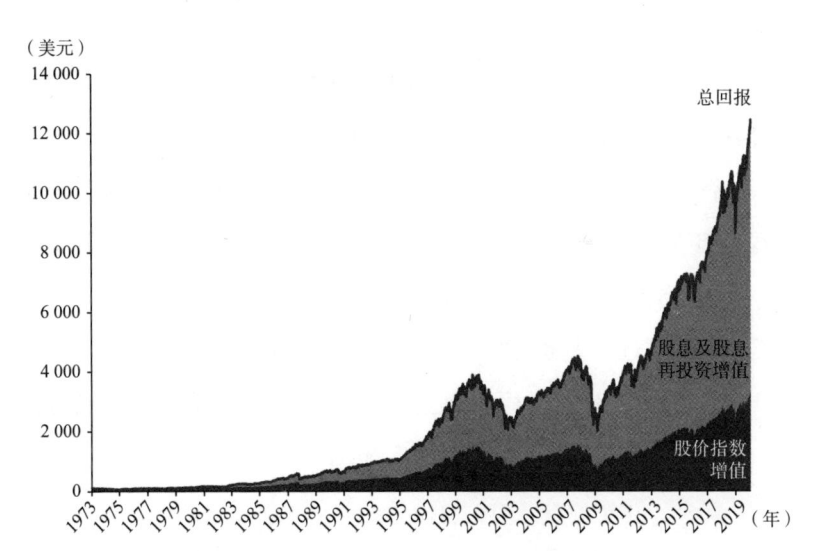

图 2.4 不要忘记股息的力量（标准普尔 500 指数总回报，1973—2019）
数据来源：高盛全球投资研究部。

从1880年到1980年，美国股市的股息支付率平均为收益的78%，股息收益率平均为4.8%。股票回购通常不是投资者现金回报的主要组成部分，在美国，只有在1982年10b-18规则通过后，美国证券交易委员会（SEC）才明确准许股票回购。这意味着，近年来股票回购的快速增长是以牺牲普通股股息为代价的。自2000年以来，股息收益率平均为1.9%，股票回购收益率平均为2.0%。综合来看，股息（或股票回购）的年回报率为4.0%，这意味着投资者可以在不到18年的时间里将投资增加一倍，即使股价没有任何提升。

在一些行业发展更为成熟的市场，为未来进行再投资的要求没那么高，因此，股息支付率更高，来自股息的回报比例可能更大。例如，在撰写本书时，欧洲股市（欧洲斯托克600指数）仍未明显高于2000年、2007年或2015年的水平。但就包括股息在内的总回报而言，投资者的收益要比往年高得多。在此类市场中，股票指数的组成公司在石油、银行、公用事业和电信等非常成熟的行业中所占比例很高，20年滚动平均股息收益占比可能达到80%。

尽管在金融危机之后的几年里，美国股市的表现明显优于欧洲和日本，但当观察总回报时，我们发现欧洲和美国之间的差距开始缩小（如图2.5和图2.6所示）。从这个角度看，日本确实落后了。与欧洲类似，日本近年来也遭遇了收益增长缓慢的问题，但与欧洲不同的是，日本市场并没有支付太多股息。投资者在两个市场之间进行选择时，意识到这些差异是很重要的。

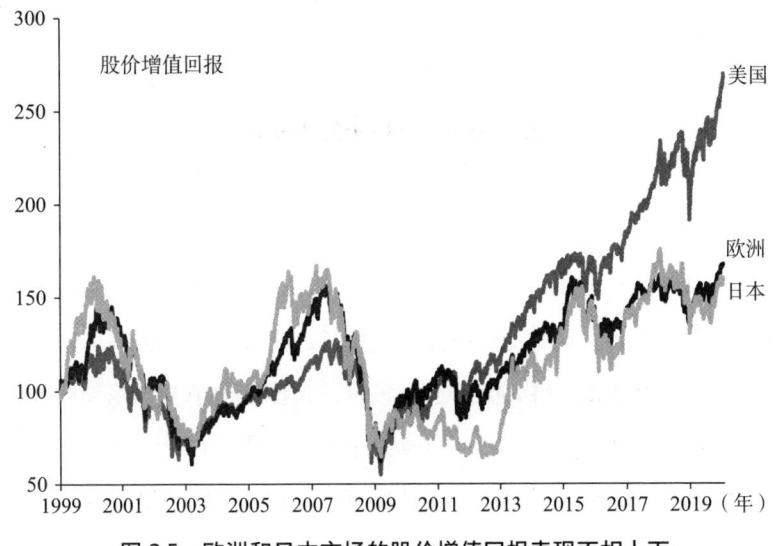

图 2.5　欧洲和日本市场的股价增值回报表现不相上下

数据来源：高盛全球投资研究部。

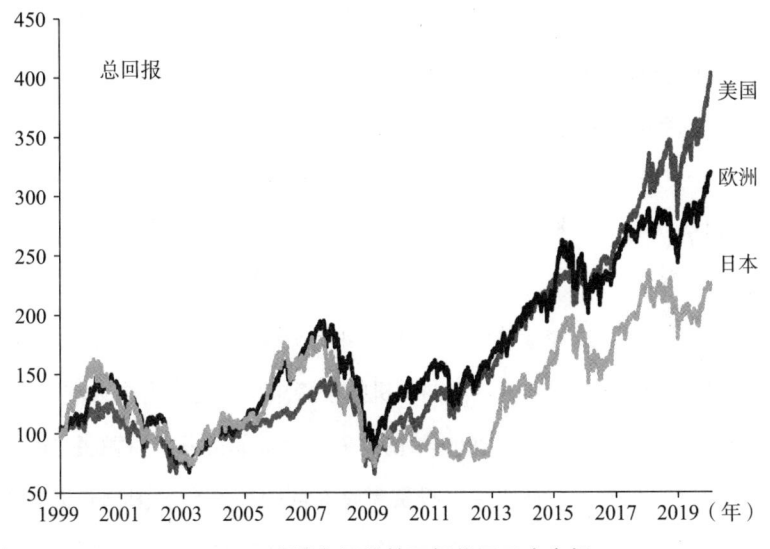

图 2.6　欧洲市场的总回报优于日本市场

数据来源：高盛全球投资研究部。

影响投资者回报的因素

一般来说，我们可以说，当经济疲软、估值偏低但增长率的二阶导数有所改善，也就是变化率停止恶化时，股市表现最佳。

而当估值过高，和（或）对经济增长的担忧开始在周期后期反映在价格上时，即增长率的二阶导数开始恶化时，股市就会受到负面影响。

宏观变量的低波动性也会支持回报率（它使经济环境更容易被预测，因此降低了认知风险），而宏观变量的高波动性通常会起到反作用。

但其他因素也会影响投资者的回报。

资产市场的历史回报模式取决于两个往往相互关联的关键因素：

- 投资时机（投资时的经济环境）。
- 投资时的估值。

投资时机

说到投资，选择最佳的投资时机可能是最困难的，尤其是做短期投资时。但对投资者来说，不同时机的投资结果可能会有很大的不同。例如，如果我们看一下自2009年初以来（金融危机发生后触底之前不久）的这段时期，总体来说，投资者是有回报的。在美国，购买并持有指数基金的投资者会发现基金价格上涨了约250%（年化回报率超过12%）。

在现实世界中，尽管没有哪个投资者能够精明或幸运地避开所有最糟糕的日子，但从更长的时间范围看，择时依然非常重要。自1900年以来，一个错过了每年最佳投资月份的投资者在股票上的年均回报率约为2%，而一个设法避开了每年最糟糕月份的投资者将取得近18%的年均回报率——比一个一直保持全仓投资的投资者高出近80%。尽管这些结果证明了避开股价大幅下降时期的重要性，但也表明，错过最佳月份确实是非常痛苦的。

时机问题涉及所有金融市场。一个多资产投资组合——例如，一个总是由60%的股票和40%的债券组成的投资组合——如果错过了最佳月份，年回报率大约为2%；如果避开了最糟糕的月份，年回报率将超过12%。

尽管这一切都显示出时机的重要性，但它并不特别现实，因为大多数投资者无法关注市场的每日甚至每月走势。也就是说，当以1年为投资期限时，避免最糟糕的年份并投资于更好的年份对投资者来说可能更可行。如表2.4所示，股市在最糟糕的年份下跌了20%到40%，而在最好的年份上涨了40%到60%。大多数最糟糕的年份发生在经济下行压力加剧时期，如经济衰退或利率急剧上升时期，最好的年份则发生在经济强势增长或经济活动回暖、认知风险及利率降低和/或估值较低的时期，据此，我们可以看出为什么市场周期如此重要。

表2.4　标准普尔500指数总回报率最佳和最糟糕年份

最佳年份	总回报率	最糟糕年份	总回报率
1862	67%	1931	−44%
1933	53%	2008	−37%
1954	52%	1937	−35%
1879	50%	1907	−30%
1863	48%	1974	−27%

续表

最佳年份总回报率		最糟糕年份总回报率	
1935	47%	1930	−25%
1908	45%	1917	−25%
1958	43%	2002	−22%
1928	43%	1920	−20%
1995	38%	1893	−16%

数据来源：高盛全球投资研究部。

对债券市场而言，差异没有那么明显，但这仅仅是因为最糟糕的年份没有那么引人注目。最佳年份的回报率，要么高于股市的平均水平，要么与之不相上下（如表2.5所示）。

表2.5 美国10年期国债总回报率最佳和最糟糕年份

最佳年份总回报率		最糟糕年份总回报率	
1982	39%	1931	−13%
1985	30%	2009	−10%
1995	26%	2013	−9%
1986	21%	1999	−8%
1863	20%	1994	−7%
2008	20%	1907	−6%
1970	19%	1969	−6%
1921	19%	1920	−4%
1991	19%	1967	−3%
1989	18%	1956	−3%

数据来源：高盛全球投资研究部。

股票与债券的估值和回报

不难理解的是，大多数分析师和投资者都将注意力集中在回报率的"基本"驱动因素上：经济增长前景、利润增长、资本回报率、利润率等。但是，经济环境和商业周期所处的阶段并非影响特定时期投资者回报的唯一因素。

例如，20世纪的最后10年的尾声（科技泡沫破裂时期），大多数国家和地区的经济和利润增长异常强劲。通胀普遍较低且稳定，在美国和欧洲，利润占GDP的比例和股本回报率（ROE）升至历史新高。尽管如此，如果一个投资者在繁荣时期的顶峰、普遍最自信的时候买入股票，那么在随后的10年里，他将获得非常低的回报。相比之下，在20世纪80年代的大部分时间里，经济基本面要糟糕得多，但股票回报率要高得多。那么，我们该如何解释这个明显的悖论？

这在很大程度上可归结为估值。可以理解的是，高估值峰值（如1929年、1968年、1999年）之后往往是非常低的回报，而在市场低谷（如1931年、1974年、2008年）之后往往是强劲的回报。

估值越高，意味着要么未来出现市场回调或熊市的风险更大，要么未来将出现一段持续的低回报期。以估值预测未来回报，计算标准各不相同，通常来说，对中期回报的预测比短期回报更准确。例如，同样基于美国数据，CAPE（实际价格/10年期实际平均回报）与10年期远期股票回报率之间的R平方非常高（约为0.70）。而与2年期股票回报率的R平方为0.20，5年期为0.40，20年期为0.60（见图2.7）。

当估值相对极端时（要么非常低，要么非常高），它传递出的信息会更清晰。但这是有特定时间分布的，因为其他因素也会影响回报。

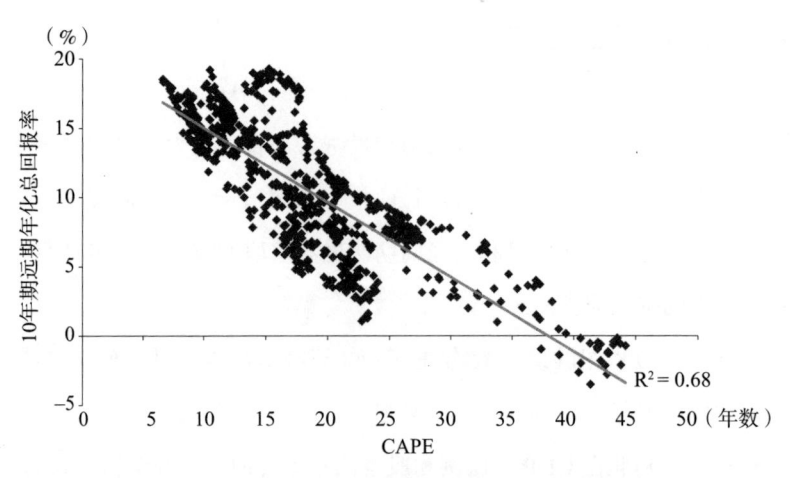

图 2.7 CAPE 与 10 年期远期回报率之间的相关性
（基于 1950 年之后的标准普尔 500 指数）

数据来源：高盛全球投资研究部。

  无论是比较不同资产类别之间还是同一资产类别内部的回报率，估值对未来回报的预测作用都是显而易见的。在不同资产类别的比较中，有多种方法可以计算未来可能的相对回报。一个简单的方法是，用美国的实际收益率缺口（股票的股息收益率与政府债券的实际收益率之间的差额）作为代替指标。

  将估值的水平与 5 年后股票与债券的相对绩效进行比较，可以看出两者之间存在一种合理的关系。一开始股票的相对估值越高，意味着未来股票的相对回报越低，反之亦然。这种关系并不永远成立，20 世纪 90 年代中期是典型的例子。当时，股票看起来并不比债券便宜，但在接下来的 5 年里，股票的表现明显好于债券，那段时期也是科技泡沫的开始阶段。虽然估值不是驱动相对回报的唯一因素，但它仍然很重要。

多元化对投资周期的影响

由于股票和债券的走势可以向不同的方向变化（尽管它们并不总是这样），或者两者至少有不同的风险和波动情况，所以在建立投资组合时，将这两种主要资产类别结合起来通常被认为是明智的。以这种方式，可以通过降低股市大幅回调的影响来降低波动性（债券价格在股价回调时即使下跌，跌幅也可能会小一些），但总体回报通常会相对更低。同样，这可能会降低投资组合的上行回报。随着时间的推移，在许多不同的周期中，把股票和政府债券（假设以60/40的比例）结合起来，就会产生不同长度和强度的投资周期。图2.8以美国股票和政府债券为参考，显示了每个周期的长度和强度。

也就是说，将这两种资产组合起来通常可以提供非常好的回报，同时也分散了风险。回顾1900年的数据，牛市的中位数持续时间约为3年，实际总回报（经通胀调整）为50%，折合年化15%。熊市的中位数持续时间约为1.5年，实际总损失为25%，折合年化22%。这种平衡投资组合表现最强劲的时期是在20世纪20年代，总实际回报超过360%，年化接近20%，持续了9年。实际上，自金融危机以来的这段时期产生了持续时间最长的平衡牛市，持续了9年多，实际年化回报约为10%。当然，这两个时期都是例外。美国多资产投资（60/40）基准指数的平均牛市持续时间为3.5年，回报达到81%（年化22%）。

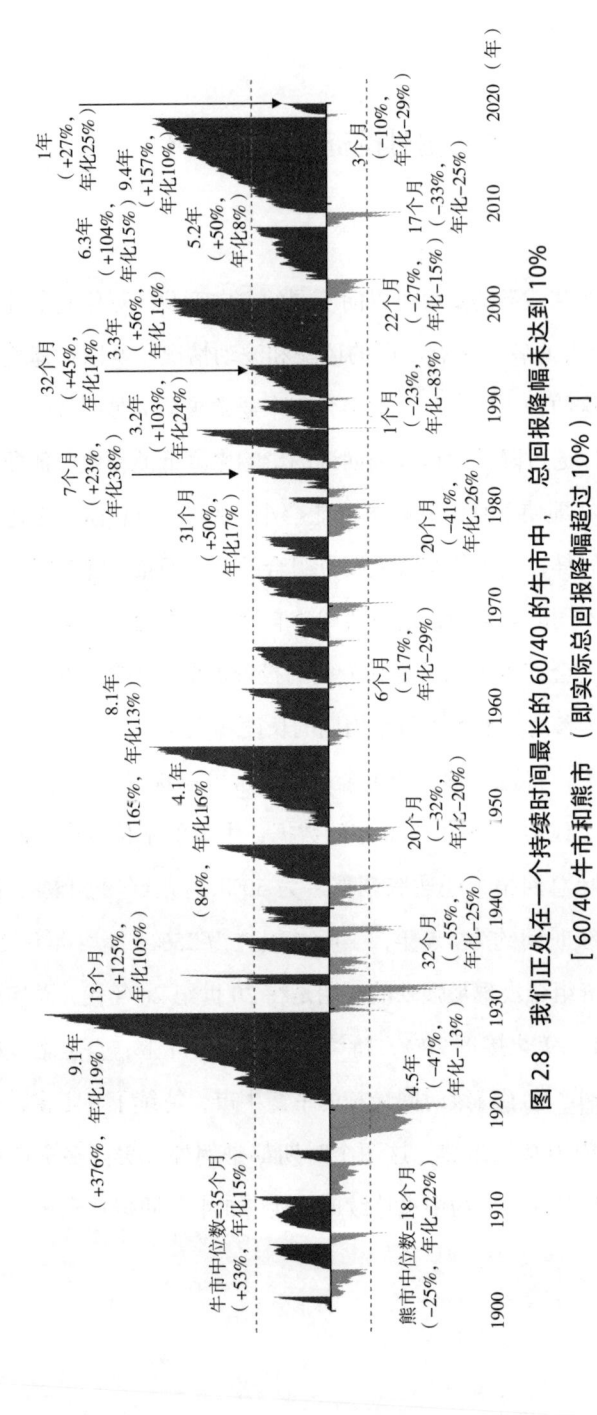

图 2.8 我们正处在一个持续时间最长的 60/40 的牛市中,总回报降幅未达到 10%
[60/40 牛市和熊市(即实际总回报降幅超过 10%)]

数据来源:高盛全球投资研究部。

第三章

股市周期

虽然股票回报的长期变化取决于宏观经济状况（特别是增长和利率之间的权衡），但大多数股市表现出周期变化的趋势，这在某种程度上与商业周期有关。由于股市的走势取决于对未来基本面的预期，对增长和通胀的预期往往会反映在当天的价格上。这些变化也会影响估值，例如，如果投资者开始预期未来的利润会从衰退中复苏，那么在实际好转出现之前，股市的估值就会上升。

一个投资周期通常会包含熊市（价格下跌的时期）和牛市（价格普遍上涨或回报相对稳定的时期）。熊市和牛市的性质、表现形式和差异将在本书后面的章节进行详细探讨。本章聚焦于投资周期的概况、形态和驱动因素——从市场最低点到最高峰的整个周期。投资周期长短不一，仅就美国股市而言，过去的平均周期通常为 8 年左右。

当然，在实际情况中，要想了解自身当下位于周期的哪个阶段是十分困难的，往往只有事后才能清楚认知。但是，即使认识到这些模式会随着时间的推移而长期存在，也有助于提醒投资者注意回报的可能变化和需要寻找的迹象。

从 20 世纪 70 年代初至今的数据来看，周期的模式似乎在重复，尽管每次都略有不同。大多数周期可以分为四个不同的阶段，每个阶段的回报情况不同，由不同的因素驱动（例如，对未来增长率或估值变化的预期）。

股市周期的四个阶段

图 3.1 简单说明了周期是如何按阶段划分的。这是一个现实中非常典型的版本，它反映了市场在周期中发展的趋势，显示了不同阶段如何反映股价指数受实际和／或未来利润增长预期驱动的程度。我们可以通过市盈率的变化来衡量（当投资者预期未来利润增长将提高时，估值会上升；当预期增长放缓时，估值会下降）。简单起见，我们可以将这四个阶段描述如下：

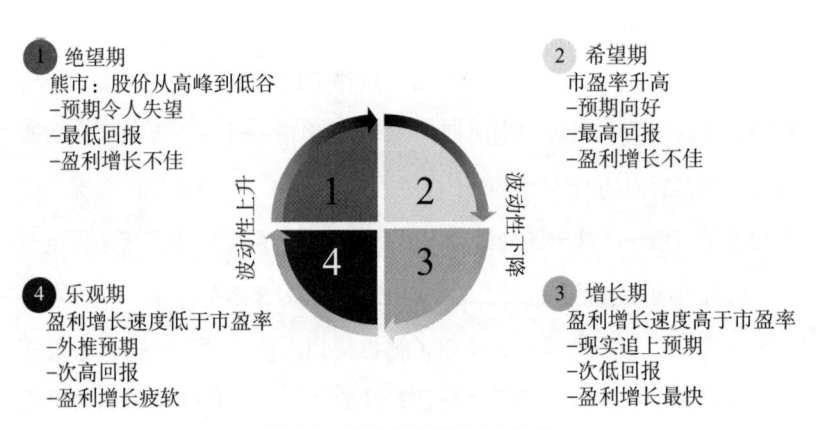

❶ 绝望期
熊市：股价从高峰到低谷
- 预期令人失望
- 最低回报
- 盈利增长不佳

❷ 希望期
市盈率升高
- 预期向好
- 最高回报
- 盈利增长不佳

❸ 增长期
盈利增长速度高于市盈率
- 现实追上预期
- 次低回报
- 盈利增长最快

❹ 乐观期
盈利增长速度低于市盈率
- 外推预期
- 次高回报
- 盈利增长疲软

波动性上升　波动性下降

图 3.1　股市周期的四个阶段

数据来源：高盛全球投资研究部。

1. 绝望期。市场从高峰走向低谷的时期，也被称为熊市。由于市场预期宏观经济环境恶化、收益下降，并对此做出反应，导致市盈率收缩，估值下降，推动市场回调。

2. 希望期。这一阶段是市场从估值谷底反弹（即市盈率高）的阶段，持续时间通常很短（在美国平均为9个月）。希望期出现在预期经济周期即将触底反弹以及未来盈利增长的情况下。这种预期导致历史市盈率升高。一般来说，希望期的结束大致与历史市盈率的峰值（对未来增长的最高乐观情绪）重合。这一阶段对投资者来说至关重要，因为本阶段通常是实现周期中最高回报的阶段。然而，它往往开始于实际的宏观数据和企业的利润表现仍然低迷的时候。至关重要的是，预期是主要驱动力：尽管希望期往往伴随着疲弱的经济数据，但当经济数据的二阶导数（变化率）开始改善时，希望期就会出现。因此，买入股票的最佳时机通常是在经济状况疲弱、股市下跌，但是有迹象显示经济状况不会以更快的速度恶化的时候。

3. 增长期。这通常是盈利增长并推高回报的阶段，持续时间最长（在美国平均为49个月）。

4. 乐观期。这个周期的最后一个阶段，此时投资者会变得越来越自信，甚至可能变得自满，估值往往会再次上升并超过盈利增长，从而为下一次市场调整做好准备。

这个框架表明，盈利增长和价格表现之间的关系会在整个周期中系统地变化。虽然盈利增长是股市长期运转的原动力，但大部分盈利增长并不是在其实际发生时体现在价格中的，而是在投资者在希望期正确预期以及在乐观期对未来增长的潜力持乐观态度时体现出来的。

图3.2用1973年以来的数据说明了这一点。它体现了周期各个阶段的平均长度、平均股价回报率，以及在市盈率提升和盈利增长之

间的分布情况。虽然增长期的盈利增长最多，但价格回报主要出现在希望期和乐观期。

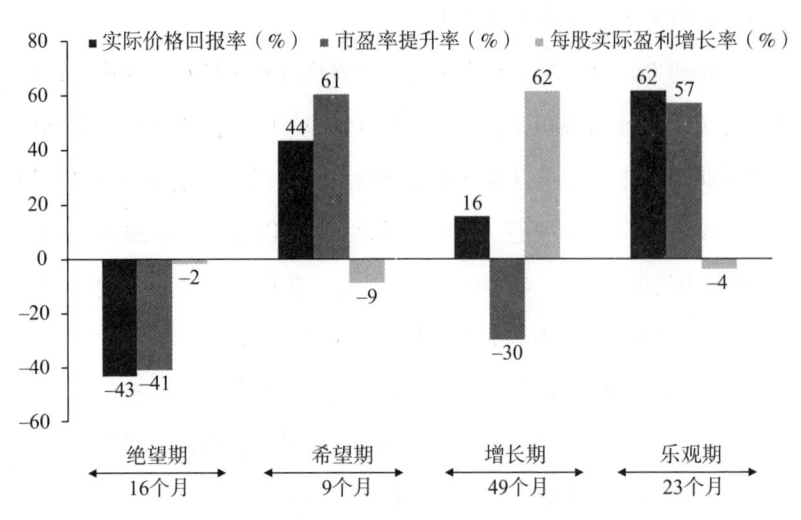

图 3.2　美国股权投资周期各阶段的回报分解
（收益根据 1973 年以来的数据统计）

数据来源：高盛全球投资研究部。

投资周期各个阶段的划分显然与经济有明确的联系。这让我们可以更清晰地解释各个阶段，并有助于我们确定周期何时从一个阶段过渡到下一个阶段。

在绝望期和希望期，由于实际产出落后于潜在产出，GDP，或者说经济活动，往往会收缩。低谷发生在希望期的中期和末期。在增长期，经济活动趋于扩张，最终产出增长超过潜在增长。

周期和估值之间也存在联系。通过计算市盈率等简单的估值指标，我们会发现，估值往往会在绝望期降低，而在希望期大幅升高，因为对未来利润复苏的预期会推高价格，使复苏实际上成为现实。

根据这个简单的分析框架，投资者在各阶段对远期回报的要求演变如下：

- 在绝望期，投资者越来越担心未来回报的前景，因此对所持股票的未来预期回报的要求越来越高。这种反应通常发生在本阶段波动性上升、闲置产能（通常被称为产出缺口）[1]增加以及经济开始衰退的背景下。这将导致股票估值（市盈率）降低和市场下跌。以1973年以来的数据为例，这一阶段在美国的平均持续时间为16个月。这是一个收益仍在（适度）上升，但股价大幅下跌的阶段，平均跌幅超过40%，估值缩水幅度与其相似。

- 在希望期，随着经济数据恶化的速度放缓（情况仍然糟糕，但没有高速恶化），投资者开始预期衰退或危机的结束，这种预期限制了潜在的下行风险。作为对尾部风险降低的反应，投资者越来越能够接受更低的未来预期回报（以及更高的估值）；股票风险溢价下降，估值上升，"害怕错失机会"往往会推动投资者情绪。尽管波动性仍然很高，但是随着经济活动数据开始企稳，即使下降速度较慢，波动性也趋于在希望期接近尾声时下降。在这一阶段，投资者本质上是在为增长期预期盈利的恢复提前支付。虽然希望期通常是所有阶段中最短的（平均约9个月），但它往往是周期中最强劲的阶段，平均回报率为40%，估值上升幅度更大，因为在周期的这一阶段，盈利通常仍处于收缩状态。

- 在增长期的起始阶段，投资者已经从希望期所预期的未来盈利增长中获得了回报，但这种增长尚未实现。产出缺口通常会在希望期的某个时点与失业率同时达到峰值，但在增长期的起始阶段仍

---

[1] 产出缺口，即一个经济体的实际产出低于其潜在产出的数量。

处于高位。投资者常常会暂停投资，以一种观望的心态质疑长期增长预期。其结果是，随着盈利增长超过投资回报，波动性下降，预期未来回报的价值在增长期得到重建。平均而言，周期的这一阶段在美国股市的持续时间为 49 个月，平均回报率为 16%，并伴有 60% 的盈利增长。因此，在此期间，市盈率往往会收缩约 30%。

在这一阶段，投资者之所以对股市的实际回报率要求更高，另一个可能的原因是债券市场的实际回报率上升。

- 最终，在乐观期，积累价值变得足够大，吸引了更多担心错过投资机会的投资者；回报超过盈利，预期的未来盈利因此下降。在这一阶段接近尾声时，随着高回报的可持续性受到市场的考验，波动性开始回升。这一阶段的平均持续时间为 23 个月，股价再次强势上涨，市盈率上升（两者涨幅均超过 50%），而利润增长却很少。

从这些模式中得出如下一些结论：

- 最高的年化回报率（投资者在一段特定时间内获得的以按年复利计算的平均回报率）出现在希望期。以美国和欧洲为例，这一阶段的平均回报率在 40% 至 50% 之间（以美国为例，按实际值计算的年化总价格增幅超过 60%）。接下来是乐观期（美国和欧洲的年化回报率均高于 30%），而在增长期则比较低。在美国和欧洲，绝望期的年化损失率约为 45%。

- 实际利润增长率和回报率惊人地不同步。几乎各个地区的全部盈利增长都发生在增长期。例如，在美国，实际盈利增长率（经通货膨胀调整后）平均约为 60%（欧洲为 40%），而在希望期（市场上的大部分回报实际上在此阶段已经实现），这两个地区的利润仍在下降。这强调了一个关键问题，即在估值较低的时候，投资者往往会为未来的预期增长而提前支付。

在希望期和乐观期，估值的提升幅度最大（见表 3.1 和表 3.2）。

表3.1 在希望期和乐观期，估值的提升幅度最大

	标准普尔 500 指数			
	绝望期	希望期	增长期	乐观期
持续时间（月）	16	9	49	23
累计				
实际价格回报率（%）	43	44	16	62
每股实际盈利增长率（%）	−2	−9	62	−4
市盈率提升率（pts.）	−9	6	−5	7
回报实现比例	−	36%	13%	51%
年化				
实际价格回报率（%）	−45	64	−1	31
每股实际盈利增长率（%）	4	−5	19	−4

数据来源：高盛全球投资研究部。

表3.2 在美国之外，估值提升模式也如此

	欧洲斯托克 600 指数			
	绝望期	希望期	增长期	乐观期
持续时间（月）	13	13	27	14
累计				

续表

	欧洲斯托克 600 指数			
	绝望期	希望期	增长期	乐观期
实际价格回报率（%）	-39	43	13	32
每股实际盈利增长率（%）	-2	-8	40	0
市盈率提升率（pts.）	-7	6	-3	5
回报实现比例	—	49%	15%	37%
年化				
实际价格回报率（%）	-49	74	2	42
每股实际盈利增长率（%）	-4	-6	18	4

数据来源：高盛全球投资研究部。

我们现在的讨论囊括了过去几十年的平均值，因此可以提供一个有用的分析框架。但实际上，每个周期都略有不同：通货膨胀可能在不同时期发生动态变化，经济增长也可能比过去更强劲。随着时间的推移，每个周期似乎都会受到某个特定因素的支配。

自20世纪70年代初以来，我们看到的主要周期如下：

20世纪70年代。20世纪70年代以一些糟糕的时尚风格而闻名，而这一时期金融资产领域的表现也非常糟糕。美国道琼斯指数在1972年达到的峰值直到1982年11月才再次被超越。当然，这是一个结构性的熊市（详见第六章）。不断上升的通胀是回报不佳的一个关键因素，它推高了利率和债券收益率，压倒了盈利增长，并压低了估值。该周期的市盈率收缩幅度很大，英国为42%，美国为52%。糟糕的市场表现反映了油价上涨对供给侧的巨大冲击，这油价上涨又嵌入工资上涨，导致通胀预期失控。

一般来说，最初由于结构性问题而发生倒退的周期与其他周期相比，其增长期往往更长，因为投资者需要更长的时间才能重拾信心，从而愿意为收益支付更高的价格，将市场推入乐观期。这一点在美国尤其明显，20世纪70年代的增长期是有记录以来持续时间最长的增长期之一。此轮周期的尾声与美国20世纪80年代初的双底衰退的起始期相重合。

20世纪80年代早期。 20世纪80年代早期的强周期（如前所述）是由通胀预期、利率下降，以及股票风险溢价的显著下降共同驱动的，这引发了市盈率的大幅上升。随着通胀开始下降，债券收益率和央行利率大幅下调，标志着估值的上升。

20世纪90年代。 这个周期非常强劲。经济稳健增长，通胀率和利率均较低，这一时期经常被称为"大稳健"时期。全球化的综合效应（部分原因为苏联解体和中国的开放）也至关重要。1995年11月，中国正式申请加入世贸组织（直到2001年12月11日才成为正式成员）。中央银行走向独立也是经济周期稳定的一个重要因素。

2000—2007年。 就全球主要股市的盈利增长而言，这是最好的周期之一，但它为投资者提供的回报却是最低的。问题在于，本轮周期中强势的利润增长在很大程度上是由金融业十分强劲的盈利推动的，而在杠杆率上升的推动下，金融业的盈利在美国次贷危机之后变得不切实际了。

2008年至今。 这是后金融危机周期，也是迄今为止时间最长的周期（第九章将详细讨论），这个周期与其他周期有很大不同，原因有几个。首先，全球金融危机的起伏不定以及2007年、2008年美国房地产市场最初出现问题后引发的后续浪潮，严重扭曲了周期的各个阶段，尤其是在美国以外的地区。特别是，继美国主导的危机之后，欧洲主权债务危机成为2010年、2011年金融市场的主要风险焦点。正当围绕欧洲的担忧开始消退时，新兴市场和大宗商品市场的价格下跌又导致了 2015 年、2016 年的大幅下跌。

其次，本轮周期不同于其他周期，它的特征是非常规的政策宽松（和量化宽松的启用），以及处于历史低位的通胀率和债券收益率。

再次，相对疲弱的利润增长是本轮周期的另一个独有特征，但与此同时，估值也在不断上升。这也是一个相对的赢家和输家之间存在显著差异的周期。这一点反映为美国股市的表现明显优于欧洲和新兴市场，以及科技股产生的利润和回报远高于市场中的其他领域（这也在一定程度上解释了各地区股市回报存在差异的原因）。

投资周期内的微型周期

在实践中，我们可以找出历史上不同类型周期存在的证据。如前所述，历史投资周期的时间长度往往是不同的，特别是长度最长的增长期。在一定程度上，这也反映了这样一个事实，即这些主要周期也会在经济活动放缓和扩张的时期被较短的周期打断。这些较短的周期通常反映了存货周期和政策的变化，它们可以在较长的投资周期中重复多次。因此，除了跨越一个熊市和下一个熊市之间完整的投资周期，在一个完整的投资周期内，经济活动放缓或扩张时期往往会形成一个甚至几个微型周期。这些微型周期往往发生在增长期，特别是在最近的周期中，增长期已被拉长，并得到长期而稳定的低利率的支持。通常情况下，这些微型周期并不涉及衰退，只是意味着较长的经济扩张过程中的暂停或放缓。

有时很难通过不频繁发布的数据点（如 GDP）来识别这些微型

周期。GDP数据每季度发布一次，并且随后经常会被修正。市场参与者往往非常重视高频数据点，其中许多数据点依赖于商业信心调查或订单记录，而不是"硬"数据点。在中国和欧洲等地，常用的衡量指标是所谓的采购经理人指数（PMI），而在美国，则是广受关注的供应管理协会指数（通常被称为ISM指数）。这些指数受到投资者的广泛关注，因为它们与GDP密切相关，但具有月度发布的优势，比GDP数据的发布频率更高。

比如，通过观察美国的ISM指数，我们会发现微型周期比完整的投资周期要多得多。例如，根据对受访企业的调查（如图3.3所示），在始于2009年的当前投资周期中，已经出现了3个微型产业周期，在这3个周期中，经济先是放缓，然后加速。每一个微型周期的发展都没有导致更广泛的经济衰退。

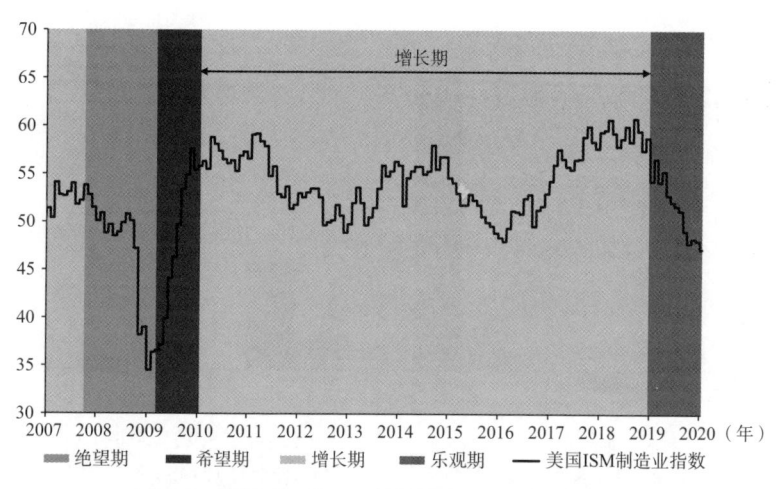

图3.3 制造业周期：增长期末尾的几个微型周期

数据来源：高盛全球投资研究部。

我们发现，在更广泛、通常更长期的投资周期中，股市和其他资产类别的表现与这些微型周期存在关联。

如图 3.4 所示，对美国标准普尔 500 指数（基于 20 世纪 50 年代以来的平均值）而言，股市的最佳时期往往是 ISM 指数低于 50（通常伴随着经济衰退或经济活动疲软）且即将达到拐点时。这在图 3.4 中显示为恢复期。其中的关键点在于，最好的回报通常不是在数据最强劲而是在最弱且即将到达拐点的时候出现。这是一段二阶导数有所改善、经济活动疲弱但正在恢复的时期，此时动物精神往往会发挥作用，投资者出于对未来复苏的预期而进入股市。正如我们在主要投资周期的希望期所发现的那样，这一阶段的回报往往是最强劲的。市场最糟糕的阶段是 PMI 低于 50 且出现收缩的时候。这一阶段的情况相当明确：很糟，而且越来越糟。这一阶段往往与投资周期中的绝望期相吻合。

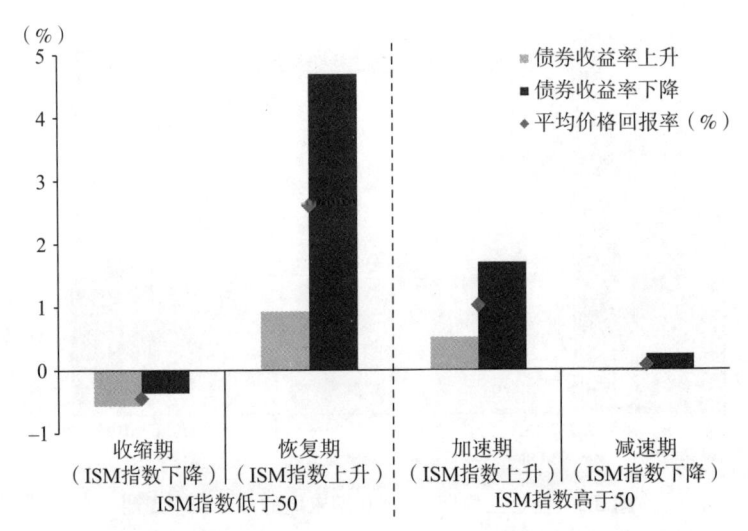

图 3.4　一个完整周期的股权回报率 （标准普尔 500 指数月均价格回报率） 情况

数据来源：高盛全球投资研究部。

增长率提高的加速期通常是股市的次佳时期——与投资周期的增长期密切相关。平均而言，排在最弱的收缩期之后的次弱时期是减速期，此时ISM指数虽然高于50，但正在恶化。减速期虽然并不像收缩期那么糟糕，但通常也伴随着股市回报的低迷或表现平平。

周期与债券收益率的相互作用

这种周期模式的另一个特征是，股票和债券市场的回报取决于增长预期和债券收益率之间的相互作用。股市在周期各个阶段的平均表现取决于债券收益率是上升还是下降了。这是因为，债券市场反映了央行货币政策的立场、利率以及对未来通胀的预期。当把债券收益率纳入考量时，我们会发现更复杂的排列组合有助于解释回报。这些组合如图3.4所示，其中菱形代表平均价格回报，条形代表各个阶段债券收益率下降或上升时的价格回报。

虽然恢复期的平均回报最高（ISM指数低于50，但仍在上升），但同时期的债券收益率是上升还是下降，回报率会有相当大的差别。一般来说，如果债券收益率下降，回报率会更高，产业周期的所有阶段都是如此。

但是，正如我们将在下一章看到的，股市和债券收益率之间的关系是复杂的。一般来说，从长期看，与债券收益率和通货膨胀率结构性上升的时期相比，债券收益率下降对回报率的影响往往是正向的。例如，20世纪80年代，投资者迎来了比通货膨胀率和债券收益率持续上升的20世纪70年代更高的回报。但是在短期内，债券收益率的走势对股市来说关系重大。实际上，债券收益率曲线的总体波动（无论债券收益率是高于还是低于短期利率）对股市来说都很重要。随着通胀预期的变化，经济增长前景的改善以及利率的上升有可能与最强劲的股市回报有关。正如在近期的周期中一样，当利率的起始水平非常低时，情况尤其如此。不断上升的债券收益率，加上增长预期，可能反映出人们对政策正在发挥作用、衰退风险正在消退的信心有所增强。出于同样的原因，收益率曲线陡峭化（长期债券收益率高于短期利率水平）通常意味着央行采取了支持性货币政策。反之，收益率曲线倒挂（债券收益率低于政策驱动的短期利率）往往反映了货币政策的限制性立场。

第四章
资产回报周期

本书第三章着眼于股市如何在周期的各个阶段提供不同的回报。同样可以证明的是，在整个周期中，与其他资产类别相比，股票的相对回报模式有所不同，而不同资产类别对增长和通货膨胀的反应也有所不同。这些特征使跨资产类别的多样化投资成为一种降低投资组合风险的有效工具。

经济周期不同阶段的资产表现

例如，考虑资产在经济周期中的相对表现的一种简单方法是，观察它们在经济扩张和收缩的早期和晚期阶段的月均实际回报率（图4.1中显示了经通货膨胀调整后的美国市场实际回报率）。在经济衰退期的后期，也就是经济活动最低迷的时候，防御性强的资产往往表现出色，包括黄金和长期债券（它们受益于较低的政策利率和通常会下降的通胀预期）。随着周期进入复苏的早期阶段，增长仍为负值，但二阶导数正在改善（恶化速度放缓），股票往往会大幅反弹，黄金和债券表现最差。依据未来预期定价的金融资产比"真实"资产表现更好，这是可以理解的。"真实"资产的表现更多地反映了当前的供需平衡，在这个阶段往往表现最差。

在扩张期的后期，表现最佳的资产仍是股票，但主要是贝塔系数较高的股票，或者是那些往往在更大程度上放大基本面波动的股票，如新兴市场股票。在这一阶段，大宗商品往往处于中间位置，而固定收益资产往往表现不佳，这是由于投资者对风险的容忍度更高，而通胀水平也更高。在衰退期的早期阶段，防御性资产的表现开始强于其他资产，增长水平仍然为正（尽管在减速），但原油往往会继续表现良好。在这个阶段，风险资产以及大多数周期性和高贝塔系数的股票往往表现最差。公司债券通常是固定收益资产和股票资产的混合体，通常在衰退期的后期表现最好，因为债券收益率下降，远期增长风险开始缓和。

相对于经济增长，各类资产对通货膨胀的反应并没有那么直接，因为资产表现在很大程度上取决于通胀水平及其变化。高企且不断上升的通胀对股票和债券都不利。由于货币政策收紧和期限溢价（投资者对投资期较长的资产所要求的溢价）上升，通胀上升（和通胀波动）往往会对债券收益率构成上行压力。高水平的通胀上升也会给股市带来压力，尤其是当经济增长不足以弥补通胀上升和可能伴随的利率上升时。另外，不断上升的通胀或将导致利润率面临压力，这也可能成为一个问题，原因可能是原材料投入增加或劳动力成本上升。也就是说，低水平的通胀上升往往预示着衰退的结束，因此对股市的影响可能是积极的。自20世纪90年代以来，通胀在大部分时间里一直处于低位和稳定状态，因此，通胀对股票和债券市场的推动作用显

ISM指数上升，CPI上升：5.3年		ISM指数上升，CPI下降：8.3年		ISM指数下降，CPI上升：7.1年		ISM指数下降，CPI下降：7.1年	
原油	3.2%	MSCI新兴市场指数	2.2%	原油	1.6%	美国30年期国债	1.5%
MSCI新兴市场指数	2.1%	欧洲斯托克600指数	1.4%	美国30年期国债	1.2%	美国10年期国债	1.0%
高盛商品指数（GSCI）	1.6%	标准普尔500指数	1.4%	高盛商品指数	0.9%	德国10年期国债	0.8%
标准普尔500指数	1.5%	美国高收益债券指数	1.3%	美国10年期国债	0.8%	公司债券	0.8%
东证股价指数（TOPIX）	1.4%	原油	1.1%	黄金	0.7%	美国投资级债券指数	0.7%
欧洲斯托克600指数	1.2%	东证股价指数	0.7%	公司债券	0.6%	标准普尔500指数	0.6%
黄金	1.0%	美国投资级债券指数	0.6%	德国10年期国债	0.5%	日本10年期国债	0.6%
美国高收益债券指数	1.0%	公司债券	0.6%	美国投资级债券指数	0.4%	欧洲斯托克600指数	0.5%
美国投资级债券指数	0.4%	德国10年期国债	0.5%	短期国库券	0.3%	美国高收益债券指数	0.4%
公司债券	0.3%	日本10年期国债	0.5%	MSCI新兴市场指数	0.2%	短期国债	0.3%
短期国债	0.1%	高盛商品指数	0.4%	日本10年期国债	0.1%	黄金	0.2%
德国10年期国债	0.1%	短期国债	0.2%	美国高收益债券指数	0.1%	美国投资级指数	−0.6%
日本10年期国债	0	美国10年期国债	0.2%	标准普尔500指数	0	MSCI新兴市场指数	−1.0%
美国30年期国债	0	美国30年期国债	0	欧洲斯托克600指数	−0.4%	高盛商品指数	−1.6%
美国10年期国债	0	黄金	−0.2%	东证股价指数	−0.9%	原油	−2.6%

图4.1 股票与债券的表现与商业周期密切相关；大宗商品的表现在衰退中往往滞后（自1950年以来的月均实际总回报率）

注：我们引用美国国家经济研究局（NBER）的经济衰退数据。我们根据经济正增长和负增长进一步划分扩张期和衰退期。通常，经济正增长的扩张期后期是周期中最长的阶段。1973年之前，原油价格由得克萨斯铁路委员会控制，1968年之前，黄金价格由布雷顿森林体系确定。

— 053 —

得没那么重要，只是在总体上起到了支撑作用。20世纪70年代和80年代，通货膨胀率普遍较高（>3%），这推动了股票和债券投资大量转换为实物资产投资。

在通胀上升的经济周期后期，债券通常不太适合风险资产的多元化投资，股票和债券的相关性往往随着油价的上涨而增强。一个极端的例子是20世纪70年代的滞胀，当时股票和债券一起下跌。在这种情况下，大宗商品可以成为一种重要的多元化投资工具，无论是整体通胀还是核心通胀，大宗商品都是最能分散通胀风险的工具之一，尤其是在通胀波动性不断上升的时期。

投资周期不同阶段的资产表现

我们可以通过观察不同资产类别在一个典型投资周期中的各个阶段的表现来扩展这种分析。表4.1显示了在1973年至2019年的6个投资周期中，美国市场股票、债券和标普高盛商品指数在每个阶段的实际年化总回报率。

股市在绝望期表现最差并不奇怪，因为此时正是周期中投资者预期利润下滑的时点。或许更令人惊讶的是，在周期的这个阶段，通过多元化投资于其他资产类别，表现优异的潜力有多大。正是这种差异，强调了在周期成熟时实行多元化投资或积极资产配置策略的必要性，投资者可以同时增加或减少不同资产的敞口，以最大限度地优化可能的风险和波动性。

表4.1 各资产类别在周期不同阶段的表现（实际年化总回报率，%）

标准普尔500指数

	绝望期	希望期	增长期	乐观期
1973—1980年	-35	69	-3	63
1980—1987年	-19	86	-13	31
1987—1990年	-77	96	1	20
1990—2000年	-61	31	9	27
2000—2007年	-24	48	10	-
2007—2019年	-44	86	9	102
平均值	-44	69	2	48
中位数	-40	77	5	31

美国10年期国债

	绝望期	希望期	增长期	乐观期
1973—1980年	-7	1	-6	3
1980—1987年	2	30	-6	15
1987—1990年	-1	21	-4	7
1990—2000年	-10	15	4	5
2000—2007年	11	7	-1	-
2007—2019年	12	-6	1	13
平均值	1	11	-2	9
中位数	0	11	-2	7

高盛商品指数

	绝望期	希望期	增长期	乐观期
1973—1980年	53	-27	2	34
1980—1987年	-19	6	1	7
1987—1990年	10	-1	26	20
1990—2000年	362	-18	3	-2
2000—2007年	2	18	10	-
2007—2019年	-38	36	-10	80
平均值	62	2	5	28
中位数	6	2	2	20

数据来源：高盛全球投资研究部。

在希望期，股票往往可以提供本轮周期目前为止最好的回报，在所有资产类别的排名中很清晰。在这6个周期中，股票的表现都优于债券，而在其中4个周期中，债券的表现优于大宗商品。随着投资者开始预期企业利润未来的反弹，股票价格将获得强劲提振。股票是适合这种经济和利润潜力转变的资产类别。

在增长期，大宗商品的相对表现往往领先。在这6个周期中，有4个周期的大宗商品在这个阶段的表现都优于债券和股票。在这一阶段，股票和债券的表现往往欠佳，相对排名不稳定。这是有一定道理的。债券和股票都是更具前瞻性的资产，它们在希望期取得的回报占比更大，而在盈利实现增长、实际增长（而非预期增长）表现为强势需求时，大宗商品（受供需平衡而非预期驱动）最先取得良好的表现。

在乐观期，股票再次跑赢大盘。在大多数周期中，股票在这个阶段的表现都优于大宗商品和债券。债券和大宗商品的相对表现好坏参半。

债券收益率变化对股票的影响

在实践中，很多投资者无法通过大宗商品实现多元化投资，他们往往更关注平衡投资组合，即根据时间的变化以不同比例组合股票和政府债券。在理想情况下，投资组合中股票和债券的权重应该在整个周期中根据债券和股票的整体表现进行调整。

经济活动和金融市场之间存在着复杂但明确的关系。股票对未来的名义增长有要求——因此被称为"实物资产"，而且，随着时间的推移，利润应该会随着通货膨胀和经济活动而上升。股票现值应该是未来收益或股息贴现的现值。这就是股市受贴现率（无风险利率）和未来预期增长的影响如此之大的原因。

这种关系可概括为单阶段 DDM 或戈登增长模型，该模型指出：

股息收益率 + 增长率 = 无风险利率 +ERP

在其他条件不变的情况下，如果债券收益率下降，股息收益率就会下降（股票价格就会上涨）。但如果较低的债券收益率与长期增长预期的变化相匹配，那么较低的收益率应该不会对当前估值产生积极影响。事实上，未来现金流的不确定性可能会增加 ERP，迫使股息收益率上升（或股价下降）。

相比之下，固定收益资产在一定时期内提供固定的名义回报。未来的回报在名义上是已知的，但在实际价值上是未知的（因为投资者尚未受到未来通货膨胀的影响）。最终的回报将取决于当前的利率水平和补偿违约风险的风险溢价（额外回报）。

通过观察股市和债券市场之间的相关性，我们可以发现，债券和股票之间的关系受到周期和长期通胀预期的共同影响。从理论上讲，当债券价格上涨（其收益率或利率水平下降）时，股票价格往往会上涨（通常由更高的估值支撑）。相比之下，不断上升的利率或债券收益率（以及不断下跌的债券价格）往往对股票不利，因为未来现金流的贴现率将会上升（会减少股票现金流的净现值）。因此，股票和债券价格之间通常存在正相关关系（或者债券收益率和股票价格之间存在负相关关系）。

在历史的大部分时间里，债券和股票价格之间的正相关性通常是一种常态。然而，20 世纪 90 年代末科技泡沫破裂后，情况发生了逆转。增长预期崩溃，更宽松的货币政策压低了债券收益率。而股票估值从一开始就很高，因此，尽管债券收益率较低，但股价仍大幅下跌，导致价格相关性转为负值。

大约从2002年开始，随着投资者信心开始恢复和增长预期改善，情况开始恢复正常。但这只是一个短暂的喘息。不久之后，美国房地产泡沫的破灭（在一定程度上是由科技泡沫结束后的低利率推动的）预示着全球金融危机的开始。危机过后宽松的货币政策导致债券收益率和通胀下降，引发了新一轮对经济增长的担忧。事后证明，此次债券和股票价格之间的负相关关系比以往任何时候都更持久，因为债券收益率下降被视为结构性增长放缓和潜在通缩（例如日本）的反映。

对固定收益证券的投资者来说，通货膨胀是其面临的最大风险，因为尽管政府债券在特定期限内提供固定的名义回报，但它们不能保护投资者免受意外通货膨胀带来的损失。就股票而言，它们的现金流与通货膨胀挂钩，因此在价格上涨时可以提供一定的保护。当然，通货紧缩时期的情况恰恰相反。在这种情况下，固定的名义回报受到高度重视，而股票（其现金流和股息将与通胀保持一致）的风险敞口更大，需要更高的预期回报（更低的估值或更高的ERP）来补偿风险。这就是为什么在更容易出现通货紧缩的经济体中，如日本和（近期的）欧洲，不断上升的利率和债券收益率往往被股票投资者视为利好。这似乎是当前许多股市的ERP相对于过去显得如此之高的主要原因之一。考虑这个问题的另一个角度是，债券投资者的未来回报更确定（通胀侵蚀固定名义回报的认知风险较低），因此股票需要更高的相对收益率才能继续吸引投资者。

总而言之，债券收益率和增长预期之间存在一场持续的拉锯战，影响着债券和股票回报之间的关系。正如图4.2所示的股票和债券之间的长期关系（就美国而言），两者相关性变为负值的主要阶段出现在增长受到冲击、严重衰退或出现重大政治事件（如战争）的时期，这些事件推高了不确定性水平，进而推高了股票所需的风险溢价。

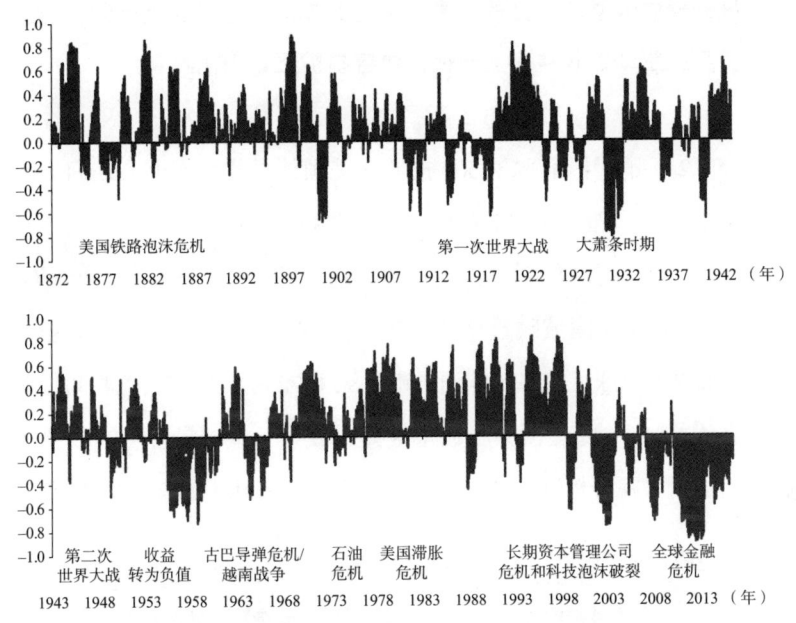

图 4.2　由于量化宽松政策，近年来股票和债券（股票价格和债券回报）之间的负相关性降低了

数据来源：高盛全球投资研究部。

因此，债券收益率上升（或债券价格下跌）并不总是对股市不利。债券收益率上升对股票的影响有很大不同，这取决于以下几个因素：

- 周期时点。在经济周期的早期，股市往往具有更强的免疫力。
- 调整速度。速度越慢对股市越有利。
- 当时的债券收益率水平。从历史上看，美国 10 年期国债收益率达到或超过 5% 对股市绝对是"不利"的，但在本轮周期中，临界点可能出现得更早。

- 股票估值。这与周期有关,而且很明显,股价处于低位时不那么容易受到冲击。
- 推动债券收益率上升的因素。无论是实际的还是名义上的,由通货膨胀驱动的收益率上升往往更容易被股市消化。

表 4.2 显示了标准普尔 500 指数在美国债券收益率上升期间的表现。可以看出,随着时间的推移,这种关系并不明确或一致。当债券收益率上升时,股票偶尔也会表现良好,比如从 1998 年至 2000 年,尽管美国 10 年期国债收益率从 4.2% 升至 6.8%,但美国股市上涨了 46%,市盈率上涨了 29%(欧洲股市上涨了 72%)。但在其他时间,尤其是在 1994 年,随着债券收益率上升,股票下跌,尽管当时收益增长相当不错。在分析这一至关重要的关系时,有几个因素需要考虑。

表4.2　美国10年期国债利率上升期的股市表现

日期		美国 10 年期国债 利率水平		利率变量	时长	标准普尔 500 指数 改变量		
低谷	高峰	起始利率	结束利率	(bp)[1]	(月)	股价	未来12个月市盈率	未来12个月每股盈利
1991年12月	1992年3月	7	8	98	2	-3%	-3%	1%
1993年10月	1994年11月	5	8	288	13	-1%	-14%	12%
1996年1月	1996年7月	6	7	153	6	7%	4%	3%
1996年11月	1997年4月	6	7	93	4	-2%	-5%	3%
1998年10月	2000年1月	4	7	262	16	46%	29%	17%

1　指基点,1 基点 = 0.01%。——编者注

续表

日期		美国 10 年期国债				标准普尔 500 指数		
		利率水平		利率变量	时长	改变量		
低谷	高峰	起始利率	结束利率	(bp)¹	(月)	股价	未来12个月市盈率	未来12个月每股盈利
2001年11月	2002年4月	4	5	124	5	3%	-1%	4%
2003年6月	2003年9月	3	5	149	3	3%	0	4%
2004年3月	2004年6月	4	5	119	3	1%	-6%	7%
2005年6月	2006年6月	4	5	136	13	4%	-10%	14%
2006年12月	2007年6月	4	5	86	6	6%	2%	4%
2008年12月	2009年6月	2	4	188	5	5%	22%	-16%
2009年10月	2010年4月	3	4	81	6	15%	-3%	19%
2010年10月	2011年2月	2	4	135	4	14%	7%	7%
2012年7月	2013年9月	1	3	161	13	24%	15%	8%
2016年7月	2017年3月	1	3	124	8	11%	6%	6%
2017年9月	2018年11月	2	3	117	14	14%	-8%	22%
平均值		4	5	145	8	9%	2%	7%

数据来源：高盛全球投资研究部。

周期时点：越早越好

债券收益率上升对股市的影响难以预测的原因在于，这种上升可能发生在股市周期的不同时点——原因也各不相同。通常情况下，债券收益率的最大涨幅出现在经济周期的低谷。这通常是股票投资的建仓期，也是投资股票成本较低的时候。其中一些债券收益率上升的时期处于周期早期：1991年、2001—2003年、2008年和2012年，其他时期处于周期后期。

一般来说，债券收益率在周期早期上升的同时，估值也会大幅上升，而企业的盈利增长并非回报的主要驱动因素——实际上，在这个阶段，利润往往仍在下降。这与债券收益率在周期中后期的上升有很大不同，中后期投资者可能更担心通货膨胀，此时收益率起点更高，股票估值已经过高。

调整速度：越慢越好

债券收益率上升的速度是解释整个周期中股票和债券关系的另一个重要因素。例如，自全球金融危机爆发以来，美国10年期国债收益率在3个月内上升了两个标准差以上，股票和债券一起遭到抛售。[1] 当利率上升过快时，它们会对增长预期和风险资产估值造成压力，利率波动可能会溢出为股票波动（如图4.3所示）。

收益率水平：越低越好

在过去15年的大部分时间里，股票与债券价格呈负相关；债券价格下跌（债券收益率上升）的同时，股票表现强劲。这对平衡型和多资产型投资者特别有利，他们不仅在股票和债券上获得了长期的强劲回报，而且负相关性也降低了平衡型投资组合的总体风险和波动性。

---

1 Mueller-Glissmann, C., Wright, I., Oppenheimer, P., and Rizzi, A. (2016). *Reflation, equity/bond correlation and diversification desperation*. London, UK: Goldman Sachs Global Investment Research.

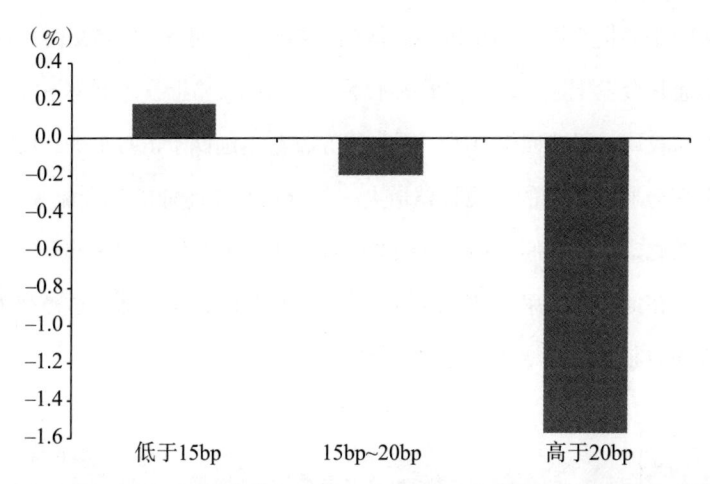

图 4.3 债券收益率大幅波动的同时，股票回报率为负值 [欧洲斯托克指数的平均回报率取决于美国 10 年期国债收益率的绝对波动（周改变量）]

数据来源：高盛全球投资研究部。

对大多数股市而言，股票与债券收益率的相关性在很大程度上取决于收益率水平。如果收益率非常低——就像最近几年那样，那么股票将倾向于与债券价格呈负相关。随着债券收益率从低位回升，股票表现良好。同样，当债券收益率下降时，股市表现欠佳。例如，2016年初投资者担心持续的通缩风险，这段时间对股市来说不是一个好时机。相比之下，自从债券收益率在 2016 年中开始上升，股市表现转好。这也显示在表 4.2 中。

要观察利率水平对股票和债券关系的影响，一种方法是观察两者之间的相关性是如何变化的。图 4.4 中的散点图表明，当收益率高于 4%~5% 时，股票和债券价格的月度相关性趋于正。这意味着，对于相对"正常"的利率水平（或者可以说当长期债券收益率与长期预期名义 GDP 增长相当接近时），债券价格上升（债券收益率下降）对股价有利；当债券收益率上升时，股票表现欠佳，因为这是通货膨胀的信号，通货膨胀会提高股票的贴现率。但当债券收益率低于4%~5%时，这种关系通常会发生逆转；在较低的水平上，债券价格上升（利率下降）实际上与较弱的股票回报有关，因为债券收益率远低于正常水平，反映出衰退甚至通货紧缩的风险日益增大——这将打击企业的现金流和收益。正因如此，正如我们近年来看到的，利率水平非常低的国家的股票价格往往会在债券收益率上升（或债券价格下跌）时大幅上涨。这被视为对增长和通胀的信心增强，有助于降低股市的认知风险。

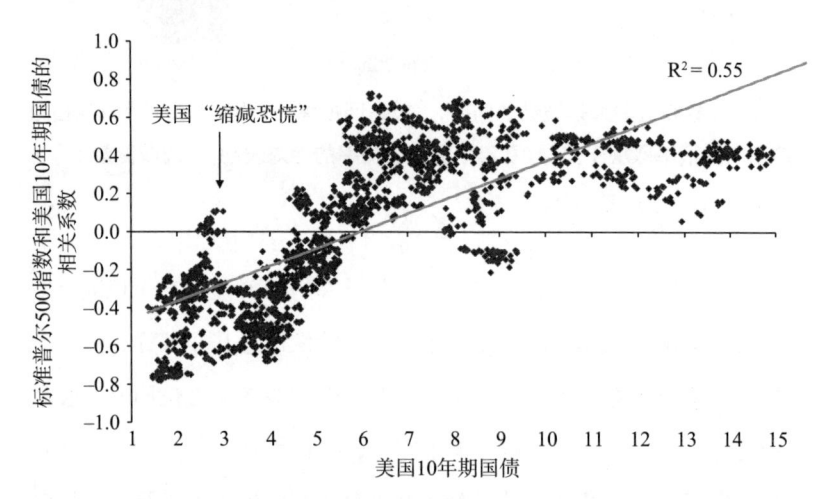

图 4.4 股票/债券相关性可以随着收益率的上升而转正值（自1981年以来，美国股票与美国10年期国债12个月滚动相关系数，周数据）

数据来源：高盛全球投资研究部。

股票与债券之间的结构性变化

虽然本章主要关注决定债券和股票表现之间的关系的周期性驱动

— 064 —

因素，但自20世纪末以来，特别是自金融危机以来，两者之间的相关性发生的改变也表明，这种关系中存在一些长期性或结构性变化。长期以来，股票通常被视为一种风险资产，其收益率（股息收益率）要比风险低得多的资产（如政府债券）高得多。毕竟，收益率或估值是表明投资者将资金投入风险资产而非无风险资产所预期或要求的回报（或风险溢价）。

关于这一关系及其对投资者和资产配置的影响，有一场著名的讨论，发生在1956年英国帝国烟草公司养老基金总经理乔治·罗斯·古拜向退休和养老基金协会（ASPF）发表的一篇充满争议的演讲之后。[1] 他认为，投资股票可以为养老基金带来与通货膨胀挂钩的增长。他因将全部养老基金配置在股票上而闻名，这一举动通常被认为是所谓"股票崇拜"的开始。

在此之前，股票大多被视为波动性或风险较高的资产，其经风险调整后的回报率低于政府债券，因此需要更高的收益率来弥补（因此估值更低）。随着越来越多的机构热衷于将资金转向股票以抵御通货膨胀，股票收益率下降，所谓的反向收益率诞生了，即股息收益率下降至低于政府债券收益率：在大多数发达经济体中，这种模式一直持续到20世纪90年代末科技泡沫破裂。

在向ASPF发表的演讲中，乔治·罗斯·古拜提供了长期的历史证据，即事后风险溢价（相对于债券，投资者在股票中获得的回报）的实际值为正，如果忽视这一点，投资者就要自担风险。经通货膨胀调整后，股票的长期表现比债券要好得多。就像乔治·罗斯·古拜说

---

[1] Goobey, G.H.R.（1956）. Speech to the Association of Superannuation and Pension Funds. The pensions archive [online]. Available at http://www.pensionsarchive.org.uk/27/.

的那样，"我知道人们会说：'嗯，事情再也不会和以前一样了。'但是……这种情况一次又一次地发生。我告诉你们，我的观点是，这种情况还会再次发生，即使它（股价）可能不会像我们过去经历的那样急剧上升"。

在乔治·罗斯·古拜演讲后的50年里，事实证明他的预测非常成功。从1956年到2000年，美国股票的年化实际总回报率（作为代表）为7%。

21世纪初，在科技泡沫结束股市崩盘之后，情况开始发生变化，远期预期也随之发生改变。在这个后泡沫时代，股票估值从不切实际的高位下跌。信贷危机的爆发以及紧随其后的多个发达经济体资产负债表的去杠杆化，打击了一度围绕股市的信心，20世纪60年代以前对股市回报率的质疑卷土重来。股息收益率再次高于债券收益率，历史回报率和预期未来回报率双双大幅下跌。

图4.5显示了美国债券与股票估值的长期变化，该图比较了美国10年期国债收益率和股东的预期现金回报率（这里取股息收益率与股票回购收益率之和）。20世纪90年代早期，投资者在股市中获得的现金回报率约为4.5%，而美国10年期国债的收益率为8%。金融危机过去10年后，投资者在股票上获得了超过5%的总现金回报，而在国债上则不到2%。这一变化可以反映很多事情，但总体而言，这意味着股票的相对贬值，由于不确定性增加和对未来增长的预期降低。与此相一致的是，通货膨胀率显著下降，降低了政府债券投资者的风险（他们获得的是固定的名义回报），但同样降低了持有实物资产（比如股票）的吸引力，这些资产可能会在一段时间内为更高的通货膨胀提供一些保护（因为收入和利润会随着通货膨胀而变化）。

图 4.5　近年来，尽管债券收益率下降，但股票估值仍具有吸引力 [美国 10 年期国债收益率和股票现金回报率（股息收益率和股票回购收益率之和）]

数据来源：高盛全球投资研究部。

在长期预期经济增长疲弱的低通胀国家，债券收益率和股票现金回报率之间的差距会更高。以德国为例，其股价指数在成熟行业（如银行和汽车）中的权重也高得不成比例，在撰写本书时，其股息收益率加股票回购收益率超过 4%，而 10 年期国债收益率低于 0。

第五章

行业、公司与周期

考察过去各个周期的不同投资风格，我们会发现，一概而论往往会产生误导。你越是从微观层面审视股市（也就是说，你越关注单个公司或集团，而不是更广泛的股市指数），回报率就越有可能受到特定问题的影响，比如公司或行业的具体情况、监管环境、并购重组等竞争层面的问题等等。在一个或多个周期中可能很明显的模式——例如，在比较大盘股公司与小公司的业绩时——在其他周期中并不总是一致或明显的。这使得在预测回报率时，过于笼统的预测更为困难，有时甚至是有风险的。

当涉及市场内各行业的表现模式时，这种一致性问题就更加明显了。尽管股市中的部分行业或产业集群经常受到它们与经济或利率周期的关系的影响，但它们也可能受到一系列其他因素的影响。同样，对经济状况的敏感度会随着时间的推移而变化。例如，从历史上看，化工产业一直被认为是周期性的，因为其收入受到经济周期的高度影响。这是因为，化工企业通常都生产类似于大宗商品的大宗化学品。当经济和需求强劲时，这些公司的利润会上升，而不难理解的是，当经济和需求疲软时，它们的利润通常会下降。这类公司也经常被分析师描述为高"经营杠杆",也就是说,它们有很高的固定生产成本。这意味着,当需求疲软时,它们的利润率会大幅下降,并可能导致巨额亏损(难以弥补固定成本)。然而,出于同样的原因,当需求强劲时,它们的利润率会大幅上升,利润也会强势增长。

对食品生产行业的公司来说,情况就大不相同了。通常,这些公司将面对一个更稳定、可预测性更强的终端市场,无论整体经济是强劲的还是疲弱的,大多数顾客都会继续食用同样数量的食物。

但是,上面的例子并不总是一成不变的。例如,近年来,大部分化工企业已将其业务组合转向附加值更高的产品,如涂料、黏合剂、清洁材料和农业化学品(化肥和杀虫剂等),这些产品的终端需求可能更稳定。部分公司的商业模式也发生了变化,转而生产香精和香水,它们被归类为食品或个人护理产品。科技行业过去也发生过类似的变化,该行业将周期性很强的大宗商品(如半导体)与周期性较弱的软件生产企业结合在一起。随着时间的推移,相对于更稳定或防御性更强的部分,该行业周期性部分的市值(或权重)已经下降。

同样,销售品牌食品的生产商可能会发现,随着时间的推移,其终端需求的周期性变得更强,因为来自超市自有品牌商品的竞争意味着愿意为品牌产品买单的高端顾客可能比过去更具周期性。

举这些例子的意义并不在于证明股市中不存在明显的模式,而是投资者应该认识到,由于行业驱动因素和行业内外的竞争环境会随着时间的推移而变化,股市的不同领域与宏观经济之间的关系也会发生变化。

不同行业与周期的关系

尽管存在上述种种困难，但是我们依然可以对经济周期中的行业回报进行更广泛的概括。人们通常会从对经济变量的敏感性或贝塔系数的角度看待各个行业，例如，它们的估值和表现在多大程度上受到经济增长、通货膨胀和债券收益率变化的影响。我发现，根据敏感性和估值，将股市的行业和部门分成四类是非常有用的。

如图5.1所示，对经济更敏感的行业或周期性行业大致可分为周期性强、高增长行业（如科技行业），和周期性强、低估值（通常处于成熟阶段）行业（如汽车行业）。同样，防御性较强、对经济不太敏感的行业也可以分为防御性强、高增长行业（如医疗保健行业），和防御性强、低估值行业（如电信行业）。作为一个宽泛的概括，图5.1根据在不同经济环境下的相对表现，将这四类行业中的部分代表行业放在同一个象限中。

经济在通货膨胀和利率不断上升的同时加速增长，这是实现周期价值的最佳环境。总体而言，强势的经济增长对周期性行业有利，而其中的成熟行业——固定成本（包括工资和资产）在收入中所占比例往往高于较年轻、增长较快的行业——受通货膨胀的影响更大。这通常被描述为高"经营杠杆"。当通货膨胀和利率上升时，成熟行业的收入往往会增加，利润率也会提高，从而实现高于平均水平的利润增长。与此同时，在象限另一侧的防御性强、高增长行业往往在经济增长普遍较弱和较稀缺的情况下表现得更好。较低的通货膨胀和利率往往有利于这些公司，因为它们有相当长期的预期现金流，而较低的利率意味着这些现金流的贴现率更低，从而带来更高的估值。

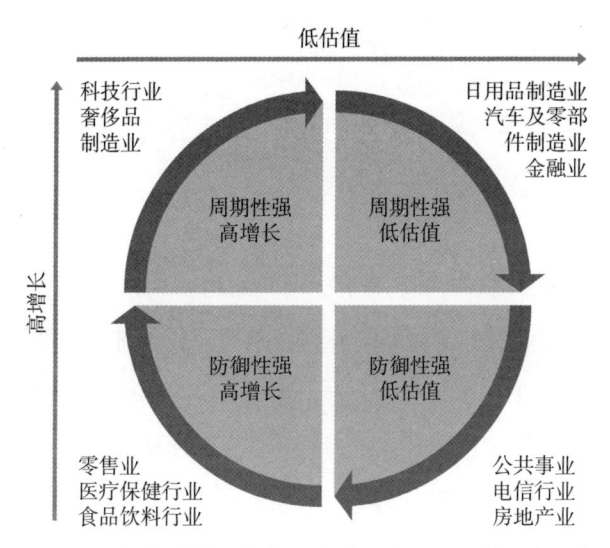

```
                              低估值
        科技行业                          日用品制造业
        奢侈品                            汽车及零部
        制造业                            件制造业
                                          金融业
                    周期性强    周期性强
                    高增长      低估值

  高
  增
  长
                    防御性强    防御性强
                    高增长      低估值

        零售业                            公共事业
        医疗保健行业                      电信行业
        食品饮料行业                      房地产业
```

图 5.1　根据敏感性和估值，行业和部门可以被分为四类

数据来源：高盛全球投资研究部。

当然，个别行业也可能受到个股的影响（特别是当该行业由一到两家大公司主导时），并可能受到监管和竞争格局变化的影响，包括可能的整合或新进入者，以及一系列其他因素。

由于这些复杂因素，投资者经常把公司或行业按不同的风格进行分类。就这种分类可能有用的程度而言，投资风格与行业敏感性之间的交叉关系尤其重要：

- 周期性公司和防御性公司之间的关系。
- 价值型公司和成长型公司之间的关系。

这两大类对投资者很有用,因为它们往往与投资和经济周期有明确的关系。

周期性公司与防御性公司

如前所述,随着时间的推移,公司结构和业务组合可能会发生变化,但当某行业对经济周期具有高敏感性,或者具有高贝塔系数时,依然可以将其描述为周期性行业。同样,那些低敏感性行业可以被合理地描述为防御性行业。图 5.2 显示了行业预期(未来 12 个月)盈利增长对全球股市 GDP 的敏感性。

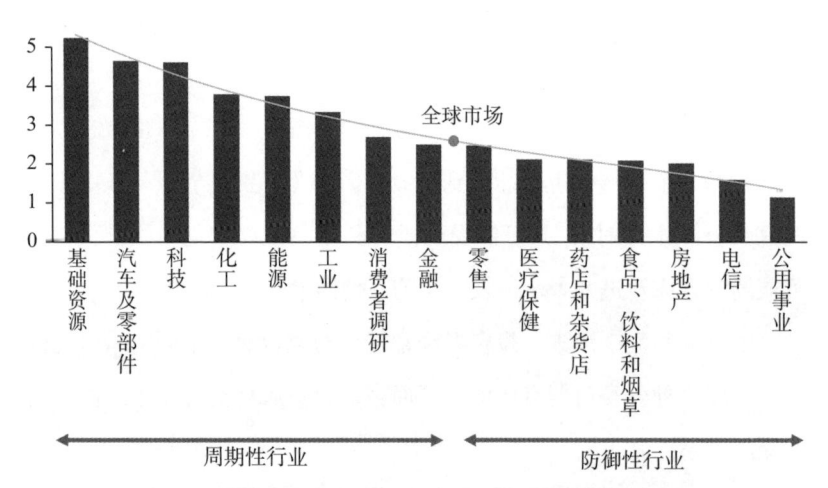

图 5.2 预测每股盈利增长对全球 GDP 增长的贝塔系数

数据来源:高盛全球投资研究部。

结果相当直观。汽车、能源和科技行业对经济周期最敏感,而公用事业、电信和食品饮料行业对经济周期最不敏感。

由于不同行业与经济周期的关系不同，我们可以找到符合第三章中提到的"典型周期"各阶段的表现模式。表5.1显示了美国股市（标准普尔500指数）周期性股票相对于防御性股票的年度业绩表现。这里的模式相当清晰，相对于防御性公司，周期性公司在绝望期是最糟糕的。这不难理解：正是在这个阶段，投资者预期会发生衰退，这对股市总体来说是不利的，尤其是对那些对周期最敏感的市场。防御性公司至少在这一阶段可以提供一些保护，平均而言，防御性公司在绝望期的业绩表现相对高出近25%。与人们的预期一样，希望期是周期性公司相对于防御性公司的最佳时期，其业绩中位数较防御性公司高出12%。增长期是最长的阶段，其结果也最模糊。这在一定程度上是因为，在这个阶段，当PMI或ISM指数等高频调查数据好转时，可能会出现几个微型周期（见第三章）。在乐观期，周期性较强的公司通常表现优异，对市场估值上升的容忍度也会增加。

表5.1 美国周期性公司相对于防御性公司的年度业绩表现，绝望期是周期性公司最糟糕的时期，而希望期是最佳时期

	绝望期	希望期	增长期	乐观期
1973—1980 年	−6%	1%	9%	10%
1980—1987 年	−31%	34%	−18%	−7%
1987—1990 年	−14%	6%	−4%	−12%
1990—2000 年	−17%	7%	17%	70%
2000—2007 年	−47%	16%	9%	−
2007—2019 年	−37%	30%	0	9%
平均值	−25%	16%	2%	14%
中位数	−24%	12%	4%	9%

数据来源：高盛全球投资研究部。

当我们在一个标准的工业周期中比较周期性和防御性公司的相对

表现时，这些模式也相当明显。一个简单的方法是通过调查数据观察周期，比如 PMI 或在美国被广泛关注的 ISM 指数。这些报告受到投资者的广泛关注，因为它们与 GDP 密切相关，且具有月度报告的优势，比 GDP 季度报告的发布频率更高。

PMI 和 ISM 指数经过校准可以显示扩张或收缩。通常情况下，低于 50 意味着收缩，高于 50 则意味着扩张。

根据对 GDP 的敏感性，我们将行业分为周期性行业和防御性行业两类，我们可以看到，这两类行业的相对业绩表现与上述指数之间存在密切关系。一般来说，如果这些指数上升，那么很可能是周期性更强的行业表现更好，而在这些指数下降或放缓的时期，防御性更强的行业往往表现更好（见图 5.3）。

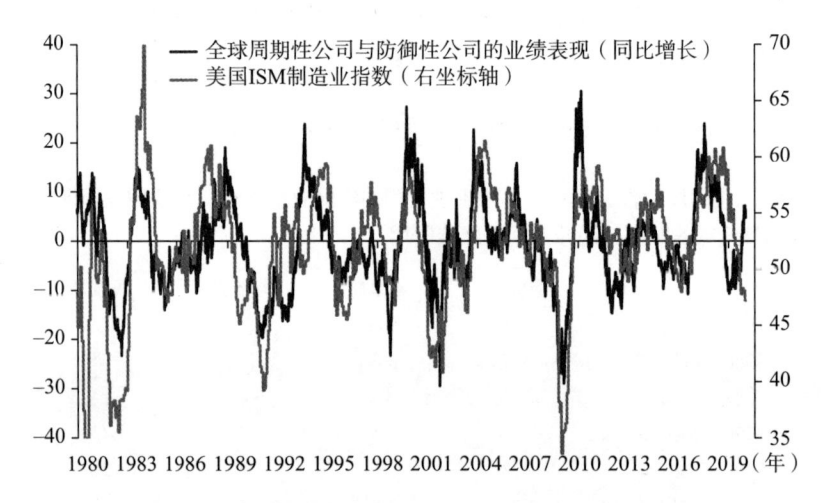

图 5.3　全球周期性公司与防御性公司在工业周期中的业绩表现

数据来源：高盛全球投资研究部。

影响周期性公司相对于防御性公司的业绩回报的另一个因素是债券收益率。如图 5.4 所示，较低的债券收益率（通常意味着较弱的增长前景）往往会导致周期性公司表现不佳，而债券收益率上升则相对更有利于周期性公司。有两个合乎逻辑的原因，首先，当经济增长更强劲时，债券收益率往往会上升，因此对经济敏感的公司其收入增幅要大于那些拥有稳定现金流的公司。其次，周期性公司的成本通常有很大一部分是固定成本，如劳动力或材料成本，以及生产成本和资产（工厂和设备）折旧。所以，通货膨胀（以及与之相关的高债券收益率）通常是有益的，因为它降低了公司相对于（随着通货膨胀上升的）销售额的固定成本。反之亦然。但是，一般来说，如果你拥有的资产正在贬值，那么（达到一定程度的）通货膨胀实际上是相当有益的。这也许就是在1973年至1980年通货膨胀居高不下的绝望期，周期性股票表现绝佳的原因。

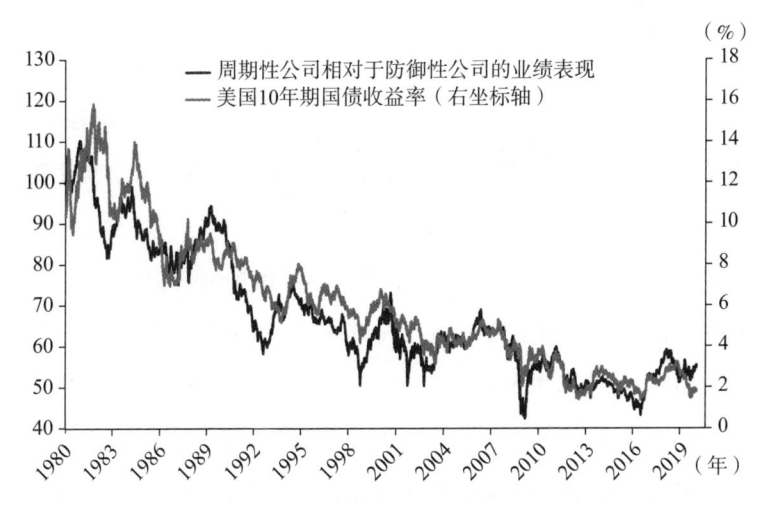

图 5.4 较低的债券收益率往往会导致周期性公司表现不佳

数据来源：高盛全球投资研究部。

然而，投资者不仅对这些指标的水平敏感，对其变化的速度也很敏感。该指数是低于50但增长速度向上扭转，即二阶导数正在改善，还是高于50但增长速度正在放缓？

更复杂的是，周期变化率和债券收益率之间的相互作用变得尤为重要。具体来说，当经济增长（PMI高于50）但增速放缓时，债券收益率上升或下降通常会导致主导市场的行业或风格发生变化。

因此，在现实中，以增长水平衡量的周期及其变化方向（是改善还是恶化？）之间，以及债券收益率是上升还是下降之间存在复杂的相互作用，有若干种不同的组合方式。就周期性行业与防御性行业的业绩表现而言，最不利的组合是在收缩期，即PMI低于50（经济收缩）并不断恶化，债券收益率也在下降（通常与通货膨胀和增长进一步放缓的预期一致）的时期。

而最佳组合，就像第三章显示的那样，发生在恢复期。此时经济仍处于衰退，但增长速度正在向上扭转，或者开始显得不那么疲弱了。此时，动物精神往往会发挥作用，投资者开始预期未来转好。如果这伴随着债券收益率的上升（意味着对未来增长的信心增强），那么对经济更敏感的公司或者更具周期性的公司其表现往往会优于防御性较强的公司，因为后者受周期影响较小。

图5.5通过一种简单的方法总结了美国市场周期中的各类组合。它展示了前面提到的组合中的一种极端情况：PMI高于50（经济增长），并开始从峰值水平下降，与此同时债券收益率下降。这很清楚地表明，市场中防御性较强的行业的平均回报率更高，表现最差的是那些在经济衰退中风险最大的行业，比如银行、建筑、媒体和科技——这些行业的需求都较为灵活，订单很容易被延迟。

而在另一个极端——PMI低于50（经济可能正处于衰退中）但正从谷底回升，同时债券收益率上升——市场的主导模式会发生逆转。

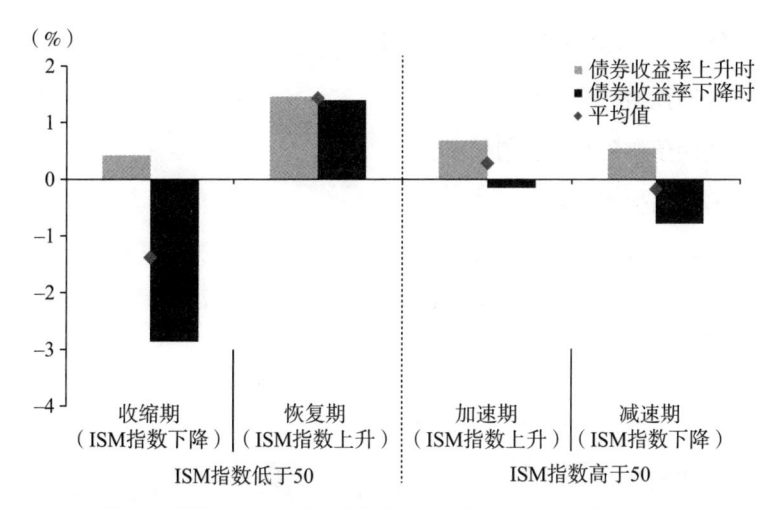

图 5.5 美国周期性公司相对于防御性公司的月度表现（1973 年以来）

数据来源：高盛全球投资研究部。

价值型公司与成长型公司

尽管周期性公司与防御性公司的相对表现比较容易理解，但是价值型公司和成长型公司之间的关系却不那么直接，因为这两个概念往往涉及不同行业的公司。一般来说，成长型公司是指随着时间的推移收入增长更快或更稳定，且估值往往更高的公司。价值型公司通常被定义为那些估值较低、市盈率低于均值的公司。

例如，基于成长和价值的 MSCI 指数包含以下定义[1]：

1　Full definitions are available at https://www.msci.com/eqb/methodology/meth_docs/MSCI_Dec07_GIMIVGMethod.pdf.

MSCI 成长型指数基于 5 个变量：

- 长期预期每股盈利增长率。
- 短期预期每股盈利增长率。
- 当前内生增长率。
- 长期历史每股盈利增长趋势。
- 长期历史每股销售额增长趋势。

MSCI 价值型指数基于 3 个变量：

- 账面价值与股价之比。
- 12 个月远期盈利与股价之比（盈利收益率）。
- 股息收益率。

　　这种分类方式和周期性/防御性的分类方式往往存在重叠。从理论上讲，价值型公司往往更具周期性，而成长型公司在一定程度上可能更具防御性。

　　相较于成长型公司，价值型公司与工业生产（衡量实体经济增长的指标）之间表现出一种正相关性，尽管不是很强。

　　当经济增长强劲时，价值型（即股价更便宜）的股票表现更佳，因为这些股票往往更具周期敏感性。比周期性/防御性的分类方式更复杂的是，价值型与成长型之间的关系一直在变化，尤其是自 2008 年全球金融危机以来。

　　当比较价值型/成长型和周期各阶段的平均值时（如表 5.2 所示），一个比周期性/防御性关系更不明确的模式出现了。唯一确定的是，至少平均而言，价值型公司在乐观期表现不佳。在投资周期的最后阶段，也就是投资者往往最有信心的时候，他们可以容许股市的估值上升，即使利润增长放缓。正是在这种环境下，成长型股票通常拥有最强劲的相对回报。

表5.2 美国价值型公司和成长型公司之间的关系不那么直接

	绝望期	希望期	增长期	乐观期
1973—1980 年	-	-	46%	-5%
1980—1987 年	16%	1%	5%	-2%
1987—1990 年	3%	3%	5%	-17%
1990—2000 年	2%	-14%	14%	-37%
2000—2007 年	39%	12%	18%	-
2007—2019 年	-17%	4%	-18%	-11%
平均值	9%	1%	12%	-15%
中位数	3%	3%	10%	-11%

数据来源：高盛全球投资研究部。

价值型／成长型股票及其久期

尽管表 5.2 显示了不同阶段的平均回报，但是当观察一段时间内的相对表现时，我们会得到一个更清晰的模式：从长期看，价值型公司表现出稳定的突出优势。这与学术研究结果是一致的。格雷厄姆和多德（1934）[1]首先提出的所谓价值溢价，平均而言，相对于较低账面市值比的股票（成长型股票），具有较高账面市值比或较低市盈率的股票（价值型股票）能够提供更高的平均回报。这一点在学术文献中

---

1 Graham, B., and Dodd, D. L. (1934). *Security analysis.* New York, NY: McGraw-Hill.

得到了广泛证实,其中最著名的可能是尤金·法玛和肯尼思·弗伦奇[1]的研究结论,他们指出,1975年至1995年,全球高估值股票和低估值股票(以市净率计算)投资组合的平均回报之差为每年7.68%,而且在他们所研究的13个市场中,12个市场的价值型公司表现均超过了成长型公司。

决定价值型股票和成长型股票之间相对表现的另一个更重要的驱动因素是,它们各自与利率和债券收益率之间的关系,通常被描述为"久期"(也称"持续期")。股票久期的定义与债券久期的定义(由麦考利于1938年提出)密切相关。[2] 与债券久期类似,股票久期是指投资者预期从所投资股票中获得未来现金流的时间长度。因此,从这个意义上说,久期是衡量公司现金流到期日的一个指标,因此也是衡量利率敏感性的一个指标。如果一家公司预计在较远的未来支付大部分的现金流,它的股票就被视为长久期股票。科技公司或科技行业是一个很好的例子,这些公司为未来的增长而快速投资,而在这期间很可能不会支付股息。相比之下,高股息率的成熟公司(如公用事业公司)的股票则是短久期股票。当利率下降时,长久期股票的净现值将比短久期股票上升得更多,反之亦然。

随着时间的推移,价值型公司相对于成长型公司的业绩表现与债券收益率之间的关系发生了重大变化。如图5.6所示,从1980年到2007年,两者之间普遍呈负相关。在20世纪80年代和90年代,债券收益率的下降与普遍强劲的增长和较低的风险相关——这是一个有

1　Fama, E., and French, K. (1998). Value versus growth: The international evidence. *Journal of Finance*, 53 (6), 1975-1999.
2　Macaulay, F. R. (1938). *Some theoretical problems suggested by the movements of interest rates, bond yields, and stock prices in the United States Since 1856.* Cambridge, MA: National Bureau of Economic Research.

利于价值型公司的环境。在 20 世纪 90 年代末科技泡沫破裂之前的那段时期，投资者偏好急剧转向成长型股票，当时人们认为低利率有利于长久期的成长型股票。此外，与需求成熟的传统行业（当时常被称为"旧经济"）相比，被视为"新经济"公司的科技公司（以及当时的电信和媒体股票）将从更高的未来增长中受益。

图 5.6 随着时间的推移，价值型公司相对于成长型公司的业绩表现与债券收益率之间的关系发生了重大变化

数据来源：高盛全球投资研究部。

在科技泡沫破裂后，许多成长型股票（尤其是科技股）经历了大幅的估值下跌。事实上，当时成长型股票和价值型股票之间的估值差距已经达到创纪录的水平，这使得它们面临着一场逆转，因为人们对这些股票的长期增长机会及其价值的信心开始消退。

从 2000 年到 2007 年金融危机爆发的这段时间，价值溢价再度出现。投资者开始重新审视"旧经济"的价值，很多成熟行业的公司也开始重组，以提高竞争力和增长潜力。与此同时，追求成长型股票的潮流受到了沉重打击，投资者在估值过高、股价暴跌的成长型股票上损失惨重。

自 2007 年全球金融危机以来，这种关系似乎又发生了逆转，债券收益率较低，而价值型股票相对于成长型股票表现较弱。价值型股票相对于成长型股票的欠佳表现是 2007 年、2008 年金融危机以来股市关系发生的最显著的变化之一，关于这个话题，第九章将更详细地讨论。

总的来说，在最近的投资周期中，影响价值型股票与成长型股票关系的主要因素有如下 4 个：

- 科技公司的收益增长通常比股市中其他公司要好得多，这使得成长型股票（包括众多科技公司股票）表现更佳。与此同时，在金融危机之后，银行的回报率很低。之所以如此，部分原因是总体经济活动较弱，还有部分原因是利率非常低（在许多情况下为负），这些都影响了银行从贷款中产生利润的能力。
- 即使我们在行业中性的基础上（消除行业偏差，只在每个行业内部进行分析）衡量成长型股票与价值型股票，成长型股票也表现得更好。这在一定程度上反映了成长型股票的日益减少。与其他周期相比，随着通货膨胀的放缓，能够实现强劲销售增长的公司减少了，因为销售增长是名义增长和一般物价水平的函数。
- 自金融危机以来，我们看到债券收益率持续下降，而债券收益率是贴现率的组成部分之一。债券收益率越低，长久期公司的收益就越大，尤其是当这些公司被视为成熟行业的"破坏者"之时。
- 贴现率的另一个组成部分是风险溢价。在后金融危机周期中，由于对经济增长、通货紧缩、地缘政治等问题以及技术创新对竞争环境的影响的认知风险增大，风险溢价普遍较高。

由于风险溢价较高，投资者也越来越重视公司长期回报的稳定性或可预测性。这是理性的。如果低风险资产如政府债券或公司债券的回报率非常低（因为债券收益率已跌至相当低的水平），那么投资者可能会为回报率更高（可能是高股息或高自由现金流收益率）的资产支付更高的价格，只要预期回报是可预测且相对安全的。这就是为什么在后金融危机周期中，基础设施建设公司和政府支持的特许经营项目（例如，一些拥有固定合同或能抵御通货膨胀的资本回报率的收费公路或公用事业）等"类债券"股票也会表现强劲。

综上所述，我们可以看到，投资周期与股票类型之间存在一定的关系。其中一以贯之的可能与周期性公司和防御性公司的相对表现有关。

还有一些证据表明，不同股票类型之间的关系也存在周期，比如价值型股票与成长型股票。但是这些股票类型更为复杂，因为除了经济周期，它们还受到各种不同因素的影响——特别是久期以及与行业变化和竞争有关的其他长期趋势对公司的影响。

随着时间的推移和周期的变化，市场中的其他股票类型或相关因素往往并不稳定，如大盘股与小盘股或特定股票的表现，这使得我们很难对其做出有力且可靠的概括。

第 二 部 分

牛市与熊市:什么引发了牛熊,投资者需要注意什么?

第六章

熊市的本质与表现形式

熊市是投资周期中自然的，甚至是不可避免的一部分。基于不同的触发因素和经济环境（包括前期的估值），不同的熊市在持续时间和严重程度上存在巨大差异。在最糟糕的情况下，熊市是残酷的，可能需要数月甚至数年才能挽回损失。这意味着对熊市的驱动因素有一定的理解对投资者来说是有价值的，尤其是那些结构性的长期熊市。

规避熊市的时机至关重要。与保持全仓等待熊市到来相比，因过早预期熊市而抛售股票的代价可能一样惨重。举例来说，股票投资者在熊市前3个月的平均损失与他们在牛市最后几个月的收益大致相同。换句话说，过早抛售股票会让你陷入和熊市开始后抛售股票同样的境地。

熊市并非一模一样

大多数投资者认为，熊市和牛市都是商业周期的自然结果。经济活动往往会产生增长周期：经过多年的强势增长，产能受限导致通胀压力。收紧的货币政策拉高了资本成本和贴现率，未来增长前景暗淡。股价向下调整以适应未来增长预期的下降。正如利率上升往往会引发熊市一样，通常需要一段时间的降息才能扭转上述过程，提高未来现金流的价值。这样一来，大多数熊市和牛市通常（至少在一定程度上）是一种货币现象。

但投资者倾向于对熊市过于泛化，将其同质化，认为各个熊市大致相同。实际上，熊市复苏的触发因素、时机和状况差别很大，熊市的形式和规模也各不相同。尽管不同时间背景下的熊市存在差异，但仍有一些反复出现的特征，就像普通周期一样。

大多数熊市都相对较短，持续2年左右。然而，部分熊市要长得多，从峰值到低谷的持续时间可能更长，跌幅也会更大。这种差异往往与经济周期的性质以及此周期与其他因素之间的相互作用有关。另外一个导致熊市持续时间和深度不同的原因是，尽管大多数熊市是利率上升和衰退开始的结果，但并非所有熊市都是如此。有些熊市是由意外冲击和重大事件引发的。另外一些熊市也与经济衰退有关，但持续时间更长，因为资产价格暴跌和/或经济失衡会加剧这些危机。

定义熊市的另一个挑战是，实时评估熊市何时真正结束相当困难，并非所有熊市都会以股价持续强势反弹的方式终结。市场波动性在熊市即将结束时上升，随后迅速反转下跌，这种情况并不罕见。在熊市最终触底之前，这种情况可能会发生好几次。

回顾历史，我们可以看到许多深度熊市的例子，它们都经历了波动和缓慢复苏。例如，英国股市在1825年达到顶峰，在接下来的两年里急剧下跌了70%。尽管随后出现了复苏和其他熊市，但1825年的峰值在100多年里都没有被超越。这只是一个长期熊市，还是在一段长期结构性下跌时期出现的一系列牛市和熊市？

类似地，1929年9月至1932年6月，标准普尔股票价格综合指数下跌了86%。1932年6月到1933年7月，该指数急剧上升了135%。然而直到1954年，该指数才超过1929年9月的水平。即使以总回报率为基础，标准普尔股票价格综合指数也是直到1945年才恢复到1929年之前的水平。

另一个例子是日本20世纪90年代的熊市，在1992年7月的最低点之后，市场仍持续波动。起初，随着经济复苏的迹象终于显现，日经指数大幅反弹了近40%，但这并不是经济平稳复苏的开始。自那以后，股市曾有过5次高达40%或以上的大幅反弹，但仍在1989年高点的一半左右徘徊，在这种情况下，人们也可以说始于1989年的熊市仍在继续。

另外一些熊市难以确定起止时间，因为高通胀（甚至通货紧缩）意味着名义和实际（经通货膨胀调整）回报的衡量是显著不同的。1973年至1974年的熊市就是一个很好的例子。对那些在高位附近买入的投资者来说，大幅下跌中的强势反弹并不能给他们带来多少安慰。

表6.1显示了过去50年里美国熊市的一些主要触发因素。这一时期的9次熊市，有6次随后出现了衰退，另外几次则更多是政治事件或其他触发因素的作用。其中有两个熊市持续时间特别长，而且十分顽固，极难结束，它们分别是1973—1974年的熊市和2007—2009年的熊市。

上述两种情况都与经济衰退有关，在这两种情况下，价格跌幅都高于平均水平，而且下跌持续时间更长。经济失衡（主要与20世纪70年代的通胀和2007年美国房地产市场崩溃后的私营企业去杠杆化有关）加剧了这些熊市。

表6.1 历次熊市的触发因素各不相同

熊市	触发因素	是否引发衰退?	
1961—1962年	"肯尼迪断崖":自1959年"冷战"紧张局势以来上升的利率	否	—
1966年	约翰逊"伟大社会"计划后的通货膨胀;美联储在一年内将利率提高了大约1.5%	否	—
1968—1970年	越南战争及通货膨胀;美联储在两年内将利率从4%提高至9%;1968年初到1968年中,利率上升了3%	是	1969年12月—1970年11月
1973—1974年	布雷顿森林体系崩溃两年后的崩盘,伴随着与之相关的"尼克松冲击"和史密斯协定下的美元贬值 1973年石油危机:石油价格从每桶3美元上涨至近12美元	是	1973年11月—1975年3月
1980—1982年	"沃尔克时刻";1979年的第二次石油危机引发了剧烈的通货膨胀;美联储在6个月内将利率从9%提高到19%	是	1980年1月—1980年7月 1981年7月—1982年11月
1987年	"黑色星期一":股市闪崩,计算机"程序化交易"策略席卷了市场;美国和德国在货币估值问题上关系紧张	否	—
1990年	海湾战争:伊拉克入侵科威特;石油价格翻倍	是	1990年7月—1991年3月
2000—2002年	互联网泡沫;科技公司破产;安然事件;9·11恐怖袭击	是	2001年3月—2001年11月
2007—2009年	房地产泡沫;次级贷款和信用违约互换(CDS)崩溃;美国房地产市场崩溃	是	2007年12月—2009年6月

数据来源:高盛全球投资研究部。

进一步分析可以看到,根据熊市标准定义(下跌20%或以上),

标准普尔500指数自1835年以来共经历了27次熊市，其中10次发生在战后。其间，出现了多次的修正和下调，但这些可以被忽略，因为它们导致的跌幅低于20%，或者持续时间非常短。

大多数熊市是由三个触发因素中的一个（或多个）触发的：

- 不断上升的利率和/或通胀预期以及对经济衰退的担忧。
- 意外的外生冲击导致不确定性增加、股价降低（随着所需风险溢价的上升）。
- 主要资产价格泡沫的破裂和/或结构性失衡导致去杠杆化，往往还会引发银行业危机。

表6.2根据触发因素的不同对各个熊市进行了分类。该表对各个事件的分类有些主观，但仍然试图根据历史上的相似特征将熊市分成不同的类别。我是这样描述它们的：

- 周期性熊市。这通常是利率上升、经济衰退临近以及利润预期下降的结果。这类熊市由典型的经济周期导致，是最常见的熊市类型。
- 事件驱动型熊市。这类熊市由不一定会导致全国性衰退的一次性冲击引发（如战争、油价冲击、新兴市场危机或技术市场混乱），但这会导致不确定性的短期上升，并推高股权风险溢价（所需的回报率）。
- 结构性熊市。通常由结构性失衡和金融泡沫的解除引发。随之而来的往往是价格冲击，比如通货紧缩。这往往是程度最深、持续时间最长的熊市类型。

表6.2 19世纪以来的美国熊市

类型	开始时间	结束时间	持续时间(月)	下跌幅度(%)	名义值(月)	实际值(月)	峰值至低谷	低谷至恢复
	标准普尔500指数—熊市				恢复至熊市前水平所需时间		波动率	
S	1835年5月	1842年3月	82	36	259	-	13	17
C	1847年8月	1848年11月	15	-23	42	-	8	9
C	1852年12月	1857年10月	58	-65	67	-	19	25
C	1858年3月	1859年7月	16	-23	11	-	21	15
C	1860年10月	1861年7月	9	-32	15	-	31	17
C	1864年4月	1865年4月	12	-26	48	-	14	8
S	1873年2月	1877年6月	52	-47	32	11	11	11
C	1881年6月	1885年1月	43	-36	191	17	9	11
C	1887年5月	1893年8月	75	-31	65	49	10	12
C	1902年9月	1903年10月	13	-29	17	22	9	10
E	1906年9月	1907年11月	14	-38	21	250	15	11
C	1909年12月	1914年12月	60	-29	121	159	9	12
C	1916年11月	1917年12月	13	-33	85	116	12	12
C	1919年7月	1921年8月	25	-32	39	14	15	10
S	1929年9月	1932年6月	33	-85	266	284	30	20
S	1937年3月	1942年4月	62	-59	49	151	20	10

续表

标准普尔 500 指数—熊市

类型	开始时间	结束时间	持续时间（月）	下跌幅度（%）	恢复至熊市前水平所需时间-名义值（月）	恢复至熊市前水平所需时间-实际值（月）	波动率-峰值至低谷	波动率-低谷至恢复
C	1946年5月	1948年3月	21	-28	27	73	14	12
E	1956年8月	1957年10月	15	-22	11	13	9	9
E	1961年12月	1962年6月	6	-28	14	18	15	9
E	1966年2月	1966年10月	8	-22	7	24	10	8
C	1968年11月	1970年5月	18	-36	21	270	9	10
S	1973年1月	1974年10月	21	-48	69	154	15	11
C	1980年11月	1982年8月	20	-27	3	8	12	20
E	1987年8月	1987年12月	33	-34	20	49	45	13
C	1990年7月	1990年10月	3	-20	4	6	17	14
S	2000年3月	2002年10月	30	-49	56	148	19	11
S	2007年10月	2009年3月	17	-57	49	55	32	16
平均值			28	-38	60	90	16	13
中位数			18	-32	39	49	14	11
结构性熊市平均值			42	-57	111	134	20	14
周期性熊市平均值			27	-31	50	73	14	13
事件驱动型熊市平均值			9	-29	15	71	19	10

注：S：结构性熊市；E：事件驱动型熊市；C：周期性熊市
数据来源：高盛全球投资研究部。

周期性熊市

周期性熊市是指与紧缩货币政策引发的标准经济衰退有关的熊市，也是（至少在一定程度上）因利率下降而结束的熊市。定义已经过去的熊市为周期性熊市要比定义正在进行的熊市更容易。鉴于许多结构性熊市也与利率上升和经济增长放缓有关，人们可能会认为，在任何熊市中都存在结构性因素的风险。然而，一个关键区别是，在正常的周期性熊市中，股票（和债券）价格往往会对下降的利率和领先指标做出反应。尽管利率下降最终可能有助于股市从结构性熊市中复苏，但通常需要更积极的政策调整以及更长的时间。因此，总的来说，我们大体上可以将周期性熊市描述为一种货币现象，股价通常在第一次降息后3至6个月就会触底。

大多数熊市往往会在衰退结束前复苏的原因之一是，由于利率下降，复苏的预期会反映在金融产品的价格上。虽然在历次的周期性熊市中，没有足够的利率数据表明这一点，但在大多数情况下，股市会在一段时间的利率下降后出现复苏的趋势。这有时需要一定的时间，因为最初的利率下降可能不足以引发市场对经济复苏的预期，但放松货币政策通常是重启增长和推高股价过程的重要组成部分。

周期性熊市有很多共同特征。纵观历史，周期性熊市的平均跌幅约为30%，持续时间约为27个月。平均而言，直到名义值下降4年多、实际值下降6年多（实际值的平均值变化很大），股价才能恢复到之前的水平。熊市的波动率相对较低（见表6.2）。在周期性熊市中，月回报率从峰值到低谷的平均波动率为 14%。在结构性熊市中，这个数字要高得多，达到 20%。

周期性熊市之前：

- 强势的经济增长。
- 利率上升。

周期性熊市之后：

- 降息反应迅速。
- 利润迅速回升。
- 股市对利率下降做出回应。

从盈利能力上看，历史数据表明，大多数周期性熊市都伴随着盈利能力的短暂下降。平均而言，利润会在熊市结束后 10 个月左右开始回升。

同样，这在一定程度上是对利率下降的回应。利率下降通过降低利息费用从而使企业受益，但这也是业务量恢复增长，运营杠杆开始发挥作用的结果。周期性熊市在本质上往往是全球性的（但这并非绝对），因为它们依赖于经济周期。但经济和利率并不总是同步的，因此，有时会出现股市脱钩的情况，一个国家会出现熊市，而另一个国家会出现牛市，其中一个例子是 1991 年美国股市与欧洲股市的脱钩。

事件驱动型熊市

有个别熊市可被大致定义为事件驱动型熊市。与更常见的周期性熊市不同，此类熊市不是由经济周期发展、利率上升和对未来增长的担忧引发的。相反，它们通常是意想不到的外生事件的结果，如政治问题或意外冲击（如油价大幅上升），此类事件本身提高了所需风险溢价，使得价格向下调整，即使通常人们并不认为最初的股价是高企的。通常情况下，这种事件驱动的市场下跌是短暂的，不涉及经济或企业状况的根本性变化。

这不是一个理想的定义，因为在某些情况下，一次意外事件（比如政治冲击）可能会在一定程度上引发后来被证明是更为凶险的熊市。1973年的石油危机就是这样一个例子。尽管这不完全是石油危机本身造成的结果，但随之而来的通货膨胀和利率的急剧上升在很大程度上导致了随后几年股市实际回报的崩溃。

这样一来，我们就不容易判断一场由事件驱动的危机会何时结束，因为危机带来的冲击往往会引发一系列余震，如不确定性上升、投资下降甚至经济衰退。通常情况下，这类事件尤其是创伤性事件会引发强有力的政策反应，这可能会启动经济复苏，也可能会引发其他问题。例如，俄罗斯债务违约和1997年、1998年的亚洲金融危机导致全球货币政策放松，而当时发达经济体内需强劲。资本成本进一步降低。进口成本大幅下降，推高了本已强劲的企业利润率。估值扩大了，因为极低的利率和强劲的企业利润提高了经济繁荣会长期持续的预期。这导致了科技繁荣及其在2000年的最终崩溃。

尽管对事件驱动型熊市的定义存在缺陷，但回顾过去，我们至少会发现一些现象，如由于某一事件导致所需股权风险溢价一次性上升，股市出现大幅下跌。在很多情况下，这些事件并没有导致经济周期或经济和利润增长的潜在趋势发生转变，因此它们产生的影响通常相对短暂。

回看过去的例子，相对于周期性熊市，事件驱动型熊市存在一些关键差异。事件驱动型熊市29%的平均跌幅与周期性熊市31%的平均跌幅相似。然而，周期性熊市平均持续2年，需要4年才能恢复，而事件驱动型熊市平均只持续9个月，1年多一点儿就能恢复到之前的峰值。

事件驱动型熊市通常伴随着相当温和的通货膨胀。当出现通货紧缩时，程度往往也是温和的。在某种程度上，这种更加稳定的货币环境消解了该事件带来的压力，而这种压力原本会让市场下跌变成一个持续时间更长的熊市。

结构性熊市

在大多数结构性熊市来临之前，金融泡沫（泡沫破裂，可能是由于利率上升或信贷环境收紧）和严重的估值过高都会出现，这些往往伴随着经济的重大失衡，比如私人部门债务的大幅增加，这使得家庭（和/或企业）容易受到冲击。经济复苏取决于失衡的消除，而不仅仅是货币宽松。结构性熊市要比周期性熊市程度更深、更剧烈，复苏通常需要10年左右。高波动性是其复苏时期的一个突出特征。

结构性熊市往往比周期性熊市或事件驱动型熊市严重得多。平均而言，它们会导致超过50%的下跌，持续时间达到4年。最令人担忧的是，结构性熊市需要8至10年才能弥补名义和实际损失。结构性熊市复苏阶段的股价年化增长率与周期性熊市并无本质差异，只是复苏的时间要长得多，而且波动性更大。

结构性熊市通常是资源配置不当的结果。这一问题的根源往往是新科技周期和资本成本下降的结合。这些问题通常还伴随着储蓄和投资的失衡，使得经济冲击的倾向性上升。例如，结构性熊市往往与巨额经常账户或预算赤字并存，同时伴随着企业和/或消费者负债水平的高企。

2008年金融危机发生之前的情况就是如此。如图6.1所示，美国（实际上还有其他地区）的私人部门债务在金融危机爆发前的10年间大幅上升。当时，公共部门债务占GDP的比例是稳定的，央行的资产负债表也是如此。在过去的10年里，这种模式在很大程度上发生了逆转。债务并没有消失，但主要从私人部门转移到了公共部门，而公共部门债务不那么容易受到冲击。第九章更详细地讨论了政策及其他因素如何使当前的周期不同于过去的周期，并使得风险资产更快地复苏。

一般来说，消除经济失衡通常需要很长时间。现金流被用来重建资产负债表，储蓄率需要随之上升。这也是结构性熊市往往比周期性熊市持续时间更长的另一个原因。通常情况下，加快这一进程的唯一方式是加大经济调整力度，这比其他方式能更快地扭转失衡。例如，英国具备20世纪90年代初结构性熊市的许多要素，当时英国经济出现严重失衡和衰退，房地产和股票价格大幅下跌。在这种情况下，英镑被迫从欧洲汇率机制（ERM）中退出所引发的汇率暴跌加速了经济调整的过程。[1] 对英国（或当时有类似经历的瑞典）这种相对较小的开放经济体来说，这是一种更有可能的选择，但对美国等规模较大、相对封闭的经济体来说，就比较困难了，因为汇率贬值的好处并没有那么明显。

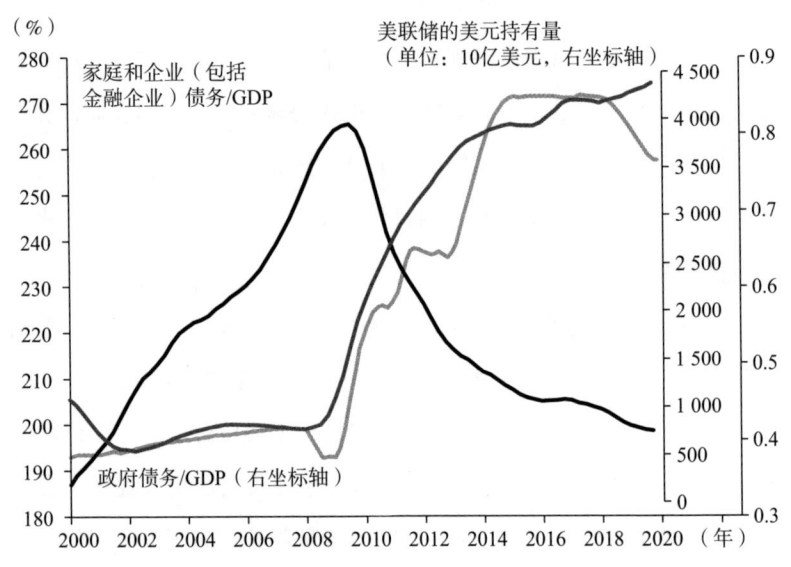

图 6.1　美国的经济失衡从私人部门转移至公共部门和央行

数据来源：高盛全球投资研究部。

综上所述，结构性熊市表现出以下特征：

- 规模更大，持续时间更长。
- 恢复所需时间更长。
- 与结构性经济问题而非周期性经济问题相关。

1　http://news.bbc.co.uk/onthisday/hi/dates/stories/september/16/newsid_2519000/2519013.stm.

鉴于结构性熊市的严重性，在熊市开始前了解其特征是相当必要的。

降息与结构性熊市

与周期性熊市不同，在结构性熊市中，利率上升通常不会引发股价下跌。过去的许多结构性熊市在开始之前，利率和通货膨胀都非常低：这是导致投资热和股价高企的首要因素。无论是在2000年股市达到顶峰之前还是在2008年之前，情况都是如此。正因为利率上升通常不是导致结构性熊市的因素，利率下降通常也不是解决问题的良方。考虑到结构性熊市发展形成时，货币价格往往相当低，所以经济复苏更多地取决于货币的可获得性和需求量，而不是货币价格，尽管通常情况下利率确实会降至较低水平。

因此，通常直到未来资本回报率上升到足以刺激投资的水平，结构性熊市才会结束。当然，并非所有的例子都是如此。20世纪70年代初，通胀的急剧上升削弱了对未来资本回报率的预期。对许多其他的结构性熊市来说，它们需要先解除过剩产能，这可能比利率下降所需的时间更长，这就解释了为什么周期性熊市似乎比结构性熊市复苏得更快。

表6.3显示了美国结构性熊市前后的利率下降情况。平均而言，结构性熊市期间的利率下降幅度大于周期性熊市，尤其是在美国。在周期性熊市中利率平均下降约1/3，而在结构性熊市中利率平均下降70%。并且，结构性熊市中的利率下降往往会持续很长一段时间，很多情况下会在股市触底后持续两年。

表6.3 美国结构性熊市对降息的反应

日期		降息		首次降息后各时点的股市年回报率			相比初始利率的降息幅度
峰值	低谷	首次	末次	3个月	6个月	1年	
1835年5月	1842年3月	–	–	–	–	–	–
1873年2月	1877年6月	–	–	–	–	–	–
1929年9月	1932年6月	1929年11月	1931年5月	−8%	−7%	−19%	−67%
1937年3月	1942年4月	1933年4月	1942年10月	124%	34%	58%	−83%
1973年1月	1974年10月	1974年12月	1976年11月	−14%	3%	32%	−32%
2000年3月	2002年10月	2001年1月	2003年6月	−19%	−18%	−15%	−82%
2007年10月	2009年3月	2007年9月	2008年12月	4%	−6%	−19%	−97%
平均值				18%	1%	8%	−72%
中位数				−8%	−6%	−15%	−82%
标准差				60%	20%	36%	25%

数据来源：高盛全球投资研究部。

尽管货币当局尽了最大努力推动金融市场复苏，从而推动经济增长，但在首次降息一年后，股价往往仍在下跌。这是周期性熊市和结构性熊市之间的一个重要区别。

在金融危机之后的最近一轮经济周期中，货币宽松的程度尤其不同寻常。政策利率降至零以及量化宽松政策的推出（主要是为了避免危机过后经济活动停滞和资产价格崩溃所带来的通货紧缩）一直是此次危机的一个重要特征（第九章将更详细地讨论）。

价格冲击

在结构性熊市中，另一个常见的关键因素是价格冲击，无论是通胀还是通缩，通常是后者。通缩压力，尤其是企业部门的通缩压力，通常是资本成本下降和过度投资的副产品。对价格冲击的敏感性是另一个关键因素，它减缓了复苏进程，延长了预期资本回报率上升到足以推动经济复苏所需的时间。

对"新时代"的信念

在许多大型结构性熊市之前，市场都会出现金融泡沫和对"新时代"的信念。正如1997年2月26日格林斯潘在美国国会作证时说的那样，"遗憾的是，历史上充斥着对'新时代'的愿景，但最终都被证明是海市蜃楼"。有关这种情绪波动以及它们与金融泡沫和"股市狂热"之间关系的详细描述，请参见第八章。

高负债水平

投资热是负债水平高企的主要原因。公司债务、个人债务和政府债务的上升，往往与结构性熊市相关。国际清算银行的一项研究系统地考察了34个国家过去40年的经验，发现快速增长的债务是金融危机最好的单一先行指标。[1]

---

[1] See Borio, C., and Lowe, P. (2002). Asset prices, financial and monetary stability: Exploring the nexus. *BIS Working Papers No. 114* [online]. Available at https://www.bis.org/publ/ work114.html.

领导股渐失领先地位

20世纪60年代末的"漂亮50"热潮揭示了结构性熊市的另一个特征。当时，美国排名前50强的公司在竞争中遥遥领先，而美国股市中其他公司却未能实现增长。然而，当20世纪70年代初的熊市袭来时，这些股票的跌幅超过了整个市场。在20世纪70年代余下的时间里，"漂亮50"成分股的表现逊于市场平均水平。

20世纪80年代末，日本也发生过同样的情况，当时银行和房地产主导了股市。这也是20世纪90年代末的一个特点。举例来说，尽管标准普尔指数在1994年至1999年的年均增长率为25%，但其成分股中有一半以上的股票在1999年出现下跌。从1994年到1996年，2/3的股票价格上涨了10%，与二战结束以来的年均涨幅一致。然而，从1997年开始，该指数开始发生变化。到了1999年，市值增长最快的5家公司占据了市场总增长的42%左右。排名前100的公司占据了市场总增长的139%，而自1967年以来的平均数为87%。

欧洲市场也出现了类似的集中性问题。截至1999年底，欧洲股市市值排名前20的公司约占总市值的30%。

高波动性

泡沫时期的走高和随后的下跌不仅集中在少数几只股票上，整个市场往往也表现出很高的波动性。结构性熊市的另一个主要特征是在股价下跌和复苏期间的高波动性。股价的实际年化增长率与周期性熊市的复苏并无明显区别，但往往存在更多的反弹和错误的开端。

熊市与企业利润的关系

表 6.4 显示了 20 世纪 60 年代以来的熊市以及熊市期间和熊市前后每股盈利或企业利润的变化。平均而言，自 1960 年以来，在熊市中，每股盈利实际上只增长了 5%。但有两个因素扭曲了这一点：

- 在事件驱动型熊市中，市场去风险化导致估值下降，每股盈利通常不会下降（或下降很少）；这类熊市不是直接由周期驱动的。
- 每股盈利的实际下降周期并不完全与熊市的日期吻合，股票投资者往往也不会利用它来预测周期。此外，（市场预期的）收益下降通常会在市场触底后继续下去。

观察剔除事件驱动型熊市后的熊市整体下跌情况（考虑到每个周期每股盈利下跌的准确时间都不同），结果是每股盈利平均下降 19%。这一跌幅类似于自 20 世纪 60 年代以来熊市（不包括事件驱动型熊市）40% 的平均跌幅。

这表明，熊市（不包括事件驱动型熊市）主要是指利润或每股盈利的下降，而估值通常也会下降。估值通常在盈利能力实际下降之前就开始下降了——因为投资者预期盈利会下降。牛市的历程与此截然相反。在牛市中，希望期的特征是估值强势上升，虽然实际利润仍然低迷，但出于对未来利润增长的预期，股价开始上涨。

平均而言（不包括事件驱动型熊市），每股盈利的下降要比熊市

表6.4 熊市中的每股盈利：在周期性和结构性熊市中，每股收益和股价一样下跌，但时间不同

		熊市				每股盈利下跌期间			
类型	开始时间	结束时间	持续时间（月）	跌幅（%）	每股盈利变化幅度	开始时间	结束时间	每股盈利跌幅	持续时间（月）	滞后于熊市的时间（月）
E	1961年12月	1962年6月	6	-28%	9%	—	—	—	—	—
E	1966年2月	1966年10月	8	-22%	5%	1966年12月	1967年9月	-4%	9	10
C	1968年11月	1970年5月	18	-36%	-2%	1969年9月	1970年12月	-11%	15	9
S	1973年1月	1974年10月	21	-48%	51%	1974年9月	1975年12月	-11%	15	21
C	1980年11月	1982年8月	20	-27%	-4%	1981年9月	1983年3月	-14%	18	10
C	1987年8月	1987年12月	3	-34%	6%	1987年3月	1987年9月	-8%	6	-5
C	1990年7月	1990年10月	3	-20%	5%	1989年6月	1992年3月	-26%	33	-13
S	2000年3月	2002年10月	30	-49%	-3%	2001年1月	2001年12月	-15%	11	10
S	2007年10月	2009年3月	17	-57%	-23%	2007年9月	2010年1月	-34%	28	0
中位数			17	-34%	5%			-13%	15	10
平均值			14	-36%	5%			-15%	17	5
平均值（不包括事件驱动型熊市）			18	-40%	4%			-19%	20	6
平均值（事件驱动型熊市）			6	-28%	7%			-6%	8	2

注：S：结构性熊市；E：事件驱动型熊市；C：周期性熊市。
数据来源：高盛全球投资研究部。

的开始时间滞后 5 个月。换句话说，**股价比每股盈利早 5 个月开始下跌，且股价的跌幅更大**。市场在周期后期表现出的反弹趋势体现了乐观期的特点，即便企业利润可能已经达到顶峰。在乐观期，市场会出现与利润达到顶峰相悖的持续反弹。

熊市特征总结

通过把熊市分为三种类型，我得出如下结论：

- 周期性熊市和事件驱动型熊市通常会出现约 30% 的跌幅，而结构性熊市的跌幅更大，约为 50%。
- 事件驱动型熊市往往是最短的，平均持续时间为 7 个月；周期性熊市平均持续时间为 27 个月；结构性熊市平均持续时间为 4 年。
- 事件驱动型熊市和周期性熊市往往在约 1 年后恢复到之前的市场高点，而结构性熊市平均需要 10 年才能恢复到之前的高点。

值得注意的是，这些数据都是名义上的，而实际上，由于通货膨胀率极高，20 世纪 70 年代的熊市更为明显（见表 6.5）。

表6.5　熊市的特征

熊市之前	周期性熊市	事件驱动型熊市	结构性熊市
利率上升	√	可能	√
外生冲击	可能	√	可能
股价投机性上升	×	×	√

续表

熊市之前	周期性熊市	事件驱动型熊市	结构性熊市
经济失衡	×	×	√
生产力提高	可能	—	√
非凡的经济实力	×	×	√
对新时代的信念	×	×	√
峰值过后	**周期性熊市**	**事件驱动型熊市**	**结构性熊市**
经济衰退/低迷	经常	可能	经常
利润暴跌	√	可能	√
利率下降使得股价上升/债券下跌	√	经常	×
价格冲击	×	×	√

数据来源：高盛全球投资研究部。

定义金融危机：特殊的结构性熊市

2007年的金融危机和熊市可以被称为典型的结构性熊市，但在政策应对方面是独一无二的（或许是因为政策制定者有意避免过去的错误）。在许多方面，它都具有结构性熊市的特点，经济失衡加剧是之前周期的一个重要特征。但与我们在其他熊市来临之前看到的情况相比，股市中的投机泡沫或"新时代"信念要少得多，至少在股权投资市场中是这样的。在本轮经济周期中，美国和南欧部分地区的房地产泡沫比股价泡沫更明显。

真正让2007—2009年熊市有别于其他结构性熊市的是政策反应。利率的快速下调和量化宽松政策的实施，导致股票（以及其他金融资产）价格的反弹幅度比我们过去看到的更大。较低的无风险利率引发了人们对债券等有名义回报率保证的资产的追逐，同时也推高了未来现金流的现值。在极低通胀的支撑下，这种不同寻常的政策背景为周期延长和估值上升铺平了道路。本书第九章更详细地讨论了这种特殊的周期。

寻找预示熊市风险的指标

无论哪种类型的熊市对投资者回报造成的损害都是不言而喻的。这就提出了一个显而易见的问题，即人们能否识别出一些指标，对即将到来的熊市进行预警？这个问题又带来三个主要问题：

- **所有熊市都是独一无二的。** 虽然不同熊市的形态和表现有相似之处，但触发因素往往明显不同。
- **有很多假阴性的情况。** 事实上，一些数据指标在过去的一两个熊市之前发生了某种变化，但这并不意味着它们可以被再次作为判断依据；在很多情况下，这些指标都朝着特定的方向变动，但随后却没有出现衰退。因此，指标的可靠性往往较低，而且通常存在许多假阴性的情况，它们是熊市演变的必要而非充分条件。换句话说，在某一个周期里，某个指标在提示熊市风险方面可能是有效的，而在另一个周期里是无效的。某个特定变量可能会在熊市之前以一种特定的方式变动，但这种变动方式并不意味着熊市一定会到来。
- 最重要的是，因为股价本身就能预测未来，所以很难找到引导股价的因素。

尽管可能存在一些相同的情况，比如高估值和对经济下滑的担忧，但在不同的熊市中，主要的驱动因素各不相同。这一点使熊市变得更加复杂。

也就是说，很多因素都会影响熊市的时机和形态。为了测试预测熊市或引领熊市的指标是否有效，我在高盛的团队对40多个变量的一致性进行了分析。这些变量是从宏观、市场和技术三个类别中挑选出来的，然后利用一套基于"规则"的系统来评估每个指标在熊市之前是否达到了预先设定的（尽管是主观的）阈值。例如，为了符合标准，希勒市盈率（即基于当前价格和过去10年平均收益的市盈率）需要从较高水平（70分位）开始上升，或者起始水平高于90分位（旨在捕捉估值需要很高或非常高且不断上升的想法）。

也许不出意料（或者这对投资者来说太容易了），大多数变量都可以被忽略，因为它们并不可靠。它们要么在熊市之前没有表现出一致的变动模式，要么滞后于股市本身的变化，要么因波动太大而难以利用。经筛选后，统计上可靠的指标只剩下为数不多的几个。即便如此，也没有任何一个熊市被所有指标同时命中。同样，没有任何单一的指标能够以特定的变动模式百分之百地命中所有熊市。预测熊市最有用的指标是衡量失业率和估值的指标。我们观测的大多数"技术"变量（如仓位和情绪）都表现得特别糟糕，因为它们往往滞后于市场本身。[1]

---

[1] Oppenheimer, P., and Bell, S. (2017). *Bear necessities: Identifying signals for the next bear market.* London, UK: Goldman Sachs Global Investment Research.

熊市前的典型表现

熊市最常见的特征是经济增长势头不断恶化，且在高估值时期政策收紧。

尽管很难找到在每次市场达到顶峰前都会发生变动的变量，但有为数不多的几个变量往往会在熊市形成过程中以组合的形式发生特定的变动。尽管其中一些变量提前很长时间就开始提示风险，但只有将这些变量组合起来才能作为有效的风险指标。至少，这种组合可能会在市场达到顶峰后提供有价值的信息，说明熊市反弹是大幅下跌的开始，而不是短时间内的调整。

- **失业率**。失业率上升往往是经济衰退的有效指标，尤其是在美国，美国的失业率在历次战后衰退之前都会上升。问题在于，不断上升的失业率（当然还有经济衰退）滞后于股市。但在大多数熊市之前，极低的失业率似乎确实是一个一以贯之的特征。失业率在股票估值特别高的时候降至低点，这将提供一个非常有用的信号，表明股市存在潜在风险：周期性低失业率和高估值相结合，往往会带来负回报。
- **通货膨胀**。不断上升的通胀在过去的经济衰退以及与之相关的熊市中一直是一个重要因素，因为通胀上升往往会导致紧缩的货币政策。这个指标在预测市场的精确峰值时是无效的，因为通胀峰值通常滞后于股市（通常也滞后于经济周期）。但在过去的熊市出现之前，通胀上升一直是经济环境中的一个重要特征，尤其是在20世纪90年代的"大稳健"时期之前。推而广之，后金融危机周期中通胀和通胀预期的缺乏，是支撑较长的经济周期和较低波动性的因素之一。在没有通胀压力的情况下，货币政策会宽松得多，从而降低经济衰退以及与之相关的熊市风险。
- **收益率曲线**。与通货膨胀相关的是，紧缩的货币政策往往会导致收益率曲线趋平甚至倒挂。许多熊市（尽管不是全部）出现之前都会有一段货币政策紧缩时期，我们发现，在出现倒挂之前，平坦的收益率曲线也会导致低回报或熊市的发生。近年来，量化宽松政策的影响和不断下降的通胀预期（期限溢价），可能已经削弱了这一指标的可靠性。[1] 因此，我们使用3个月至10年的衡量指标，并重点关注收益率曲线的短端（0~6个季度）。通过基金利率预期，0~6个季度的远期利差能够比后端指标更清楚地反映市场的短期前景，后端指标更容易被期限溢价扭曲。与美联储的研究一致，我们发现，与3个月至10年等衡量指标相比，0~6个季度的远期利差在某种程度上更能预测衰退风险。再一次，通过将收益率曲线与估值相结合，平坦或倒挂的收益率曲线与高估值的组合成为一种有效的熊市指标。
- **强势的增长势头**。通常情况下，经济增长强劲且加速发展的时期（尽管这对股票投资者来说是件好事）过后，当增长速度开始放缓时，股票回报率往往会随之降低。

图6.2说明了这一点。当ISM指数处于低位但正在回升时，回报率最高；当ISM指数处于低位且不断恶化时，回报率最低。平均而言，经济增长放缓阶段，即动能指标很高但不断恶化的阶段，往往伴

---

1 关于收益率曲线在预测衰退中的价值的讨论可参见 Benzoni, L., Chyruk, O., and Kelley, D.（2018）. Why does the yield-curve slope predict recessions？ *Chicago Fed Letter No. 404*。

随着较低的回报。当动能指标非常高时，它们很有可能恶化并最终降至衰退水平以下。

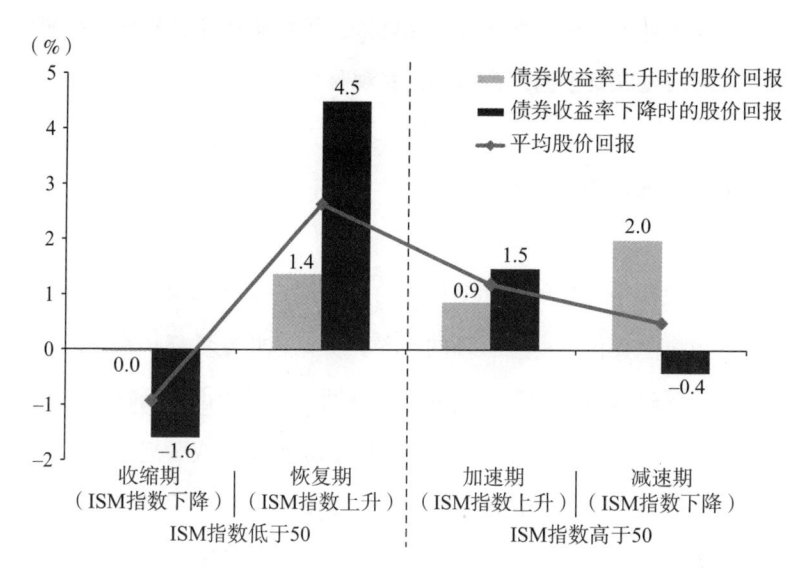

图 6.2 在 ISM 指数和债券收益率不同排列中的美国股票表现（月股价回报率，美国 ISM 制造业指数，美国 10 年期国债收益率，数据回溯至 1990 年）

数据来源：高盛全球投资研究部。

图 6.2 与第三章讨论的周期各阶段非常吻合。

与历史数据相比，当 ISM 指数处于 75 分位以上时，紧随其后的往往是较低的回报率。

- **估值**。高估值是大多数熊市的特征。估值很低是市场下跌的触发因素；通常在市场调整或熊市出现之前，估值会在很长一段时间内处于高位。但当其他基本面因素与估值因素结合起来时，熊市风险就会升高。
- **私人部门的财务平衡**。在这种方法中，我们将所有家庭和企业的总收入减去总支出的财务余额,作为衡量金融过热风险的一个指标。我们之所以选择私人部门的财务平衡而不是信贷增长或房价上涨等其他指标,是因为该指标的实证历史记录及其作为衡量私人部门过度支出的综合指标的直观吸引力。[1]

熊市预测系统

虽然没有一个单项指标是可靠的,但这 6 个指标的组合似乎为未来的熊市风险提供了一个合理的预警。所有这些变量都是相关的。劳动力市场紧张通常伴随着更高的通胀预期,造成货币政策紧缩,削弱对未来增长的预期。与此同时,如果增长预期恶化或贴现率上升,或者更糟糕的是,这两种情况同时发生,那么高估值会很容易造成股市下跌。

图 6.3 显示了自 1955 年以来相对于 MSCI 全球股票指数的熊市风险指标。阴影部分表示全球股市下跌 20% 以上(熊市的标准定义)的时期。尽管该指标远非完美,但它确实给出了某种风险(接近高点时)和机会(接近低点时)的提示。

该指标还可以作为未来可能回报的参考。图 6.3 显示了该指标以及相应的 5 年总回报率(换句话说,是对该指标进行任何特定读数后的 5 年总回报率);回报率可以在右侧坐标轴上逆序读取。该指标不仅在凸显拐点风险方面相当成功(无论是极端情况下的上升还是下降),而且能提供一些关于未来 5 年预期回报的信息。

---

[1] 关于衰退风险指标和私人部门失衡的讨论可参见 Struyven, D., Choi, D., and Hatzius, J.(2019). *Recession risk: Still moderate*. New York, NY: Goldman Sachs Global Investment Research.

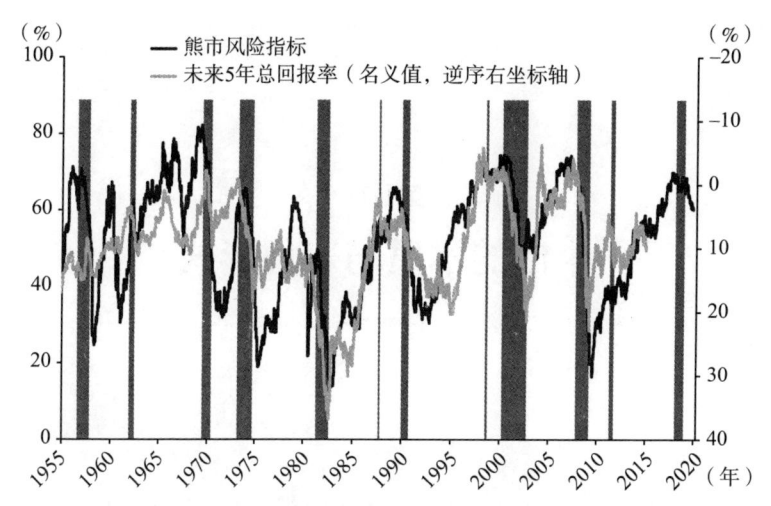

注：阴影区域显示的是MSCI全球股票指数的熊市时期，1969年以前使用的是标准普尔500指数的熊市时期。

图 6.3　熊市风险指标提示，全球股市的回报率为较低的个位数

数据来源：高盛全球投资研究部。

第七章
牛市的本质与表现形式

和熊市一样，牛市也可以用很多不同的方式来定义。牛市是由周期的三个阶段组成的，即第三章讨论的希望期、增长期和乐观期，这三个阶段均不涉及持续的衰退。

熊市的时间长短和强度各不相同，牛市也是如此。一些牛市持续时间极长，相当强劲，表现出一种稳定的长期趋势，通常伴随着估值的上升。另一些牛市可能相对平稳或走势不明，大部分回报来自股息或盈利增长。

"超级周期"：长期牛市

股票投资者期望从股票（考虑到其风险和未来回报的不确定性）而不是从风险较低的资产如政府债券（有名义回报率保证）中获得更高的回报。但观察几十年来的股市发展进程就会发现，股市并非简单地由一系列清晰而稳定的上升周期组成。就像股票周期中的大部分回报都是在希望期短暂爆发一样，股票价格的长期上升趋势往往也是分阶段出现的。

以自1900年以来标准普尔股票指数（考虑到近年来的指数水平远高于几十年前的水平）的对数值为例，我们可以看到，随着时间的推移，股票价格呈大幅上升趋势，但并不是直线上升的（见图7.1）。简单起见，我们可以认为，自二战以来，已经出现了三个长期的"超级周期"，即长期牛市，其中每一个都不时地被偶然的大幅下跌和微型熊市（通常相当剧烈）打断。例如，1982—2000年的长期牛市被20世纪80年代初的美国储贷危机、1987年的股市崩盘、1994年的债券危机（当时美国30年期国债收益率在短短9个月内上升了约200个基点）以及1998年的亚洲金融危机打断。但我们仍然可以将这些时期视为"超级周期"，因为强劲的回报是由一些非常具体的结构性因素驱动的，这些因素在很长一段时间内都是持续的，甚至在调整期也是如此。

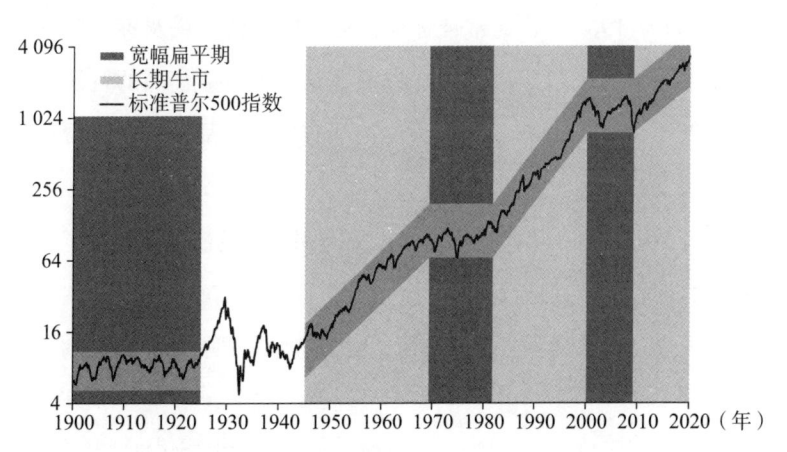

图7.1 美国长期牛市之间的宽幅扁平期（标准普尔500指数，对数值）

数据来源：高盛全球投资研究部。

1945—1968年：战后的繁荣

这一时期由繁荣的战后经济主导，通常被称为"资本主义的黄金时代"。这一时期，美国提出在经济上援助欧洲的倡议，即所谓的马歇尔计划（或称欧洲复苏计划），该计划有助于促进经济增长，降低失业率。生产力增长强劲，尤其是在欧洲和东亚，战后婴儿潮进一步扩大了需求。

尽管这一时期的经济环境有利于股市，但随着全球金融体系内多个风险点的逐渐消退，股权风险溢价长期下降，推动估值从战后水平回升。新的国际机构和基于规则的全球贸易体系应运而生。[1] 作为被称为布雷顿森林货币体系的国际支付体系的一部分，国际货币基金组织（IMF）和世界银行的成立有助于减少不确定性。与此同时，更强有力的体制框架加强和扩大了全球贸易，如1948年开始适用的关税及贸易总协定（GATT）和1964年成立的联合国贸易和发展会议（UNCTAD）。1964年，通常被称为肯尼迪回合的关税及贸易总协定第六轮多边贸易谈判开始。到1967年，谈判使许多商品的贸易关税平均降低了35%到40%，当时被称为"有史以来最重要的贸易和关税谈判"。[2]

整个20世纪60年代，快速增长的跨国公司的出现也刺激了人们对股市的信心，尤其是对美国"漂亮50"股票的信心。投资这些股票背后的理念是：永远不必担心估值，因为这些公司要么有强劲的盈利

---

[1] Post-war reconstruction and development in the golden age of capitalism. United Nations（2017）. *World Economic and Social Survey 2017.*

[2] Norwood, B.（1969）. The Kennedy round: A try at linear trade negotiations. *Journal of Law and Economics*, 12（2）, 297–319.

增长，要么对未来的强劲增长抱有很高的预期，许多公司还拥有强有力的品牌。虽然这些公司没有正式的股票指数，但有一个受到普遍认可的成长型股票名单，其中包括许多科技巨头，如 IBM、施乐、德州仪器，以及一系列制药公司，如 Burroughs、默克、辉瑞、礼来公司和美国家庭产品公司。此外，雅芳、麦当劳、宝丽来和柯达等多家公司也被认为能够提供令人兴奋的增长机会。到 1972 年，宝丽来的市盈率为 90 倍，麦当劳为 85 倍，迪士尼为 82 倍。标准普尔 500 指数的平均市盈率为 33 倍，"漂亮 50"中的 50 家公司的平均市盈率约为 45 倍（1973 年最大的 5 家公司的平均市盈率为 35.5 倍，详见第九章）。

在布雷顿森林体系的固定汇率制下，美元对黄金的汇率是固定的，但随着 20 世纪 60 年代经济的发展，美元被高估了。林登·约翰逊总统的"伟大社会"计划以及为资助越南战争而增加的军事支出导致美国公共支出大幅增加，这进一步增加了布雷顿森林体系的压力。到 20 世纪 60 年代末，金本位制面临着巨大的压力，最终在 1971 年被时任美国总统理查德·尼克松废除，当时尼克松宣布"暂时"停止美元与黄金的兑换。[1] "漂亮 50"股票泡沫破裂了。

全球大多数股市在经历了过去 15 年的惊人上涨之后（尤其是在美国和英国），股价在 1966 年左右已经达到稳定水平。尤其是在美国，股市峰值出现在 1968 年。随后的熊市本质上是结构性的，美国股市在 1966 年至 1982 年实际下跌了 75%。但是，就像 20 世纪 30 年代和 40 年代的熊市一样，这实际上至少是两个熊市合为一体。政治和经济冲击再次成为一个关键因素。1973 年，美国的水门事件增加了市场的不确定性，当年 10 月，阿以战争加上石油输出国组织

1　The end of the Bretton Woods System. IMF [online]. Available at https://www.imf.org/external/about/histend.htm.

（OPEC）的石油禁运和工业动荡，进一步加剧了市场的不稳定。

到 20 世纪 70 年代末，股市经历了几次大幅反弹。在美国，1980 年 11 月罗纳德·里根战胜吉米·卡特，共和党控制参议院，这被视为对股市有利。自 1976 年以来，道琼斯工业平均指数首次回升至 1 000 点。但是这种热情并没有持续多久。新一轮的大幅加息（美联储将贴现率提高到 14%，创历史新高）迫使股市再次大幅下跌，全球大多数经济体也进入新一轮衰退。1981 年，通货膨胀、高失业率和经济停滞使全球股市进一步下跌。

1982—2000 年：通货紧缩开始

学术界一直关注通胀下降，并将其视为 1982 年之后长期牛市的关键驱动因素之一。一些学者认为，在 20 世纪 70 年代的大通胀之后，投资者遭受了"货币幻觉"。这导致了两个错误：第一，投资者以当时非常高的名义利率而非实际利率将未来收益资本化；第二，他们没有考虑到名义负债的实际价值贬值所产生的收益。[1] 20 世纪 70 年代通胀的急剧上升，导致了债券和股市估值的崩溃。这个曾对金融市场造成巨大破坏的通胀时代，在一定程度上因所谓的沃尔克信贷紧缩（这一时期因 1977 年开始的美联储紧缩周期引起的衰退而闻名）而终结。沃尔克信贷紧缩将美国联邦基金利率（即政策利率）从大约 10% 提高到接近 20%。从那时起，全球通胀开始下降，加之经济活动从深度衰退中强势复苏，市场信心——以及资产估值——开始上升。从 1982 年 8 月到 1999 年 12 月，道琼斯工业平均指数的复合实际回报

1　Modigliani. F., and Cohn. R. A.（1979）. Inflation, rational valuation and the market. *Financial Analysts Journal*, 35（2）, 24－44.

率为年化15%，远远高于长期平均回报率，甚至超过了同期的收益或账面价值的增幅。[1]因此，此轮长期牛市在很大程度上反映了估值的扩张——这种现象同时推高了股票和固定收益产品（债券）的回报。

20世纪80年代，美国和英国分别在里根和撒切尔政府时期经历了广泛的放松管制、改革和私有化等一系列政策变革。在美国，《1981年经济复苏和税收法案》带来了重大的税收改革，导致所得税最高税率从1980年的70%降至1986年的28%。非国防支出也大幅下降，包括航空运输和金融在内的几个行业放松了管制。1933年的《格拉斯－斯蒂格尔法案》被部分废除，消除了金融市场上阻止银行、证券和保险业务合并的障碍。英国也进行了类似的改革，同时实施了一系列包括公用事业在内的全面的资产私有化计划，其影响是深远的。1979年，英国的国有经济占GDP的比例达到12%，但到1997年仅为2%。[2]到20世纪90年代中期，私有化的趋势已蔓延到欧洲其他国家，甚至影响了法国利昂内尔·若斯潘领导的社会党政府，该政府于1997年对法国电信进行了71亿美元的首次公开募股，并在一年后进行了104亿美元的二次发行（随着科技泡沫的扩大，人们对电信公司的热情增加了）。

这一长期趋势在1987年被一次（剧烈但短暂的）崩盘打断，随后较低的利率和持续的经济增长将股市推至历史新高。

1989年柏林墙的倒塌以及不久后苏联的解体，促使股市持续被重新评估。德国主要的股市指数DAX指数在1989年10月至1990年

---

1 Ritter, J., and Warr, R. S.（2002）. The decline of inflation and the bull market of 1982–1999. *Journal of Financial and Quantitative Analysis*, 37(01), 29–61.

2 Privatisation in Europe, coming home to roost.（2002）. *The Economist*.

7月飙升了30%。更加一体化的全球经济在20世纪90年代出现了。在此期间，股市贴现率一直在下降。全球高通胀的消除导致利率保持在低位，而且"冷战"的结束有助于进一步降低股权风险溢价（与投资低风险债券相比，投资风险资产所需的超额回报率）。

1998年亚洲金融危机再次打击了强劲的长期牛市，但一个果断的政策回应导致了更宽松的货币政策，推动了20世纪90年代末的科技泡沫。随着泡沫的最终破裂，始于1982年的长期上升趋势结束了。

2009年以后：量化宽松与"大稳健"

第九章更详细地分析了金融危机之后的具体情况，但这一轮的牛市也特别强劲和持久。标准普尔500指数从2007年的峰值下跌了57%，之后开始强劲复苏，开启了历史上持续时间最长的牛市。与20世纪90年代初的情况一样，本轮经济复苏的强劲程度与此前经济和市场下滑的规模有关。特别是在美国，房地产市场的崩溃导致了家庭财富的巨大损失。由于次级抵押贷款余额超过1万亿美元，金融机构和整个经济都遭受了重大损失。与此同时，当时的美联储主席伯南克表示，"大而不倒"的金融机构既是危机的源头之一（但绝对不是唯一的源头），也是决策者遏制危机的主要障碍之一。[1] 2007年至2010年，美国家庭财富的中位数下降了44%，低于1969年的水平。[2]

---

1 Bernanke, B. (2010, Sept. 2). *Causes of the recent financial and economic crisis*. Testimony before the Financial Crisis Inquiry Commission, Washington, DC.
2 Phillips, M. (2019). The bull market began 10 years ago. Why aren't more people celebrating? *New York Times* [online]. Available at https://www.nytimes.com/2019/03/09/business/bull-market-anniversary.html.

为了遏制危机而采取的行动是史无前例的。2009年3月，美联储宣布，计划用新发行的1万亿美元购买政府债券和抵押贷款债券，通过"量化宽松"政策降低利率，这对触发股市反弹至关重要。

促成本轮牛市的第二个关键因素是投资者对大型科技公司的认可。尤其是在美国股市，大型科技公司已成为规模最大的板块，并取得了惊人的回报（这个话题将在第十一章详细介绍）。

周期性牛市

尽管市场存在着由特定条件驱动的长期趋势，这些条件可能会导致高年化回报率，但周期仍存在。只是，即使我们着眼于"典型的"股票周期，定义上的问题也会出现。例如，2009年金融危机后开始的最新一轮牛市可以被认为持续至今，也可以被认为是在2018年10月结束的，当时市场下跌了近20%（熊市的典型定义），然后迅速反弹。在此期间，尽管基准美国标准普尔指数在反弹前下跌了19%，但是部分股市的下跌确实突破了20%。

假设这是两个不同的牛市，平均值会有些许变化。根据经验，以美国为例，自1900年以来，牛市平均在不到5年的时间里涨幅超过160%（包括股息在内的总回报率为243%），年化回报率约为25%。自1900年以来，美国经历了18次这样的周期，如果仅考虑战后时期，就有11次（远多于之前讨论的3次长期上升趋势）。

图7.2展示了最近几次主要牛市（以美国股市为参考）及其年化回报率，以下是一些重要的观察结果。

- 牛市平均年化回报率为 25%。
- 历次牛市年化回报率从 17% 到 42% 不等。一般来说，最高的年化回报率出现在最严峻的熊市之后。
- 在历次牛市中，平均而言，股票总回报的 75% 来自股价，25% 来自股息再投资。股息占比从 16% 到 46% 不等（见图 7.2）。

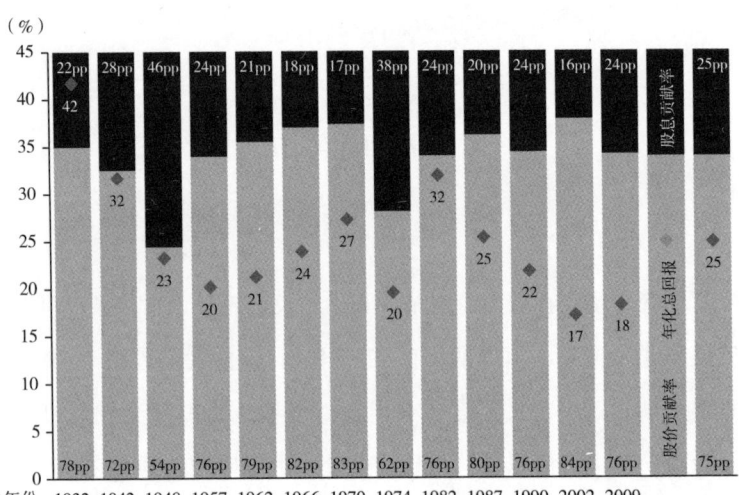

(%)

起始年份：	1932	1942	1948	1957	1962	1966	1970	1974	1982	1987	1990	2002	2009	
股息贡献率(pp)	22	28	46	24	21	18	17	38	24	20	24	16	24	25
年化总回报	42	32	23	20	21	24	27	20	32	25	22	17	18	25
股价贡献率(pp)	78	72	54	76	79	82	83	62	76	80	76	84	76	75
持续时间：	5年	4年	8年	4年	4年	2年	3年	6年	5年	3年	9年	5年	11年	5.3年

图 7.2 历次牛市标准普尔指数回报率分解：股票总回报的 75% 来自股价，25% 来自股息再投资

数据来源：高盛全球投资研究部。

但是，如表 7.1 所示，这些牛市之间的差异是显著的。

表7.1 美国历次牛市一览

开始时间	结束时间	持续时间（月）	持续时间（年）	股价回报率	总回报率	年化总回报率
1903 年 10 月	1906 年 9 月	34	2.8	60%	—	—
1907 年 11 月	1909 年 12 月	25	2.1	65%	—	—

— 122 —

续表

开始时间	结束时间	持续时间（月）	持续时间（年）	股价回报率	总回报率	年化总回报率
1914 年 12 月	1916 年 11 月	22	1.8	39%	—	—
1917 年 12 月	1919 年 7 月	19	1.6	40%	—	—
1921 年 8 月	1929 年 9 月	96	8.0	371%	—	—
1932 年 6 月	1939 年 3 月	56	4.7	321%	413%	42%
1942 年 4 月	1946 年 5 月	49	4.1	150%	208%	32%
1948 年 3 月	1956 年 8 月	100	8.3	259%	477%	23%
1957 年 10 月	1961 年 12 月	49	4.1	86%	114%	20%
1962 年 6 月	1966 年 2 月	43	3.6	80%	101%	21%
1966 年 10 月	1968 年 11 月	25	2.1	48%	58%	24%
1970 年 5 月	1973 年 1 月	31	2.6	74%	89%	27%
1974 年 10 月	1980 年 11 月	73	6.1	126%	201%	20%
1982 年 8 月	1987 年 8 月	60	5.0	229%	303%	32%
1987 年 12 月	1990 年 7 月	31	2.6	65%	81%	25%
1990 年 10 月	2000 年 3 月	113	9.4	417%	546%	22%
2002 年 10 月	2007 年 10 月	60	5.0	101%	121%	17%
2009 年 3 月	2020 年 1 月	130	10.8	392%	517%	18%
平均值		56	5	162%	248%	25%
中位数		49	4	94%	201%	23%
最小值		19	2	39%	58%	17%
最大值		130	11	417%	546%	42%

数据来源：高盛全球投资研究部。

牛市持续时间

表 7.1 显示，牛市的持续时间差异很大，最短的不到 2 年，最长的（即当前的）持续超过 10 年。

（美国）牛市平均持续时间为 56 个月，中位数为 49 个月，差异是显著的（见图 7.3）。

牛市的构成各不相同——也就是说，驱动牛市的因素各不相同。股票投资者的回报可能来自股价变化（由收益驱动），也可能来自估值变化，因为投资者为预期收益准备支付的倍数（如市盈率）可能会发生变化。当投资者比较乐观和/或利率水平下降时，估值可能会上升，给投资者带来更高的回报。同样，当投资者感到担忧和/或利率水平上升时，估值往往会下降。

总回报的构成在不同牛市中的差异可见图 7.2。总回报（如图 7.2 中的菱形所示）被分解为不同百分比的组合。因此，当我们考虑牛市时，与投资者相关的不仅是牛市的长度和强度，还有股价回报和总回报之间的差异。此外，股价回报的驱动因素也很重要：有多少可能来自基本面利润增长，有多少可能来自估值的变化？

一般来说，关于牛市我们可以得出如下结论：

- 更低的波动性和更长的经济周期意味着更长的牛市。
- 更低和更稳定的利率往往会导致更强劲的牛市，其中估值占比更高。
- 股息收益率较高的市场（通常是由于更成熟的行业倾向于支付更

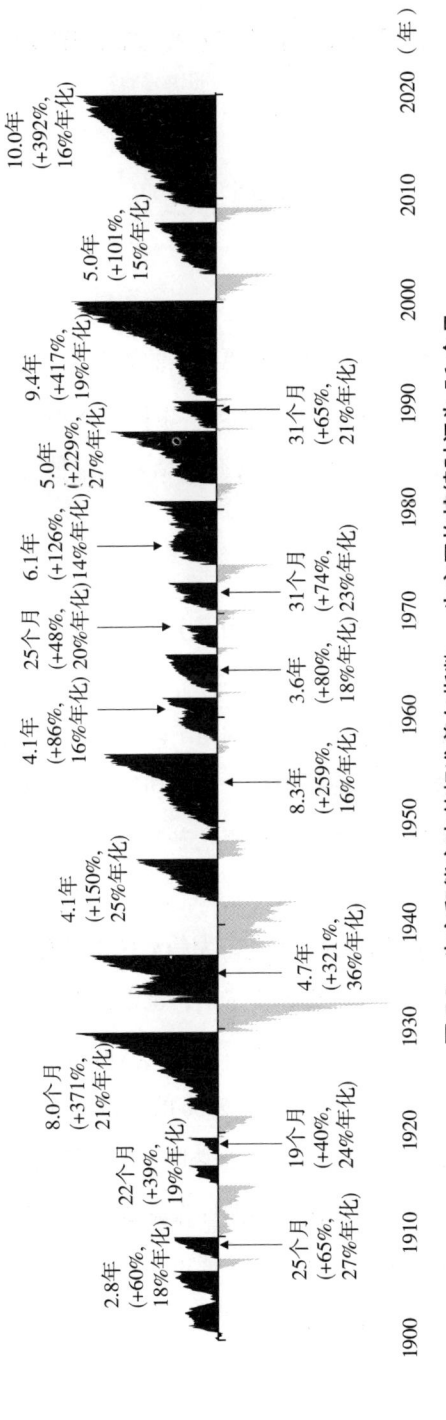

图 7.3 牛市和熊市中的标准普尔指数，牛市平均持续时间为 56 个月

多的现金流，而不是将其留作未来投资）的总回报中股息占比更高。

无趋势牛市

除了长期的结构性上升趋势和更典型的周期性牛市，也存在回报相对平稳的时期。这种情况并不常见，市场上这种无趋势的时期往往是经济和利润增长缓慢时估值偏高的结果。这种情况也可以分为两类：

- **市场窄幅扁平（低波动性、低回报）**。市场扁平化且股价停滞在一个狭窄的交易区间，波动较小。
- **市场宽幅扁平（高波动性、低回报）**。这段时期（通常很长）是指，股票指数的总体涨幅很小，但波动很大，其间会出现强势的反弹和回调（甚至有微型牛市和熊市）。

与大多数牛市和熊市不同的是，无趋势牛市没有绝对的峰值/低谷，因此从定义上很难锁定窄幅扁平期，也很难确定其开始和结束的确切日期。即便如此，也有几个相对扁平（低回报）和相对窄幅（没有熊市，也没有两年内回报率超过25%的牛市）的时期可以作为窄幅扁平期的好例子。自二战以来，美国股市有7个时期大体上符合上述标准。在这7个时期，美国股市的回报率是全球最高的。美国之外符合标准的时期还有更多。在美国，熊市一旦被排除在外，接下来的大部分时期就会直接变成牛市。

表 7.2 展示了一系列窄幅扁平市场，并给出了大致的开始和结束日期。

虽然很难准确确定这些时期，而且每个时期自身的情况也各不相同，但是我们仍然可以给出以下几个观察结论：

- 交易区间狭窄的市场扁平期并不罕见：自 1945 年以来，美国股市有 20% 的时间处于这样的阶段（欧洲的情况是，在同一时期，这种类型的市场环境更常见，约占 30% 的时间；这种差异可能是因为，美国股市普遍存在更强劲的利润增长，这推动了股市走高）。
- 持续时间往往相对较短，为 1~3 年。
- 这些时期的经济增长通常较强劲，平均增长率为 3%~4%。因此，收益通常是强劲的，导致在这种低回报环境下，估值下降 10 %~15%。
- 最后，平均而言，尽管利率会在扁平期上升，但强劲的盈利增长有助于缓冲利率上升和估值不断下跌带来的影响。因此，股市是在徘徊而非下跌。

表7.2 美国股市的窄幅扁平期（标准普尔500指数）

开始时间	结束时间	持续时间（年）	股指增长率（%）	股票指数年化增长率（%）	股票指数最大变动量（%）	每股盈利年化增长率（%）	过去12个月市盈率起始值（倍）	过去12个月市盈率结束值（倍）	过去12个月市盈率变化量（%）	平均GDP增长率（%）	3个月短期国库券利率变化量（%）
1946年9月	1948年5月	1.7	-0.5	-0.3	-14.7	51.1	17.7	8.7	-50.6	-3.7	0.6
1951年8月	1954年1月	2.4	7.7	3.1	19.0	-2.2	8.7	9.9	13.7	5.4	-0.2
1955年10月	1957年10月	2.0	0.4	0.2	-17.7	0.4	12.1	12.0	-0.5	3.4	1.4
1958年12月	1961年1月	2.0	8.5	4.1	-13.9	6.3	18.6	17.8	-4.2	4.9	-0.6
1983年4月	1985年1月	1.7	6.7	3.8	-14.4	15.6	11.7	9.7	-17.1	6.1	-0.4
1992年1月	1994年12月	2.9	5.9	2.0	22.2	9.7	19.4	15.7	-19.1	3.2	1.9
2004年2月	2006年7月	2.4	6.6	2.7	27.7	16.5	22.7	16.7	-26.4	3.6	4.1
中位数		2.0	6.6	2.7	-13.9	9.7	17.7	12.0	-17.1	3.6	0.6
平均数		2.2	5.0	2.2	0.8	13.9	15.8	12.9	-14.9	3.3	1.0

数据来源：高盛全球投资研究部。

第八章

膨胀的泡沫：过度的迹象

金融泡沫的破裂可能会导致严重的结构性熊市，通常会对更广泛的资产市场和经济造成毁灭性后果。虽然泡沫有可能集中在单一行业或资产类别中，并非总会蔓延为更广泛的结构性熊市，但是部分泡沫的基础可能相当广泛，会对整个市场和实体经济产生影响。因此，对投资者来说，对泡沫的成因和共同特征有一些了解是必要的，因为从泡沫中恢复重来可能需要很长时间。

正如一般的熊市和牛市一样，泡沫同样没有精确的定义。对于探知泡沫的难度，经济学文献有着广泛的讨论。[1] 正如一位联邦委员会前副主席指出的那样，"即使从事后来看，试图证实历史事件中存在泡沫的统计测试也可能无法得出结论"。[2]

价格和估值快速增长，导致人们对未来的增长和回报提出了不切

1　Gurkaynak, R.（2005）. Econometric tests of asset price bubbles: Taking stock. *Finance and Economics Discussion Series*. Washington, DC: Board of Governors of the Federal Reserve System.

2　Ferguson, R. W.（2005）. Recessions and recoveries associated with asset-price movements: What do we know? *Stanford Institute for Economic Policy Research*, Stanford, CA.

实际的高要求，这也许是一个合理可行的定义。这个定义的第二部分很重要，因为并非所有价格的强劲上涨都必然导致泡沫。当价格快速上涨创造了一个看似良性的循环，吸引了新的投资者并最终吸引过剩的资本时，问题就出现了。人们普遍认为，市场提供了几乎无限的盈利能力，这往往会让人产生一种"错失良机的恐惧"：一个话题被谈论得越多，受到的关注越多，投资者的兴趣就越大。随着市场对这一话题或资产的信心的增强，估值将升至未来回报无法企及的水平。

在泡沫市场中，认为自己可能会错失良机，同时觉得人多就安全的从众心理往往很明显。在对17世纪和18世纪早期泡沫的综合研究中，查尔斯·麦凯曾在1841年断言："人啊……像羊群一样思考；我们曾见过他们成群地发狂，却只能慢慢地、一个接一个地恢复理智。"

罗伯特·希勒在其著作《非理性繁荣》中也强调了类似的对群体性行为的关注，尤其是在与强有力的"故事"相结合时。在该书中，希勒将泡沫描述为，"价格上涨的消息激发了投资者的热情，并通过心理传染从一个人传递给另一个人，这个过程放大了价格上涨的合理性，并吸引了越来越多的投资者，尽管他们对投资的真正价值存有疑虑。他们之所以选择投资，部分是因为对他人成功的羡慕，部分是因为赌徒的兴奋"。

对某个话题感到兴奋的倾向驱使投资者进入一个几乎不考虑所支付的估值或这些估值所隐含的回报的市场，这是泡沫形成的最重要的特征之一。最近的一个例子就是2008年次贷危机之前的美国房地产市场。凯斯和希勒2003年的研究表明，当时购房者对未来房价的预期明显过于乐观。根据他们的研究，2003年，83%~95%的购房者期望房价在接下来的10年平均每年增长9%左右，远高于长期平均水平。[1]

本章仅讨论泡沫问题，试图找出历史上的泡沫时期反复出现的模式、特征和行为。

在超过 4 个世纪的时间里，有许多关于著名泡沫的详细记载。其中最引人注目的，尽管不是唯一的，是以下几个：

- 17 世纪 30 年代：荷兰郁金香热
- 18 世纪 20 年代：英国南海泡沫和法国密西西比泡沫
- 18 世纪 90 年代：英国运河热
- 19 世纪 40 年代：英国铁路泡沫
- 1873 年：美国铁路泡沫
- 20 世纪 20 年代：美国股市繁荣
- 20 世纪 80 年代：日本的土地和股票泡沫
- 20 世纪 90 年代：全球科技泡沫
- 2007 年：美国（和欧洲）的房地产/银行业泡沫

在回顾这些泡沫及其最终的破灭时，我们会发现，尽管起源于一系列不同的行业，在非常不同的环境下产生，但仍有一些共同的线索和特征将它们联系在一起。简单起见，以下几节汇集了这些不同泡沫时期的一些相似之处和共同主题，试图为那些正在寻找重要警告和危险信号的投资者提供一份指南。对那些想了解更多细节的人来说，

1　Pasotti, P., and Vercelli, A. (2015). Kindleberger and financial crises. *FESSUD Working Paper Series No. 104* [online]. Available at http://fessud.eu/wp-content/uploads/2015/01/Kindleberger-and-Financial-Crises-Fessud-final_Working-Paper-104.pdf.

还有许多关于历史泡沫的优秀而深入的研究值得关注，尤其是爱德华·钱塞勒的研究成果。[1]

惊人的上涨与崩溃

金融资产泡沫最重要的特征之一是，泡沫期间价格和估值惊人且快速地上升，这导致估值最终高估了可能的未来回报。极度兴奋、投机狂潮以及价格升值，是所有泡沫的共同特点。17世纪30年代的郁金香热，是有文献记载的最早的泡沫之一，现在已经成为金融市场"狂热"的代名词。它之所以引人注目，不仅因为泡沫时期惊人的价格上涨，还因为这种狂热似乎纯粹基于贪婪和投机，而没有根本的基础支撑它。

尽管郁金香热的广度和影响一直备受质疑（汤普森，2007），但这仍是一次历史性的繁荣。从1636年11月到1637年2月，部分郁金香球茎的价格上涨了20倍，在泡沫最严重的时候，一个球茎的价值相当于一幢豪华联排别墅。[2]

当市场最终在1637年2月崩溃时，就像历史上许多其他例子一样，下跌和之前的上涨同样壮观。与随后的许多泡沫一样，目前还不完全清楚是什么引发了泡沫的最终崩溃。在这种情况下，可能有多个

---

[1] 更全面的阐释可参见 Chancellor, E. (2000). *Devil take the hindmost: A history of financial speculation.* New York, NY: Plume.

[2] See Thompson, E. (2007). The tulipmania: Fact or artifact? *Public Choice*, 130 (1-2), 99-114.

促成因素。在 1636 年到 1637 年早期的繁荣期，也就是需求最旺盛的时候，郁金香球茎还在地里，直到第二年春天才能交货。金融创新在推动价格上涨方面发挥了一定作用。郁金香期货市场的发展使卖主能够按一定的质量和重量以一定的价格出售郁金香球茎。

当多数远期合约最终以信用票据支付时，风险加剧了，这使得整个体系很容易崩溃，并最终蔓延开来。最终，对在即将到来的春天交付合同的担忧（其中许多合同可能无法交付）在一定程度上导致了这个体系的最终消亡。价格下跌之后，市场复苏缓慢，尤其是质量较低的普通球茎。那些在泡沫最严重的时候，由于稀有球茎太昂贵而专注于普通球茎的小投机者大多再也没有从崩溃中恢复过来。

出现在近一个世纪后的 1720 年的两次大泡沫，与郁金香热有一些相似之处。英国南海公司的股价在极短时间内出现了惊人的上涨。1720 年 1 月，该公司的股价为 128 英镑。同年 6 月，英国议会通过了《泡沫法案》，要求所有股份公司必须获得皇家特许状，南海公司成功地获得了这一特许状。这一许可提高了公司的可信度，让投资者更放心了，从而扩大了其吸引力。到 1720 年 6 月底，该公司股票已涨至 1 050 英镑。当投资者在 7 月初失去信心时，股价开始下滑，同年 9 月股价暴跌至 175 英镑。[1] 法国密西西比公司差不多在同一时间经历了类似的泡沫及破裂，其股价惊人地上涨了 6 200%，最终暴跌了 99%。

受到铁路行业的快速发展和技术变革的影响，投机在下一个大泡沫即 19 世纪中期英国铁路泡沫中扮演了重要角色。在股价大幅上涨之后，到 1850 年，铁路股从其峰值平均下跌了 85%，铁路股的总价

---

[1] Evans, R.（2014）. How（not）to invest like Sir Isaac Newton. *The Telegraph* [online]. Available at https://www.telegraph.co.uk/finance/personalfinance/investing/10848995/How-not-to-invest-like-Sir-Isaac-Newton.html.

值还不到投入资本的一半（钱塞勒，2000）。在英国经历了铁路泡沫仅仅几十年后，类似的模式就在美国上演了。随之而来的股价和投资崩溃的规模如此之大，以致引发了严重的结构性熊市和经济衰退，这就是众所周知的"长萧条"，也是20世纪30年代大萧条之前最严重的经济衰退。在1873年恐慌之后的7年里，美国大约一半的工厂倒闭了，失业率急剧上升。1873年至1878年，股价暴跌，铁路股价格下跌了60%。普法战争后，欧洲的重大不确定性让情况进一步恶化。泡沫破裂后，投资过了10年才开始回升，而直到下一个10年，铁路投资才再次回升。

类似的模式在股市繁荣和1929年股市崩盘期间上演了，但这次的影响更广泛，也更持久。在"黑色星期一"（10月28日），道琼斯工业指数下跌了13%（自9月初以来已经下跌了6%），之后几天又下跌了12%。随后出现的结构性熊市非常严重，以至该指数直到1954年11月才回升至之前的高点（弗格森，2005）。在低位时，道琼斯指数的股息收益率曾达到9.5%，以前蓬勃发展的公司变得完全不受欢迎了。股市崩盘后，纽约证券交易所一个席位的售价为1.7万美元，相比之下，1929年繁荣期的峰值价格为65万美元。

日本20世纪80年代的传奇泡沫所导致的股票和土地价格的上涨，无论以何种标准衡量都是非同寻常的。在利率下降（1987年初，日本央行将利率从5%降至2.5%）和1985年《广场协议》（引发了美元对日元的贬值，目的是通过降低出口成本来减少美国经常账户的赤字）的推动下，资产价格长期稳定上涨。日本企业利用本国不断升值的货币在海外大举收购，包括收购纽约的洛克菲勒中心以及夏威夷和加州的高尔夫球场。

这种繁荣在房地产市场尤为疯狂。据报道，东京皇宫的价值超过了法国或加州的总价值。1988年，日本的土地价值理论上是美国土地价值的4倍多，尽管美国的土地面积是日本的25倍。[1]有人指出，一张在东京银座掉落的1万日元钞票的价值还不及它所覆盖的地面面积的土地价值。[2]这个泡沫如此之大，以至股票和土地的总资本收益在1986—1989年占到了名义GDP的452%，随后的损失在1990—1993年占到了名义GDP的159%。[3]股价的飙升意味着日本公司已成为全球最大的公司之一。三井、住友、三菱和伊藤公司的销售额都超过了美国最大的公司——通用汽车。[4]

在20世纪90年代末科技泡沫破裂之前，市场表现出的信心最终导致估值过高。在这次泡沫破裂之前，新兴公司的股票呈指数级增长。1996年4月，互联网公司雅虎首次公开募股，其股价在一天内从13美元上涨到33美元，公司市值增加了一倍多。在接下来的一段时间里，这成为一种常态。例如，1999年高通股价上涨了2 619%。这样的价格上涨幅度变得司空见惯。13只主要大盘股的股价都上涨了1 000%以上，另外7只大盘股的股价则上涨了900%以上。[5]

1　Cutts, R. L. (1990). Power from the ground up: Japan's land bubble. *The Harvard Business Review* [online]. Available at https://hbr.org/1990/05/power-from-the-ground-up-japans-land-bubble.
2　Johnston, E. (2009). Lessons from when the bubble burst. *The Japan Times* [online]. Available at https://www.japantimes.co.jp/news/2009/01/06/reference/lessons-from-when-the-bubble-burst/.
3　Okina, K., Shirakawa, M., and Shiratsuka, S. (2001). The asset price bubble and monetary policy: Experience of Japan's economy in the late 1980s and its lessons. *Monetary and Economic Studies*, 19 (S1), 395–450.
4　Turner, G. (2003). *Solutions to a liquidity trap*. London, UK: GFC Economics.
5　Norris, F. (2000). The year in the markets; 1999: Extraordinary winners and more losers. *New York Times* [online]. Available at https://www.nytimes.com/2000/01/03/business/the-year-in-the-markets-1999-extraordinary-winners-and-more-losers.html.

1995年至2000年，纳斯达克指数增长了5倍，最终达到了200倍的市盈率，远远高于日本股市泡沫时期日经指数70倍的市盈率（海斯，2019）。到2000年4月，纳斯达克指数在达到顶峰后仅仅一个月就下跌了34%，在接下来的一年半里，数百家公司的股价下跌了80%甚至更多。例如，普利斯林下跌了94%。最终，到2009年10月触底时，纳斯达克指数已经下跌了近80%（麦卡洛，2018）。

到2002年股市低迷结束时，股市市值自股市达到顶峰以来已经蒸发了5万亿美元。在2002年10月9日的低点，纳斯达克100指数跌至1 114点，比峰值下跌了78%。

对"新时代"的信念……这次不一样了

显然，只有当泡沫存在共同的成因、相似的特征或可识别的行为模式，能够帮助投资者在未来识别其相似之处时，对价格的大幅上涨和暴跌的关注才有意义。回顾历史，泡沫最重要的组成部分和特征之一，除了价格上涨和随后的下跌，就是人们相信某些东西已经发生了变化，通常是新技术、创新或增长潜力。奥地利著名经济学家约瑟夫·熊彼特观察到，一个"好故事"往往能够对投资起到推动作用。熊彼特认为，投机往往发生在一个新行业的起始阶段。正如1997年2月26日时任美联储主席格林斯潘在美国国会做证时说的那样，"遗憾的是，历史上充斥着对'新时代'的愿景，但最终都被证明是海市蜃楼"。

数据科学家最近的一项研究发现，在1825年至2000年推出的

51项重大创新中，73%的案例显示股价当时存在明显的泡沫。他们还发现，这些泡沫的规模随着创新的激进程度、产生间接网络效应的潜力以及商业化时的公众知名度而增加。[1]

虽然在郁金香热中，创新并非一个明显的诱因，但可以确定，在1720年英国南海公司和法国密西西比公司的金融泡沫中，创新发挥了重要作用。

尽管这两次泡沫均涉及狂热的投机和相关公司股价的上涨，而且可能看起来并不比一个世纪前的郁金香热更理性，但最新的研究表明，创新和新技术确实在其发展过程中发挥了作用。此外，正如许多其他泡沫时期也很常见的那样，一个"好故事"有助于证明当时对未来回报的增长预期是合理的。[2] 弗雷亨、格茨曼和格特·卢文赫斯特（2013）认为，"金融泡沫需要一个可信的故事来佐证投资者的乐观情绪"。例如，在这些早期的泡沫中，两家公司都通过发行股票置换政府债务，这一创新创造了一种将国家债务转换为股权的工具。作为回报，这些公司取得了开发资源（如烟草和奴隶贸易）的特许权，从而有可能获取超常利润。

政府债转股是一项创新（但没能持续多久）。另一个更重要的创新或许是第一家公开上市的保险公司的设立。这是英国《泡沫法案》的结果，该法案试图降低投机风险。建立面向公共融资但有限责任的保险公司改变了风险共担的性质，从而大大增加了市场对风险投资的

1　See Sorescu, A., Sorescu, S. M., Armstrong, W. J., and Devoldere, B. (2018). Two centuries of innovations and stock market bubbles. *Marketing Science Journal*, 37 (4), 507–684.

2　See Frehen, R. G. P., Goetzmann, W. N., and Rouwenhorst, K. G. (2013). New evidence on the first financial bubble. *Journal of Financial Economics*, 108 (3), 585–607.

兴趣。

与此同时，技术变革（例如海上航行）使大西洋贸易航线的开放成为可能，这一转变改变了游戏规则。欧洲、非洲和加勒比地区之间的新贸易路线由新的风险分担工具提供部分资金支持，直到19世纪初成为主导贸易体系，形成了可以说是最早的全球化形式之一。风险偏好、融资条件、提供诱人回报的投资工具以及航海技术的进步，这些因素结合起来，为投机提供了肥沃的土壤。

技术进步也是18世纪70年代英国运河热的关键因素，因为更新更快的交通工具的发明，为煤炭、纺织品和农产品开辟了低价而快捷的运输路线，从而引发了巨大的投资热潮。第一条运河由布里奇沃特公爵于1767年开通，从他拥有的位于曼彻斯特西北部的煤矿一直延伸到这座城市的西南部，那里正在兴建新的纺织厂。第一条运河建成后带来了丰厚的资本回报，吸引了新的投资者和从业者，这是引发繁荣和泡沫的另一种常见模式。1793年，随着法国革命战争的爆发，这种繁荣达到了顶峰。到了19世纪，运河的资本回报率已经从泡沫前50%的峰值下降至5%，25年后，只有1/4的运河仍能支付股息（钱塞勒，2000）。

19世纪40年代，英国的铁路时代迎来了又一轮科技大浪潮，随之而来的是又一个大泡沫。铁路以一种非同寻常的方式吸引了公众的想象力，大量以铁路为主题的报纸和期刊也激起了人们对铁路技术的兴趣和迷恋。这些宣传物涉及市场最新动态，通常是宣传新铁路的，并通过广告获得高额收益。一个世纪前的运河热时期也出现过类似的现象。

许多名人和政治家成了铁路股的投资者。勃朗特姐妹也在其中，还有约翰·穆勒、查尔斯·达尔文和本杰明·迪斯累里等著名的思想家和政治家。[1] 乔治一世曾是南海泡沫的投资者（钱塞勒，2000），艾萨克·牛顿爵士也是如此。据报道，当市场崩溃时，牛顿损失了2万英镑，相当于今天的300万英镑。[2]

这种大规模的狂热让更多人相信，这项投资是"有把握"的。1845年，一位被称为"杰出交易者"的作者写道："一本简短而可靠的铁路投机指南———些对铁路股进行安全盈利投机的简单规则。"他认为，如果操作得当，没有比投资铁路能更体面而安全地利用资金和智力的方法了。"……这个国家（英国）的资本从未得到像现在这样充分且有益的利用。"这发生在英国铁路泡沫史诗般崩溃的不久前。

与大约一个半世纪后出现的科技泡沫类似，投资者正确地认识到创新所引发的变革影响，但最终高估了这些创新可能带来的潜在回报。毫无疑问，随着铁路网络和配套基础设施的迅速铺开，铁路的发展速度是惊人的。例如，英国的铁路轨道从1830年的98英里[3]增长到1860年的104 333英里。但最终的财务回报未能达到如此高的预期。

类似的乐观情绪在19世纪70年代的美国铁路热潮中也出现过。内战结束后，美国经济经历了一段时间的强劲增长，铁路支出和投资大幅增加。1868年至1873年，银行贷款的增长速度是存款增长速度的7倍，这些贷款为经济扩张提供了资金。[4]

1　Odlyzko, A. (2010). Collective hallucinations and inefficient markets: The British railway mania of the 1840s. SSRN [online]. Available at https://ssrn.com/abstract=1537338.
2　Evans, How (not) to invest like Sir Isaac Newton.
3　1英里≈1.61千米。——编者注
4　Lucibello, A. (2014). Panic of 1873. In D. Leab (Ed.), *Encyclopedia of American recessions and depressions* (pp. 227–276). Santa Barbara, CA: ABC-CLIO.

美国20世纪20年代的经济繁荣也得益于技术和社会变革。这一时期，人们对新消费品产生的巨大兴趣推动该市场迅速增长，尤其是对收音机的需求呈指数级增长。到20世纪20年代末，无线电在美国的普及率激增至近1/3的美国家庭，美国无线电公司（RCA）的股价在20世纪20年代从5美元涨到500美元。但是当20世纪20年代股市崩盘时，无线电股暴跌，大多数收音机制造商都失败了。与许多公司一样，RCA的股价在1929年至1932年暴跌了98%，在随后的30年里，再也没能达到之前的高点。

当时，电信行业也助长了科技引领增长的乐观情绪。发展迅速的美国电话电报公司（AT&T）是这一快速发展的行业的核心驱动力，到1913年已成为政府批准的垄断企业，进而允许独立的电话公司接入其长途电话网络。该公司雇用了4 000多名科学家，在此期间专利数量激增。1915年，在打通第一次电话的近40年后，贝尔和托马斯·沃森在纽约和旧金山之间长达3 400英里的电话线路上进行了第一次跨大陆通话。人们对电信技术及其市场发展潜力的兴奋度进一步提高。

在20世纪20年代的乐观主义时期，人们对经济的信心不仅受到新技术的推动，还受到"美国制度"下的劳资关系能够提高生产力和生产需求的信念的推动。与工会成功谈判的模式是这个"故事"的一部分，企业对待劳工的方式从对抗转变为合作。禁酒令被认为有助于减少酗酒，提高劳动生产率。这些发展提高了人们对工资增长的预期，进而推动了需求的增长，由此形成一个良性循环，其中更高的生产力促进了对新技术领域的投资。

20世纪20年代美国经济繁荣时期的许多特征，重现于20世纪90年代的日本。日本的泡沫是由过于宽松的货币政策以及生产力提高的信念驱动的。[1]在便利的融资条件、低利率和强劲增长的推动下，一个良性循环出现了。从1981年初到1990年，日经指数年均上涨约20%（涨幅为5倍）。随着资本成本的下降，企业能够筹集到大量资金，这反过来又推动了投资和生产力的增长。坚挺的汇率（就像20世纪90年代末的美国那样）有助于减轻通胀压力。日本央行认为，日本经济的生产力和增长潜力已经提高，没有必要收紧货币政策。

20世纪下半叶，创新和技术屡次展现出广泛提升市场收益的能力，这在20世纪80年代生物技术行业和个人计算机革命中表现得尤为明显。1981年，计算机行业的领军企业IBM推动了个人计算机的大规模商业化。个人计算机需求迅速增长，数百家公司在20世纪80年代初开始生产个人计算机。然而，由于向消费者推销个人计算机的尝试失败了，雅达利、德州仪器和Coleco等公司均宣告亏损。多家生产个人计算机的公司相继倒闭，包括康懋达、哥伦比亚数据系统公司和鹰牌电脑公司。幸存下来的公司其股票花了数年时间才得以恢复，这种情况在19世纪铁路泡沫之后也出现过。

日本20世纪80年代的泡沫也反映出人们对新时代的信念——这一次是对日本有潜力成为世界最大经济体的信念。哈佛大学名誉教授傅高义所著的《日本第一》是当时最受欢迎的图书之一。这本书描述了日本如何发展成为世界上最具竞争力的"超级大国"，并且没有出现美国和其他西方经济体面临的诸多问题。媒体越来越关注日本经济的崛起。西方各国的父母都在为他们的孩子报名学习日语，希望让他们在不断变化的世界中保持与时俱进。我的第一份工作是在一家领先的日本银行，当我告诉人们我的工作时，大多数人都认为在一家处于

1　Browne, E. (2001). Does Japan offer any lessons for the United States ? *New England Economic Review*, 3, 3-18.

全球金融前沿的日本银行工作，我的未来会很有保障。

有趣的是，随着中国经济的崛起，公众将注意力转向中国，这种现象也越来越普遍。畅销书抓住了时代精神，马丁·雅克2009年的畅销书《当中国统治世界：中国的崛起和西方世界的衰落》就反映了这一时代焦点，以及对不断变化的世界和随之而来的风险与机遇的信念。日本股市经历了未来预期逐渐形成之后又跌落谷底的过程，先是大幅上涨，随后突然暴跌，类似的模式也出现在中国，尽管程度较轻。上证综合股价指数在2013年6月至2015年6月上涨了165%(年化61%)，反映出普遍的乐观情绪。随着全球经济增长放缓，人们对美国利率的担忧加剧，截至2016年3月，股市暴跌了48%。

20世纪90年代末，许多国家出现的科技泡沫范围更广，并推动了科技、电信和媒体行业（通常被称为TMT）的发展。[1] 除了强势的经济增长和较低的利率，公众对科技创新的迷恋和兴奋也很关键。1915年第一次拨通跨大陆长途电话，使得人们对快捷通信的可能性感到兴奋。类似地，20世纪90年代，通信成本急剧下降，通信速度前所未有地大幅提升，大大提振了人们对通信行业的预期。从纽约到伦敦的3分钟通话费用从1990年的4.37美元（以2000年美元价值计算）下降到2000年的0.40美元。[2]

1　汇丰银行的斯蒂芬·金撰写了一份名为《泡沫危机》的报告。他在报告中指出了在2000年科技泡沫破裂之前估值过高的重大风险和潜在的经济后果。
2　See Masson, P. (2001). Globalization facts and figures. *IMF Policy Discussion Paper No. 01/4* [online]. Available at https://www.imf.org/en/Publications/IMF-Policy-Discussion-Papers/Issues/2016/12/30/Globalization-Facts-and-Figures-15469.

放松管制与金融创新

"轻度监管"或放松管制往往是金融泡沫形成的因素之一。例如,1720年南海泡沫破裂后出台的《泡沫法案》于1825年被废止,这大大推动了19世纪40年代英国铁路的繁荣。为了控制新公司的成立,《泡沫法案》将股份公司的投资者人数限制在5人以内。在废除该法案时,政府使注册和设立公司变得更加容易,这也为兴致高涨的公众投资新公司提供了便利。与此同时,如前所述,新保险公司的金融创新为风险承担创造了更有利的环境。

在19世纪中期的英国铁路繁荣时期,申请建造新铁路的许可程序放宽了。为了进一步加速这一进程,到1845年,申请被直接送交下议院的特别委员会审批。许多国会议员都参与了投机,因而可以从中获利。结果,大量的新许可被批准,进一步助长了投机。截至1846年,272个申请设立新铁路公司的议会法案获得通过。

放松管制和对制度的强烈信心也在20世纪20年代的繁荣中发挥了作用。1913年美国联邦储备系统的建立(类似于20世纪90年代中央银行的独立浪潮)提振了投资者的信心,卡尔文·柯立芝的当选为反托拉斯法的放松和一轮合并浪潮铺平了道路。

20世纪80年代的日本泡沫也在一定程度上得益于放松管制的过程。例如,1981年,日本财务省允许日本企业在伦敦的欧洲债券市场发行认股权证。这些认股权证给予投资者在到期日前以特定价格购买企业股票的选择权。股价的快速上涨增加了认股权证的价值,这意味着，日本企业能够以极低的利率发行债券。以这种方式进行低利率融资的企业越多，发行的认股权证越多，对股票的需求就越大。另一个激励因素是，这些企业可以以美元发行认股权证。1985年《广场协议》签订之后，美元持续贬值，投资者预计，在债券的有效期内，日元兑美元的汇率将上升，从而形成一个明显的良性循环。

1984年，日本财务省还允许企业为其所持股份设立所谓的"托金账户"（Tokkin accounts），企业可以通过该账户进行证券交易，而不必为其利润支付任何资本利得税。到20世纪80年代中后期，企业在股市投机中获得的利润快速增长，激励了大部分工业企业参与其中。许多公司一半以上的利润来自这些托金账户。托金基金的总收益从1985年的2 400亿日元上升到1987年的9 520亿日元（钱塞勒，2000）。债务的增加也影响到家庭部门。1989年，在东京向日本信用保证协会寻求帮助的人中，几乎有一半的人拥有11至20张信用卡。[1]

20世纪90年代的科技繁荣也得益于金融产品的创新。衍生品市场的增长是一个重要的驱动力。从1994年到2000年，利率和货币衍生品的名义值增长了457%，与2001年到2007年452%的增长几乎持平。[2]

除了衍生品市场在21世纪前10年的蓬勃发展，其他形式的创新也在房地产市场发挥着作用，并在2007—2008年的次贷热潮以及随后的银行业和股市崩盘中扮演了至关重要的角色。尽管泡沫的破灭确实导致了股价的大幅下跌，但在更大范围的股市估值中，泡沫并没有那么明显。对金融机构的宽松监管以及金融产品的创新，是房地产市

---

[1] Johnston, Lessons from when the bubble burst.
[2] Perez, C.（2009）. The double bubble at the turn of the century: Technological roots and structural implications. *Cambridge Journal of Economics*, 33（4），779-805.

场崩盘前繁荣的一个重要因素。正如卡洛塔·佩雷斯（2009）所言，"'宇宙的主宰'这个词经常被用来指代那些被认为设计了21世纪前10年中期无尽繁荣的金融天才。他们被视为强大的创新者。他们分散风险，并以某种方式神奇地将风险蒸发到庞大复杂的金融星系中"。

在20世纪90年代的繁荣期，银行以抵押支持证券（MBS）和担保债务凭证（CDO）的形式将大量高风险抵押贷款债券证券化，并将这些债券出售给金融市场。这种创新使投资机构能够从抵押贷款支付中获得收入，同时也让自己暴露在潜在的信贷风险中。

问题是，当房地产市场开始下跌时，一个恶性循环形成了。银行倒闭，信贷风险蔓延到全球各地的机构，导致资产市场出现系统性疲软。许多CDO产品[1]是"按市值计价"进行估值的，随着价格下跌，信贷市场崩溃，进而导致市场流动性不足。银行被迫大幅减记资产。[2]

宽松的信贷

与随后出现的其他泡沫类似，1873年美国铁路泡沫中新进入者的快速增加也得益于宽松的货币政策和新的外汇银行，这些银行提供以铁路股为抵押的贷款。铁路公司也越来越多地允许私人投资者以保

---

[1] 担保债务凭证（CDO）是一种结构性金融产品，它将抵押贷款等能产生现金的资产集中在一起，然后将这些资产重新打包为可出售给投资者的不同产品，每种产品的风险各不相同。

[2] Pezzuto, I. (2012). Miraculous financial engineering or toxic finance? The genesis of the U.S. subprime mortgage loans crisis and its consequences on the global financial markets and real economy. *Journal of Governance and Regulation*, 1(3), 113-124.

证金的形式进行股份购买，通常只需要 10% 的保证金，而铁路公司有权在任何时候赎回剩余的资金（当然，这一选择权是在晚些时候触发的，因此加剧了泡沫的严重性）。

信贷的增长为铁路的扩张提供了资金，1865 年至 1873 年，美国铁路总里程从 3.5 万英里增加到 7 万英里，仅在 1873 年就铺设了 1.8 万英里。与其他许多泡沫一样，铁路的估值迅速上升。1872 年，364 家铁路运营商中只有 194 家支付了股息。随着政策收紧，铁路经营者需要获得更多资金，以延续铁路的快速增加。在这个泡沫中，著名的金融家约翰·克鲁克和他的公司在竞标建造第二条跨大西洋铁路——北太平洋铁路时，最终超出承受能力，无以为继。从政府那里获得巨额贷款后，人们开始担心他公司的信用，最终该公司于 1873 年宣布破产，危机由此开始，一系列企业相继倒闭，大量经纪公司破产。1873 年，纽约证券交易所闭市 12 天，试图遏制股市崩溃。

约翰·肯尼思·加尔布雷思 1955 年指出，保证金借款的激增是 1929 年崩盘的重要原因之一。之后，它被认为是 1987 年崩盘的一个重要原因，而低息信贷也是日本泡沫的核心因素。极低的利率和资本成本使得银行能够增加资产。1998 年，全球最大的 10 家银行都是日本银行，它们利用资本成本优势抢占全球市场份额。到 1988 年，日本银行已经成为全球最大的国际银行业放贷人，全球占比超过 20%。日本银行惊人的业绩增长和市值上升意味着，到 20 世纪 80 年代末，日本最大的 13 家银行的总市值比全球前 50 家银行的总和高出 5 倍以上。[1] 相比之下，目前全球资产规模最大的 4 家银行均来自中国。

低息且易获得的信贷也是 20 世纪 90 年代末互联网泡沫的一个标

1　Cutts，Power from the ground up.

志。1997年，史无前例的大额资金流入纳斯达克。到1999年，39%的风险投资流向互联网公司。那一年，457宗首次公开募捐中有295宗涉及互联网公司，仅2000年第一季度就有91宗（海斯，2019）。

新的估值方法

历史上的许多泡沫都是由"这次不一样"的信念推动的，这种信念鼓励投资者去审视并证明新的公司估值方法是合理的。例如，在20世纪20年代，一些学者认为，股票的风险并不比债券高，却能提供更大的潜在回报。[1] 此外，一些研究把重点放在股票的复合增长上。[2]

另外一些人，比如查尔斯·戴斯在他的著作《股市新高》（New Levels in the Stock Market）[3] 中认为，20世纪20年代末的股价过低。在他看来，当时的市场尚未反映出正在提高美国工业价值的生产、分配和金融三重革命的价格。

20世纪五六十年代股市繁荣时期充斥着类似的激情，尤其是在美国。本杰明·格雷厄姆在《聪明的投资者》（1949）[4] 一书中指出，"旧的估值标准已不再适用"，因为美联储试图通过极低的利率来避免

1　Smith, E. L. (1925). *Common stocks as longterm investments*. New York, NY: Macmillan.
2　Guild, S. E. (1931). *Stock growth and discount tables*. Boston, MA: Financial Publishing Company.
3　Dice, C. A. (1931). New levels in the stock market. *Journal of Political Economy*, 39(4), 551–554.
4　Graham, B. (1949). *The intelligent investor*. New York, NY: HarperBusiness.

萧条的做法提高了经济的增长潜力,从而提高了股票的价值。

在20世纪90年代日本泡沫期间,关于高估值合理性的争论也很普遍。从20世纪80年代末到90年代初,股票市盈率的飙升导致股票收益率差增加。翁、白川和白冢在2001年指出,在基于折现系数的标准假设下,根据1990年股票收益率差计算出的名义GDP预期增长率高达8个百分点。考虑到低通胀和人口结构,这样的增长率在当时(以及后来)是极不可能的。因此,与其他许多泡沫一样,投资者表现出看涨预期的加剧,而这种预期长期来看是不可持续的。

《经济学人》1989年4月15日写道:"日本投资者已经意识到,日本蓝筹股公司通过重组戏剧性地改变了收益来源。这使得它们的利润极不稳定,以至无法用市盈率等刚性指标来衡量。相反,投资者已经开始通过一家公司的资产总额来评估该公司未来的收益流……这意味着,这家公司的股价可能被低估了。"

在泡沫时期,投资者的这种信念往往有助于估值上升。这种情况曾发生在19世纪70年代的铁路泡沫时期,并在20世纪90年代的科技和网络泡沫中重现。库珀、季米特洛夫和劳(2001)在研究网络泡沫时期的股票定价时发现,在20世纪90年代后期,那些将公司名称改为与互联网或IT(互联网技术)相关(比如在名称后面加上.com)的公司,在宣布更改名称后的几天内,其股价平均上涨了53%,即使这家公司与IT没什么关系。[1]

---

[1] Cooper, M., Dimitrov, O., and Rau, P. (2001). A Rose.com by any other name. *The Journal of Finance*, 56(6), 2371-2388.

会计丑闻

在历史上,会计问题在后泡沫时期的涌现一直是泡沫的另一个常见特征。

在英国铁路泡沫破裂 3 年后(1848 年),阿瑟·史密斯写了一本书,名为《时代的泡沫——铁路投资、铁路账目和铁路红利的谬论》。[1] 泡沫的有趣之处在于,一旦破裂,它就会广泛揭露已经发生的会计滥用。史密斯认为,几年前铁路股的繁荣导致了广泛的会计滥用。他认为:"自从引入机车动力以来,每家铁路公司的股息都是通过将本应被计入收入账户的款项计入资本来支付的。这实际上构成了从资本中支付股息。铁路公司总是需要比宣布的股息更多的经常性支出,而不考虑分支机构或扩建工程的费用。"国会议员乔治·赫德森有过这种操作,他的失败是因为参与了从资本中支付股息的欺诈行为(这种行为在南海泡沫中也发生过)。

格雷厄姆和多德 1934 年(在《证券分析》一书中)指出:"1928 年和 1929 年出现了大规模、灾难性的安全标准的放松,这些标准是证券发行机构以前遵循的。这表现在许多新的劣质金融产品的发行中,公司向公众推介的方法令人怀疑。股市的全面崩盘对那些不健全、不成熟的股票造成了特别严重的影响,投资者在某些股票上遭受

---

1 Smith, A. (1848). *The bubble of the age; or, The fallacies of railway investment, railway accounts, and railway dividends*. London, UK: Sherwood, Gilbert and Piper.

的损失几乎可以说是骇人听闻的。"

在 20 世纪 90 年代的日本经济泡沫中,"Zaitech"(即虚假账户)的产生让企业得以操纵大量资产,从而引发了会计丑闻。1991 年夏天曝光了一系列此类事件,其中一个案件涉及美国最大的几家证券公司为了补偿客户在 1987 年和 1990 年市场低迷时期的交易损失,向少数特定客户秘密支付超过 10 亿美元。还有人指控,当时世界上最大的股票经纪公司野村证券也试图操纵东急株式会社的股价。[1]

对丑闻的指控仍在继续,并导致东海银行和协和埼玉银行等多家银行倒闭,它们被指责开具虚假存单,为客户提供房地产贷款的"抵押品"。[2]

格雷厄姆和多德 1934 年写道:"新时代的价值标准建立在市场价格的基础上,而不再以既定的价值标准来判断市场。"

20 世纪 90 年代的科技泡沫也暴露出相当多的丑闻和违规行为,也许最著名的要数安然事件了。安然公司从 1996 年到 2001 年连续 6 年被《财富》杂志评为美国最具创新力公司。[3] 当安然于 2001 年 12 月 2 日申请破产时,经审计的资产负债表明显漏报了公司 250 亿美元的长期债务。世界通信公司是泡沫中出现的另一桩丑闻,它将 38 亿美元费用记为资本投资支出,还违规操纵了 33 亿美元准备金,当时该公司为弥补估计的损失而拨备了准备金。

总之,尽管本章讨论的所有事件都明显不同,但泡沫或狂热时期

1　Sterngold, J. (1991). Nomura gets big penalties. *New York Times*, October 9, Section D, p. 1.

2　Reid, T. R. (1991). Japan's scandalous summer of '91. *Washington Post* [online]. Available at https://www.washingtonpost.com/archive/politics/1991/08/03/japans-scandal-ous-summer-of-91/e066bc12 - 90f2 - 4ce1-bc05 - 70298b675340/.

3　Ferguson, N. (2012). *The ascent of money*. London, UK: Penguin.

的共同特征如下：

- 对"新时代"或新技术的信仰。
- 放松管制与金融创新。
- 宽松的信贷和金融环境。
- 对新估值方法的合理化。
- 会计丑闻和违规行为的出现。

这些是牛市正在转变为泡沫的一些预警信号，泡沫的最终破裂可能会导致严重的结构性熊市，或者至少是部分市场的重大损失。

第三部分

对未来的启示：后金融危机时代的变化和意义

第九章
金融危机后的经济周期

并非所有的周期都是相同的，2007—2009年全球金融危机以来的情况尤其不同寻常，因为经济和金融市场之间的许多传统模式和关系已经发生了变化，在某种意义上这些模式和关系似乎已经崩溃了。理解这些变化很重要，因为它们可以将我们自金融危机以来所看到的市场走势联系起来，并有助于我们更好地理解未来周期可能会如何演变。[1]

2007—2009年的金融危机及其后果，在风险资产价值暴跌和全球经济影响方面的破坏力都极为巨大。其对全球经济的影响估计超过10万亿美元，相当于2010年全球经济总值的1/6以上，金融机构的资产被减记超过2万亿美元（奥克森福德，2018）。一些分析人士认为，实际影响可能更大。一项相关研究估计，金融危机的持续使美国总产出下降了约7个百分点，按现值折算，这意味着每个美国公民一

---

[1] 关于这场危机的起因和后果以及危机发生后的情况，有很多可参考的报道，例如，Tooze, A.（2018）. *Crashed: How a decade of financial crises changed the world.* London, UK: Allen Lane。

生的收入损失约为 7 万美元。[1] 当时的英国央行行长默文·金恩认为，"这即使不是有史以来最严重的金融危机，至少也是 20 世纪 30 年代以来最严重的金融危机"。[2]

不出所料，考虑到对经济的影响，股市的崩溃也相当严重：美国股市下跌了 57%，MSCI 全球股票指数下跌了 59%，根据第六章的定义，这段时期绝对属于罕见的结构性熊市。

就危机和熊市开始时的市场模式而言，在深度衰退期附近有一个相当典型（尽管极端）的市场周期。然而，低谷之后的复苏与过去的模式相悖，因为随着危机的第二波影响波及全球，一系列冲击波打破了周期典型的四阶段模式。尽管危机的震中一直是美国的房地产市场，但伴随着次级抵押贷款以及相关的信贷和银行的崩溃，压力也蔓延到了欧洲银行（欧洲银行当时杠杆率很高，同时严重依赖南欧的房地产，最终遭受了巨大的损失），因而出现了欧洲主权债务危机（2010—2012 年）。危机的第三波影响主要在亚洲。2015 年 8 月，在经历了一段时期的增长疲弱之后，中国将人民币兑美元贬值。大宗商品价格也大幅下跌，布伦特原油期货价格从 2014 年夏季的近 100 美元 / 桶跌至 2016 年 1 月的 46 美元 / 桶，跌幅超过一半。

1　Romer, C., and Romer, D. (2017). New evidence on the aftermath of financial crises in advanced countries. *American Economic Review*, 107(10), 3072–3118.

2　Mason, P. (2011). Thinking outside the 1930s box. BBC [online]. Available at https://www.bbc.co.uk/news/business-15217615.

金融危机的三次浪潮

金融危机的三次浪潮在不同的地区爆发，成因也有所不同。

发生于美国的第一波危机始于房地产市场的衰退，并蔓延至更大规模的信贷危机，最终以雷曼兄弟申请破产、问题资产救助计划（TARP）和量化宽松（QE）的启动而告终。[1]

发生于欧洲的第二波危机始于美国危机中的杠杆损失带来的银行风险敞口，由于整个欧元区缺乏债务分担机制，这一风险敞口发展为主权债务危机。这一波危机在希腊债务危机以及坚持认为私人投资者在出现亏损时应得到"救助"的信念中达到顶峰，最终以直接货币交易（OMT）的引入[2]、欧洲央行"不惜一切代价"的承诺以及最后的量化宽松政策而告终。

发生于新兴市场的第三波危机伴随着大宗商品价格暴跌，股市遭受重创，尤其是在 2013 年 6 月至 2016 年初这段时间。

这三波危机对美国、欧洲和新兴市场股市的影响见图 9.1。随着全球各地的信贷市场和银行资产负债表受到重创，美国的危机浪潮很快演变为一场全球性冲击。所有主要股市一起下跌，新兴市场（贝塔

---

1 问题资产救助计划（TARP）是一个美国政府项目，旨在通过一系列措施帮助稳定金融体系，其中包括 TARP 拯救计划，授权 7 000 亿美元救助银行、美国国际集团（AIG）和汽车企业。同时，它也向信贷市场和房屋业主提供帮助。量化宽松（QE）——或大规模资产购买——指的是一种货币政策，要求央行创造货币，用于购买预定数量的政府债券或其他金融资产，以向经济注入流动性。
2 直接货币交易（OMT）是欧洲央行的一项计划，指在一定条件下，欧洲央行在二级主权债券市场购买（直接交易）欧元区成员国发行的债券。

系数较高，最容易受到全球贸易崩溃的影响）跌幅最大。由零利率政策和美国量化宽松引发的反弹也产生了全球性影响，新兴市场股市（最初遭受的冲击最大）强势反弹。

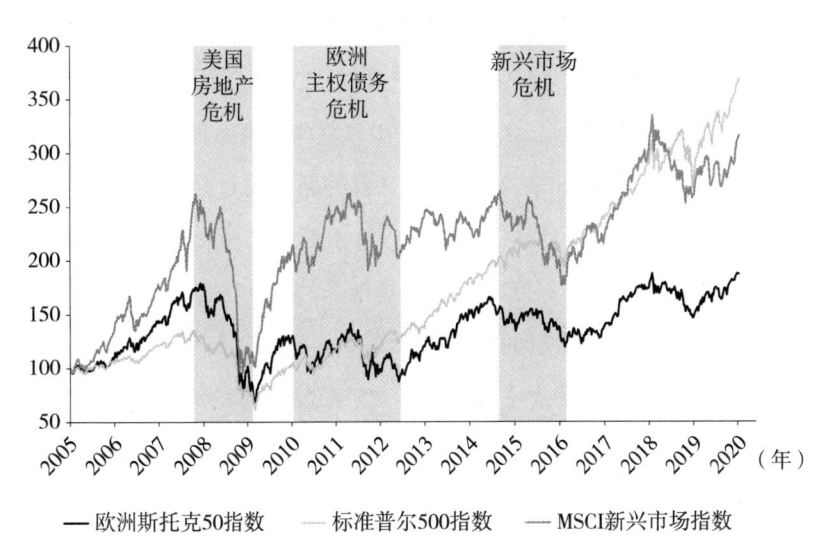

图 9.1 金融危机的三次浪潮（以美元计算的总回报表现）

图例：欧洲斯托克50指数　标准普尔500指数　MSCI新兴市场指数

数据来源：高盛全球投资研究部。

但随着危机蔓延至欧洲，复苏进程被中断。在这种情况下，高杠杆银行和欧元区财政框架的制度缺陷相结合，导致了主权债务危机和又一轮严重的下跌。然而，在这段时期的大部分时间里，美国经济及股市成功地与全球其他地区脱钩，持续快速发展。

欧洲受到了巨大影响，到2012年7月下旬，欧元区金融业陷入严重危机。到2012年夏天，西班牙10年期国债收益率达到7.5%以上，两年期国债收益率接近7%。若西班牙国债收益率曲线趋平至与财政和宏观经济可持续性不符的水平，就可能导致主权债务市场失灵。而且，鉴于该市场在西班牙金融体系运作中发挥的核心作用（以及银行与主权国家之间的紧密联系），西班牙银行业受到了威胁。随着意大利国债收益率攀升至7%，欧元和欧元区存在的风险被普遍认为很高，危机蔓延到其他外围国家。

最后，全球股市在2012年中出现反弹，原因是欧洲央行采取了积极的政策干预，并口头保证欧洲央行将"不惜一切代价"保护欧元，之后风险溢价降低。这再次显示出央行改变市场预期的力量。随后，欧洲央行行长德拉吉在2012年9月的新闻发布会上宣布了欧洲央行的直接货币交易（OMT）计划。对于那些已接受欧洲稳定机制（ESM）中隐含的条件并同时保留市场准入的欧元区国家，欧洲央行随时准备买入可能不限量的短期政府债券。

但就在形势似乎趋于平静之际，大宗商品市场和新兴市场股市的显著疲软引发了第三波危机，而中国处于这场危机的震中。鉴于对新兴市场的巨大敞口，欧洲再次受到冲击，但美国股市仅经历了一次较为温和、时间较短的回调，因此再次被视为一个相对安全的避风港。

自2016年中以来，股市和固定收益（债券和信贷）市场共同走高，尽管相对回报存在显著差异。积极的货币宽松政策和定量宽松政策在推高金融市场估值方面发挥了巨大作用。各种学术论文研究了量化宽松对债券价格的影响，尤其是在量化宽松政策公布之后。也有人指出，量化宽松对股市也有重大影响，有人估计，在英国富时全股指数和美国标准普尔500指数中，"非常规政策推动股票价格至少上涨了30%"。[1]

---

[1] Balatti, M., Brooks, C., Clements, M. P., and Kappou, K. (2016). Did quantitative easing only inflate stock prices? Macroeconomic evidence from the US and UK. *SSRN* [online]. Available at https://papers.ssrn.com/sol3/papers.cfm?abstract_id=2838128. 他们在这篇论文中指出，以24个月为期限，估计中值显示，股市受到的影响峰值在富时全股指数中约为30%，在标准普尔500指数中约为50%。

全球股市共同走高，终于摆脱了金融危机的影响。在这场不断升级的危机中，2016年标志着一个重要的转折点，全球股市在经济同步强势增长以及政治/系统性风险消退的支撑下实现上涨。增长和利润的改善意味着，在本轮周期中，净资产回报率市场的很大一部分首次来自利润增长，而非估值扩张。

不出所料，两种因素的结合推动全球股市大幅走高，MSCI全球股票指数创下了自20世纪80年代中期以来经风险调整后的最高回报率之一。

金融市场与实体经济的显著差距

尽管自2009年以来周期的"典型"阶段被上述所提到的持续存在的问题扭曲了，但自2008年以来，本轮周期的性质和形式在一些基本方面的确发生了变化。

使后金融危机时期如此不同寻常的是，经济周期比正常时期要长得多，也弱得多。以美国为例，在本书撰写之时，美国经济正处于150年来最长的经济扩张时期。尽管近年来美国经济的复苏势头强于亚洲和欧洲，但其复苏速度仍低于大多数"正常"衰退期。图9.2显示了自2009年衰退以来的经济增长路径，以及过去50年里从以往衰退中复苏的平均水平。

在全球其他地区，尤其是欧洲，金融危机后经济持续缓慢增长的趋势更为明显。在欧洲，主权债务和银行业危机的影响更为严重。

经济活动的缓慢复苏和大衰退之后较低的通胀水平，与此前经济从房地产或银行业崩溃引发的衰退中复苏的情况一致。考虑到金融危机之前的杠杆率,这并不完全令人意外。许多研究表明,高杠杆时期之后的商业周期往往会出现增长复苏放缓和疲弱等现象。例如,旧金山联邦储备委员会[1]在对1850年以来约200次衰退的研究中发现,衰退后复苏时期的情况在很大程度上取决于之前的经济状况。具体来说,"与正常峰值相比,金融危机峰值之后的经济衰退和复苏路径可能会更持久、更痛苦"。其他研究也有类似发现。[2]

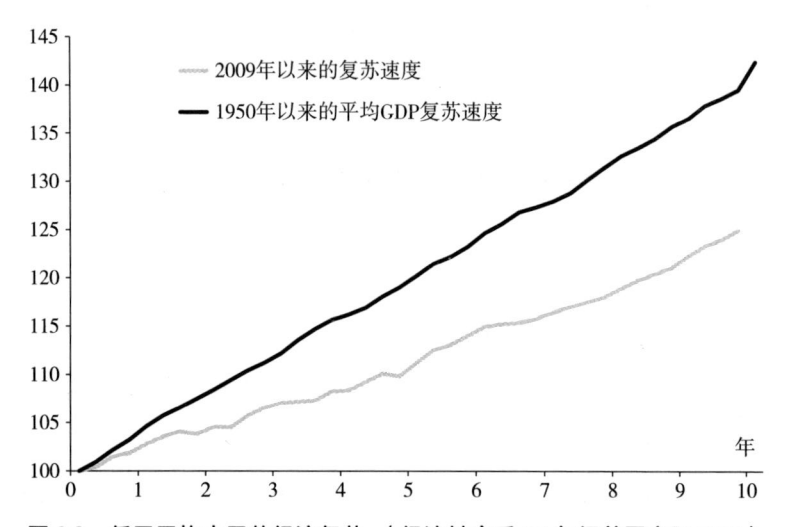

图9.2 低于平均水平的经济复苏(经济触底后10年间美国实际GDP)
数据来源:高盛全球投资研究部。

---

1 Jorda, O., Schularick, M., Taylor, A. M., and Ward, F. (2018). Global financial cycles and risk premiums. *Working Paper Series 2018–5*, Federal Reserve Bank of San Francisco [online]. Available at http://www.frbsf.org/economic-research/publications/working-papers/2018/05/.
2 Terrones, M., Kose, A., and Claessens, S. (2011). Financial cycles: What？How？When？ *IMF Working Paper No. 11/76* [online]. Available at https://www.imf.org/en/Publications/WP/Issues/2016/12/31/Financial-Cycles-What-How-When-24775.

对全球范围内其他早期金融危机的研究表明，产出损失同样巨大且持续存在。例如，罗默（2017）和罗默研究了经济合作与发展组织（OECD）的一组国家，发现在极端金融危机发生5年后，国内生产总值通常会下降约9个百分点。[1]

有趣的是，美国经济从2008年的低迷中复苏的速度，与经历了20世纪80年代末的银行业和房地产业崩溃的日本在20世纪90年代初的复苏速度非常相似，尽管日本的复苏速度不及美国近期的复苏速度（主要得益于制定了更为激进的政策）。

在后金融危机周期中，尤其是在经济疲软的背景下，最引人注目的是股票价格的强劲反弹。如图9.3所示，尽管经济复苏的节奏与日本20世纪90年代类似，股市（这里以美国股市为例）的反弹却超过了衰退后的"平均"水平，也比日本在20世纪90年代熊市后的反弹更强劲（如图9.4所示）。这个周期的成功在于它的长度。金融危机后的股市周期（以标准普尔500指数为例）创下了有史以来最长的反弹周期，时间长达10年之久。

换句话说，尽管金融危机一波接着一波，股市的总体回报仍然强劲（尽管是从2009年的市场低点开始的）。很难知道股市的复苏在多大程度上是宽松的金融环境、零利率和量化宽松的结果，但有一点很能说明问题：与以往类似的深度熊市相比，本轮股市的复苏要强劲得多。

---

1 Romer and Romer, New evidence on the aftermath of financial crises in advanced countries.

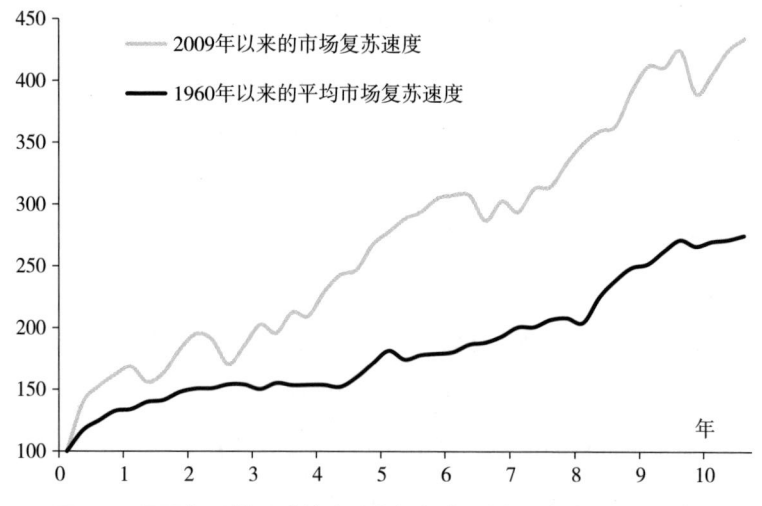

图 9.3　最弱但异常强劲的金融市场复苏（标准普尔 500 指数）

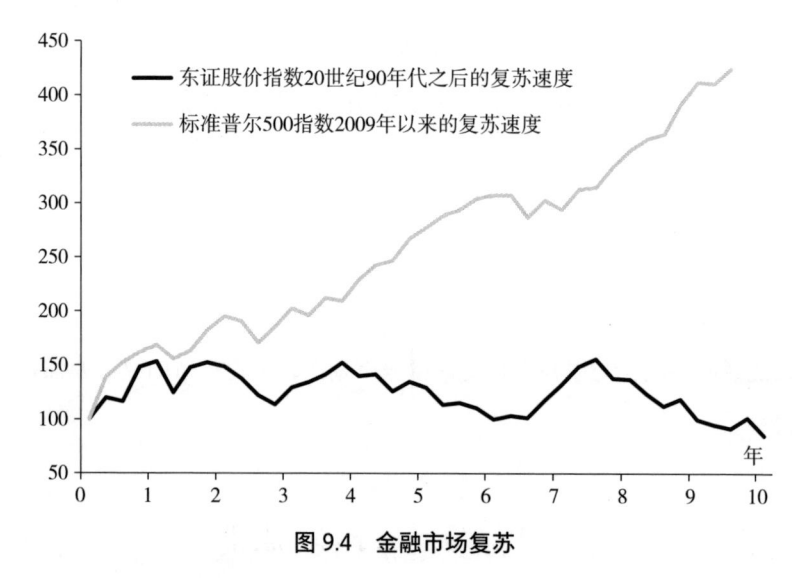

数据来源：高盛全球投资研究部。

图 9.4　金融市场复苏

数据来源：高盛全球投资研究部。

图 9.5 显示了从熊市中挽回损失所花的时间。从当前的周期中

挽回损失所需的时间（至少在美国）远快于从1929年美国崩盘和从1990年日本崩盘之后挽回损失所需的时间。在本轮周期中，投资回报率在危机发生后的4年内恢复至之前峰值的100%，而在1929年美国崩盘和1990年日本崩盘之后，4年后的投资回报率却徘徊在之前峰值的50%左右。

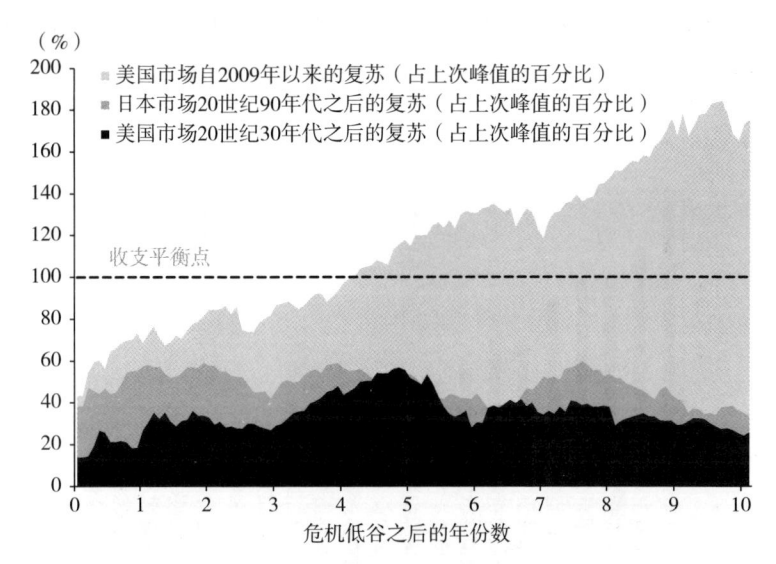

图9.5 与20世纪30年代的美国危机或20世纪90年代的日本危机不同，美国市场在2009年之后迅速挽回损失（名义价格回报；美国标准普尔500指数；日本东证股价指数）

数据来源：高盛全球投资研究部。

流动性浪潮掀起了每一艘船

过去10年间金融资产的成功，部分原因在于它们都受到一个共

— 163 —

同因素的推动——无风险利率的不断下降,而这一因素推动了估值的上升。尽管股票的回报率高于债券,但所有资产类别都受到宽松货币政策的影响。

危机后激进的宽松政策(包括量化宽松)对资产回报产生了重大影响。事实上,在本次周期中,实体经济和金融资产的"通货膨胀"之间的差距也很显著(如图9.6所示)。金融资产出现了明显的通胀,其中很大一部分原因在于,利率的暴跌使不断上升的市场估值再度膨胀。

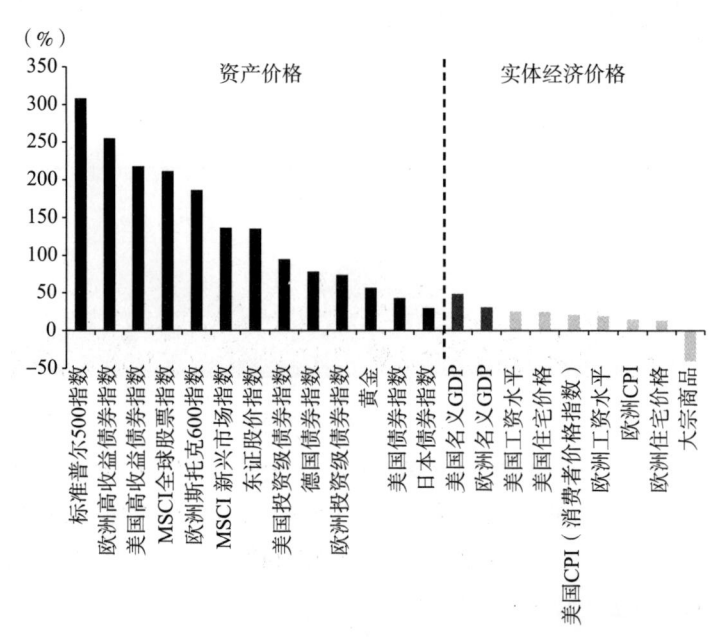

图 9.6 资产价格通胀与 "实体经济" 通胀之间存在巨大差异
(2009 年 1 月以来的总回报表现, 以本币计)
数据来源:高盛全球投资研究部。

因此,后金融危机时期在一个标准的"平衡"投资组合(这里定义为 60% 的美国股票和 40% 的美国政府债券的基准)中,一个最长和最强劲的牛市产生了。

"超级回报"的驱动因素

不同市场的高估值对回报的贡献程度不同,但如图 9.7 所示,至少相对于过去牛市的平均水平而言,后金融危机时期估值对回报的推动程度高于过去的平均水平,尤其是在欧洲。即使是在利润一直强劲的美国股市,后金融危机时期估值对市场回报的贡献程度也是过去周期平均水平的 3 倍——这大约是前一个周期(在同一时期)平均回报率的 1/3,仅略高于 10%。与以往周期相比,利润率对回报率的贡献也更大(部分原因是科技行业的利润率大幅上升)。与此同时,收入增长的贡献一直较弱(约占回报率的一半),部分原因是总体通胀率较低。

较低的通货膨胀率和利率

金融危机以来,利率和债券收益率也发生了重大变化,第十章将进一步讨论。

不仅是名义利率和通胀率下降了,实际长期利率(名义利率减去通胀率)也呈现出显著的下降趋势(见图 9.8)。

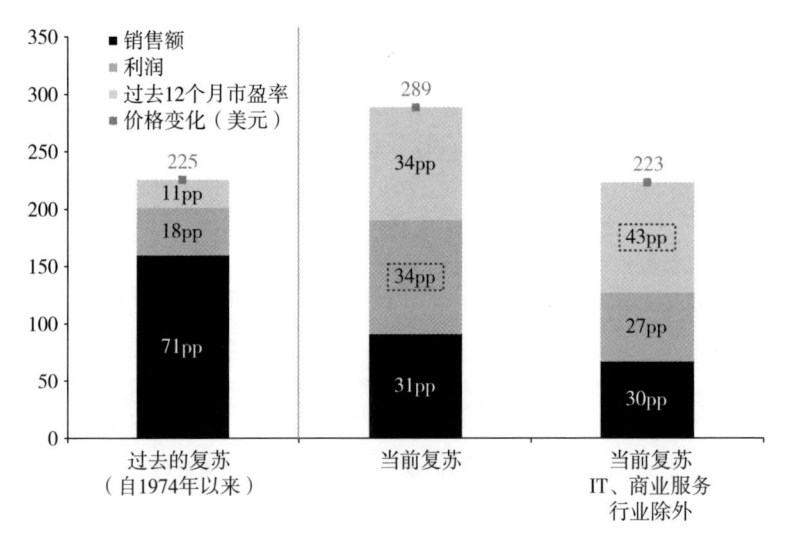

图 9.7 估值扩张和利润上升在更大程度上解释了此次金融危机低谷后10年市场的上涨（销售额和利润对回报的贡献：基于标准普尔500指数，金融、房地产和公用事业除外；2009年3月开始的当前复苏）

数据来源：高盛全球投资研究部。

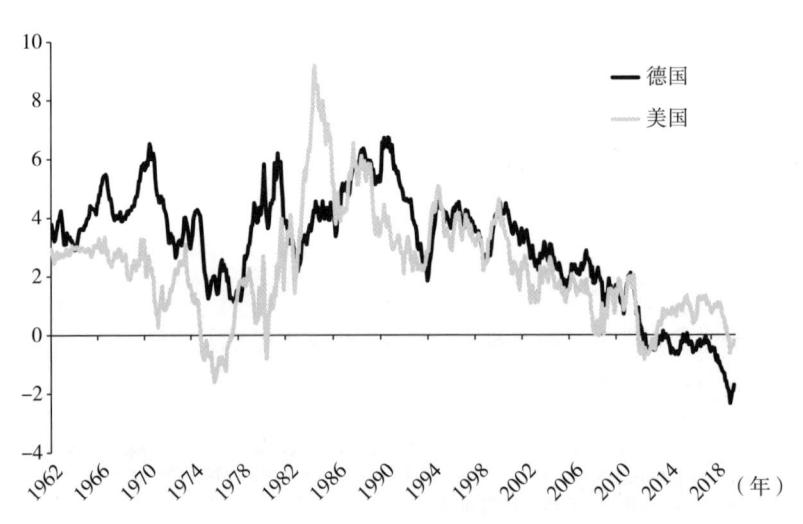

图 9.8 实际债券利率转为负值（10年期债券名义利率减去当前通胀率）

数据来源：高盛全球投资研究部。

可能的原因有很多。一种解释是，储蓄超过投资导致实际均衡利率下降。此种观点认为，货币政策和财政支出的变化实际上并不是利率最重要的驱动因素。例如，萨默斯（2015）在他的长期停滞假说中指出，长期疲软的总需求加上超低的政策利率，使期望储蓄高于投资，并将自然利率推至低于市场利率。全球储蓄过剩（伯南克，2005）和安全资产短缺（卡巴莱罗和法里，2017）[1]将新兴市场经济体的过度储蓄（反映在经常账户盈余中）推向了发达经济体，压低了发达经济体的实际利率。但也有人指出，经济增长放缓和通胀降低（部分反映了人口结构的影响，部分反映了快速技术颠覆的影响）是罪魁祸首。

无论出于何种原因，与之前的周期相比，远期市场的通胀指标都出现了下降。过去，劳动力市场紧缩往往会产生巨大而持久的通胀压力，导致央行大幅加息，从而加大了经济衰退的风险。但自21世纪第一个10年以来，央行更为有效的前瞻性调控措施使得通胀率更低、更稳定，同时菲利普斯曲线（失业与通胀之间的关系）更为平坦，从而使得通胀预期更为稳定。[2]在某种程度上，量化宽松的影响也是原因之一。[3]第十章将更详细地讨论通胀预期和超低债券收益率的影响。

1　Caballero, R. J., and Farhi, E. (2017). The safety trap. *The Review of Economic Studies*, 85 (1), 223-274.

2　See Cunliffe, J. (2017). *The Phillips curve: Lower, flatter or in hiding*? Bank of England [online]. Available at https://www.bankofengland.co.uk/speech/2017/jon-cunliffe-speech-at-oxford-economics-society.

3　Borio, C., Piti, D., and Juselius, M. (2013). Rethinking potential output: Embedding information about the financial cycle. *BIS Working Papers No. 404* [online]. Available at https://www.bis.org/publ/work404.html．文章认为，"考虑到决定杠杆价格的货币政策可能会影响金融周期，那么它也可能会对经济的长期走势产生持续影响，进而对实际利率产生影响。如果均衡的定义排除了繁荣—萧条周期的发生，正如人们合理预期的那样，那就不可能定义一个独立于货币制度的自然利率"。

全球增长预期的下降趋势

尽管利率和通胀预期有所下降，但自金融危机以来，长期增长率也出现了显著下降。这反映在对经济活动的长期预测以及收入增长和每股盈利上。图9.9显示了欧洲、美国和全球股市收入增长的10年滚动平均值（以平滑数据）。较低的通货膨胀率和较弱的经济复苏导致企业销售情况普遍较差。该图还显示，发达国家的10年收入年化增长率已趋于20世纪80年代末日本资产泡沫破裂以来的水平。

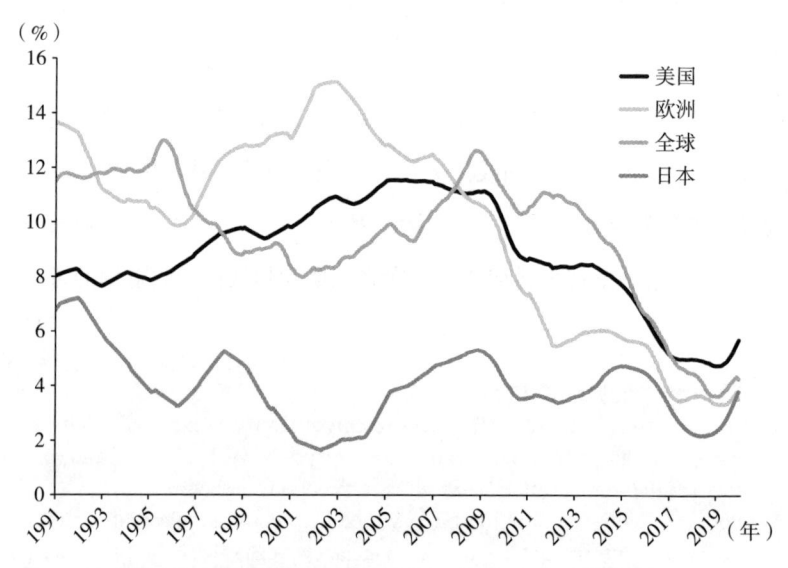

图9.9 收入增长一直在下降，名义GDP也在下降
[收入同比增长率（10年滚动平均值），金融板块除外]

数据来源：高盛全球投资研究部。

失业率下降，就业率上升

尽管菲利普斯曲线发生了变化，经济增长普遍放缓，但在金融危机之后，劳动力市场的表现远远强于大多数人的预期。人们担心一段时期的低增长将导致非常高的失业率，尽管在一些受危机打击最严重的经济体（尤其是南欧）中确实如此，但这并非常态。美国、英国、德国和日本的失业率降至四五十年来的最低水平。

与此同时，与前几个周期相比，本轮周期就业率的增长令人印象深刻。如图 9.10 所示，截至本书撰写时，美国就业已连续数月增长，且从未出现萎缩。这可能有许多解释——部分州福利较差以及较低的税收使得就业对许多人来说更有吸引力，而且女性劳动参与率也有显著提高。[1] 减弱的工会力量和集体谈判可能也引发了劳动力市场新进入者的增加，而人口老龄化也被认为是原因之一。或许最令人惊讶的是，在人们担心机器人和科技会抢走工作岗位之际，这场后危机时代的就业率增长与科技的巨大变革同时发生。但在许多方面，近期的科技革新已经壮大了劳动力市场，使其变得更加灵活。据《经济学人》报道，在过去的 10 年里，填补职位空缺的成本下降了 80%。[2] 最近的

---

[1] 关于女性劳动参与率，详见 Blau, F. D., and Kahn, L. M.（2013）. Female labor supply: Why is the US falling behind？ *NBER Working Paper No. 18702* [online]. Available at https://www.nber.org/papers/w18702。
[2] Across the rich world, an extraordinary jobs boom is under way.（2019, May 23.）*The Economist*.

一项研究表明，使用互联网找工作的人，失业时长减少了25%。[1]

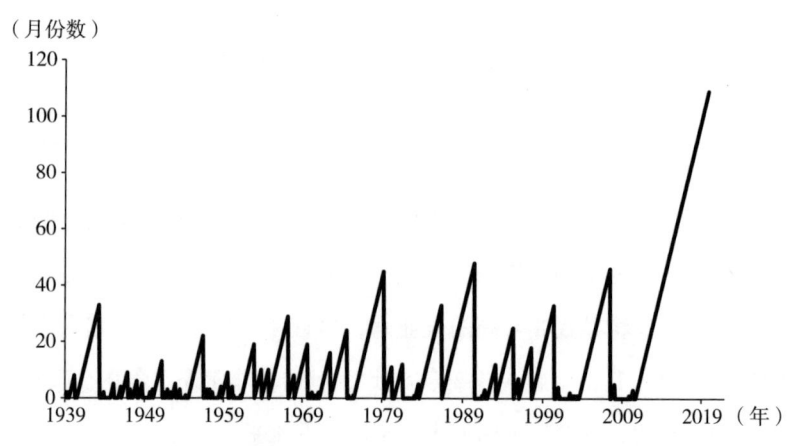

图 9.10　美国未出现就业负增长的累计月份数　（总非农就业数据）

数据来源：高盛全球投资研究部。

金融危机以来出现的另一个不同寻常的变化是，尽管就业率上升，但工资和通货膨胀率仍然很低。

与此相一致的是金融危机以来的另一个重大变化：劳动力占GDP的份额持续下降（见图9.11），而利润占GDP的份额上升。

利润率上升

自金融危机以来，企业利润率的持续上升无疑有助于抵消销售增长放缓的影响。企业利润率大幅增长的潜在原因有很多，劳动力市场

1　Kuhn, P., and Mansour, H.（2014）. Is internet job search still ineffective？ *Economic Journal*, 124（581）, 1213–1233.

缺乏定价权（反映出科技力量的不断增强），以及蓬勃发展的科技公司利润率的快速上升，都是造成这种情况的部分原因。另外，日益增长的全球化趋势也有重要影响。近年来，尽管失业率较低，但德国的工资通胀一直较低，部分原因是，如果工人要求更高的工资，那么这些高薪工作更有可能转移到中欧和其他劳动力市场与德国经济紧密结合的地方。

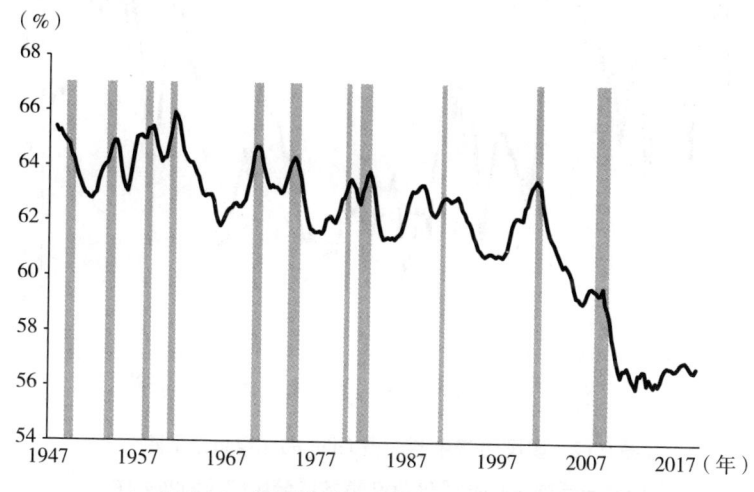

图 9.11　美国劳动力占非农企业产出的份额

数据来源：高盛全球投资研究部。

然而，这些利润率也存在不可持续的风险。至少在美国，整体经济的利润率与股市的利润率之间的差距越来越大（见图9.12）。2017年美国减税政策的影响在一定程度上解释了这一问题，它也让（在股市中有代表性的）大型跨国公司受益。另一个原因是行业权重的差异：与整体经济中的典型企业相比，大型科技公司在美国股市中所占的比例要高得多，它们的市场份额和利润率都在不断增长。目前，工资上涨开始侵蚀利润率，这可能会对股市产生影响。如果未来估值停止上升，利润率达到顶峰（在一个成熟的经济周期中很有可能出现这种情况），那么销售增长放缓意味着利润增长放缓，随之而来的是较低的回报。

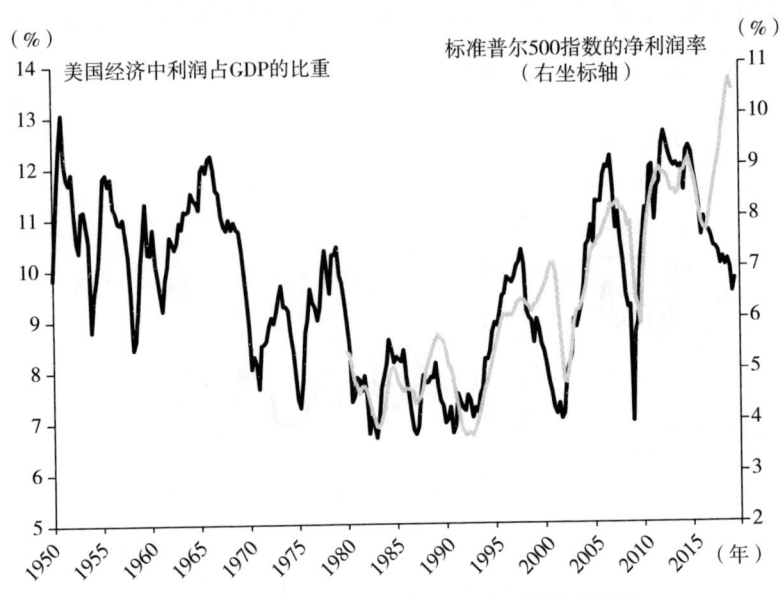

图 9.12　美国经济中利润占 GDP 的比重持续下降，但并未反映在标准普尔 500 指数成分股的净利润率中

数据来源：高盛全球投资研究部。

宏观经济变量波动性下降

尽管经济的长期增长预期有所下降，企业部门的收入增长有所放缓，但增长的波动性有所减弱（见图 9.13）。

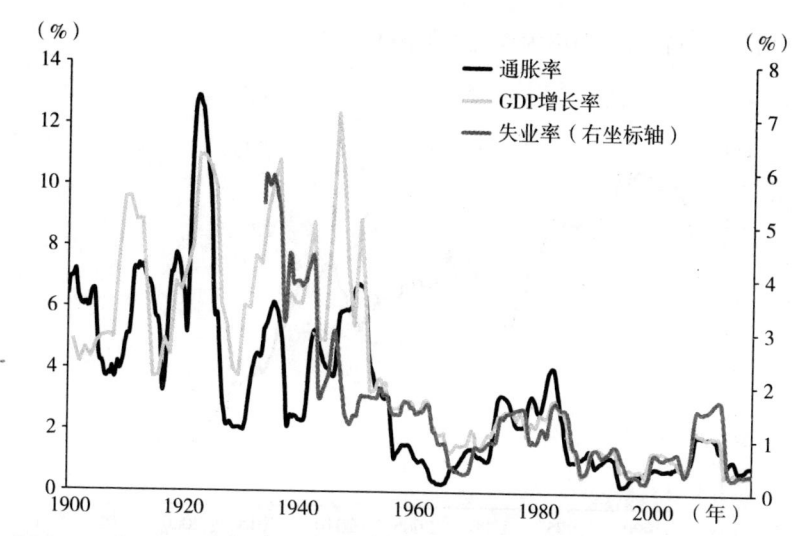

图9.13 美国GDP增长率、通胀率和失业率的波动性有所下降，尤其是自20世纪80年代以来（5年滚动波动率）

数据来源：高盛全球投资研究部。

  这种情况主要发生在各国中央银行独立以及20世纪90年代末苏联解体后全球化的繁荣时期。自金融危机以来，宏观经济波动性进一步下降。由于稳定增长和低通胀，20世纪90年代通常被称为"大稳健"时期，它的终结在很大程度上是由于20世纪末股市的科技泡沫。自那以后，宏观经济波动性再次下降。过去经济衰退的典型驱动因素，如工业冲击、石油冲击和通胀过热，自金融危机以来已变得不那么具有威胁性。鉴于此，如果没有显著的利率上升、金融泡沫或宏观经济失衡，当前的周期可能会更长。

  同样引人注目的是，尽管企业部门的收入增长放缓，但公司盈利或利息折旧摊销前利润的波动性（EBITDA）也下降了（见图9.14）。

  在以往的周期中，利润增长往往具有很强的周期性，即在经济增长时期（特别是在复苏的早期阶段）急剧上升。自金融危机以来，利润增长相对较低，但更为稳定（见图9.15）。

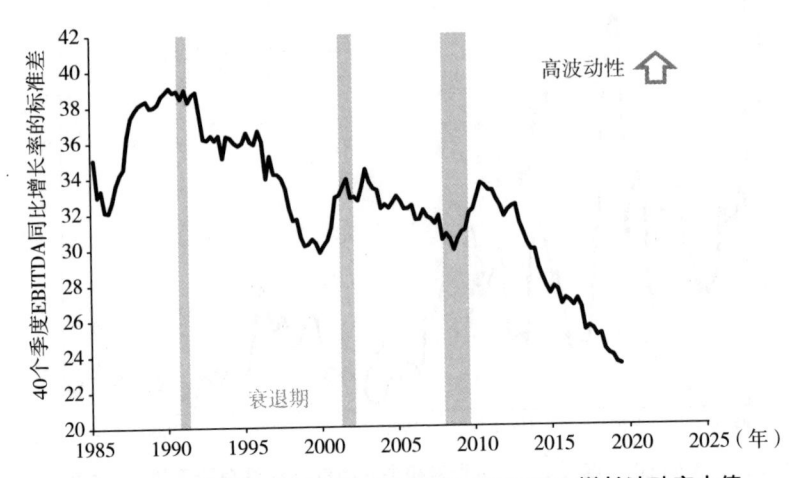

图 9.14 标准普尔 500 指数成分股 10 年 EBITDA 增长波动率中值

数据来源：高盛全球投资研究部。

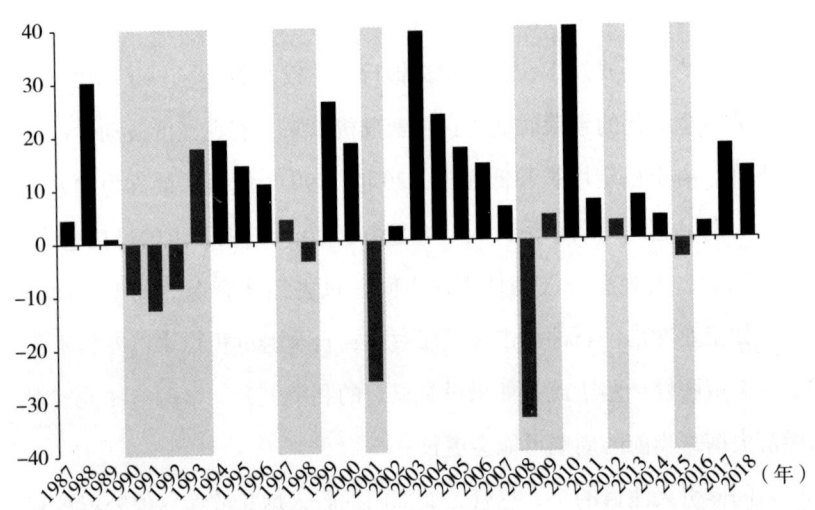

图 9.15 每股盈利很少在衰退期之外下跌 [MSCI 全球股票指数成分股实际年盈利增长率，灰色阴影表示衰退期（美国、欧洲、日本、新兴市场）]

数据来源：高盛全球投资研究部。

只要这种情况持续下去，金融资产的较低波动性就会使周期变得更容易预测。我们有理由推断通胀和低利率的锚定将使未来的周期变得更长。另一个积极因素是，私人部门的失衡程度降低，这使得私人部门更能抵御冲击，并降低私人部门去杠杆化的风险。

科技的影响力不断上升

自金融危机以来，另一个影响股票周期演变的重要变化是科技及其对回报的影响。一些科技公司（或利用新科技颠覆传统行业的公司，包括零售、餐饮、出租车、酒店和银行）的急剧增长意味着，即便与过去的周期相比，利润的分配也已经减少了，如图9.16所示。

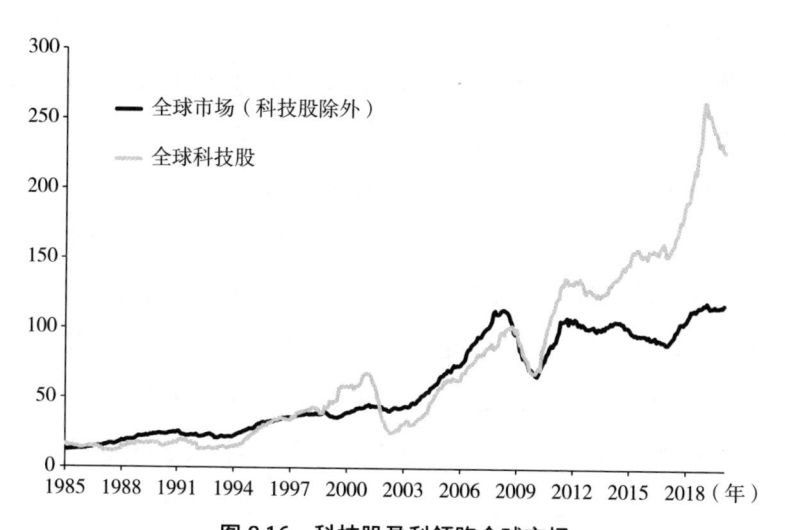

图9.16 科技股盈利领跑全球市场
［全球市场过去12个月总盈利 （01/01/2009 = 100）］

数据来源：高盛全球投资研究部。

自金融危机以来，科技行业的利润大幅增长。尽管随着全球经济在2016年全面复苏，盈利（不包括科技行业）出现了强劲增长，但它也仅仅是恢复到金融危机前的水平。与此同时，科技行业的每股盈利在同期出现了飙升。

这种戏剧性的变化（第十一章将详细讨论）导致在股市中，相对的赢家和输家之间的回报差距相当大。

增长与价值之间的鸿沟

第五章讨论了整个周期中投资风格的一些传统影响因素，但金融危机后的经济环境导致股市出现了稳定的相对回报模式，这比我们过去看到的更加明显。特别是从全球总量来看，价值股（通常是估值较低的公司）的表现明显逊于所谓的成长股（那些预期未来增长较高的公司），如图9.17所示。

其中几个原因与本轮周期的独特性有关。

第一，增长是稀缺的，因而受到高度重视。自金融危机以来，收入增长呈下降趋势，但总体而言，大多数股市中高增长公司的比例也有所下降。例如，图9.18显示了全球范围内高增长和低增长公司的比例随时间推移产生的变化。这里的高增长是指在未来3年预计年收入增长超过8%的公司，而低增长是指预计年收入增长低于4%的公司。

图 9.17　MSCI 价值型指数与成长型指数对比

数据来源：高盛全球投资研究部。

图 9.18　很少有公司能取得较高的预期销售增长　（MSCI 全球所有国家指数）

数据来源：高盛全球投资研究部。

第二，较低的债券收益率提高了成长型股票相对于价值型股票的价值，成长型股票的"久期"更长，因此它们对低利率的敏感度也更高。这一点第五章更详细地讨论过。债券收益率与成长型股票和价值型股票的相对表现之间的关系如图9.19所示。

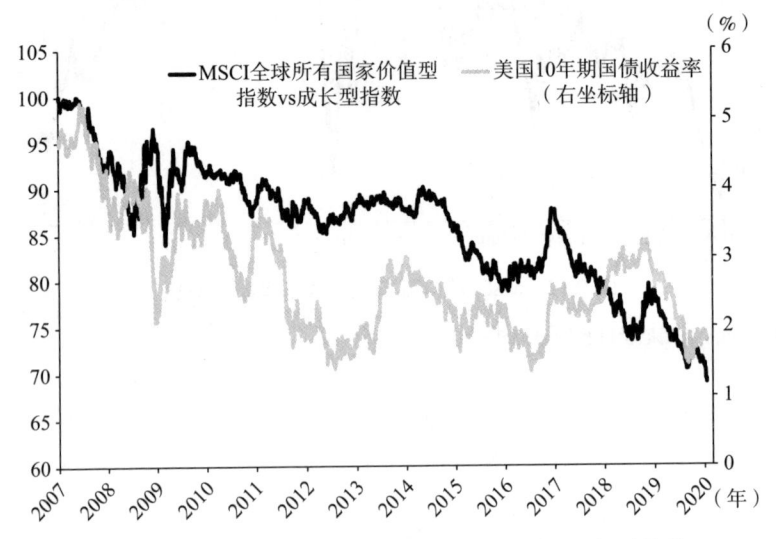

图9.19　较低的债券收益率压低了价值型股票的相对价值

数据来源：高盛全球投资研究部。

第三，较低的债券收益率提振了防御性股票相对于周期性股票的表现，这与成长型股票和价值型股票的关系相似。许多周期性股票的市盈率较低，而大多数防御性股票则被认为能够提供更好，或者更为重要的可预测的增长（见图9.20）。

第四，较低的债券收益率提高了那些波动性低、资产负债表表现强劲的公司，以及那些经常被称为"绩优"公司的相对价值。此种投资方式在经济和政治的不确定性较高的环境中一直受到青睐，给未来收入具有高度稳定性或可预测性的公司带来了溢价（见图9.21）。

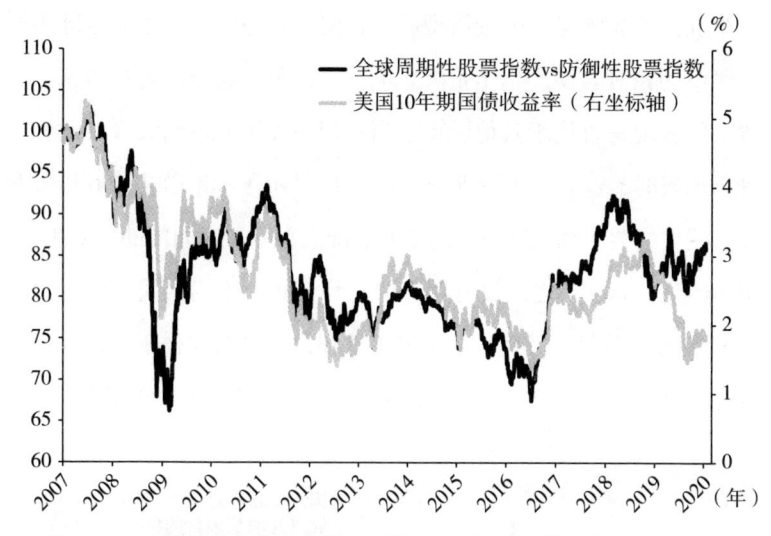

图 9.20　周期性股票与防御性股票的相对表现同样受债券收益率影响

数据来源：高盛全球投资研究部。

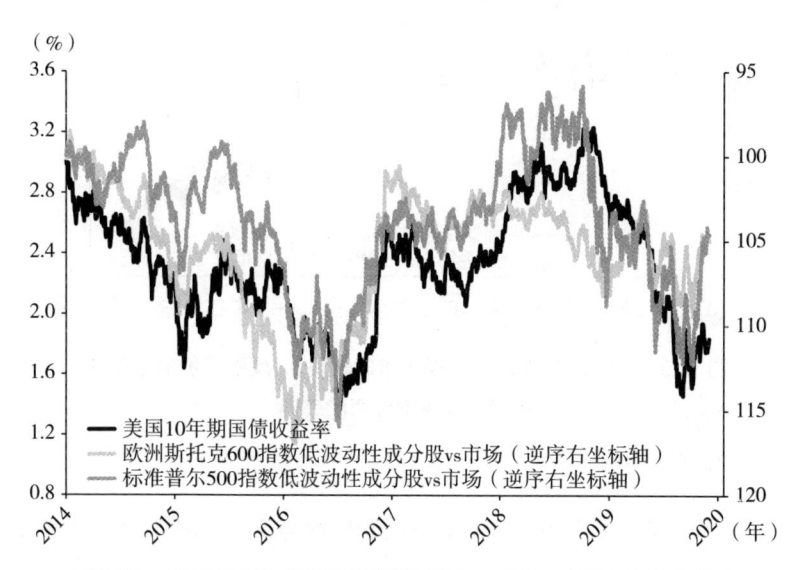

图 9.21　随着收益率和通胀预期的下降，低波动性股票跑赢大盘

数据来源：高盛全球投资研究部。

第五，市场倾向性由价值型股票转向成长型股票，也对全球不同地区股市的相对表现产生了重大影响。特别是，自金融危机以来，美国股市的表现一直优于其他股市。当我们将美国股市的表现与欧洲股市进行比较时，这一点尤其明显。图 9.22 显示了标准普尔 500 指数和欧洲斯托克指数（欧元区股票的主要基准）在一段时间内的相对表现。在 1990 年到 2007 年之间没有明显的趋势，两个市场之间的相对表现具有相当强的周期性：有时美国强于欧洲，有时欧洲强于美国。而自金融危机爆发以来，美国股市的表现一直呈现出强于欧洲的趋势。

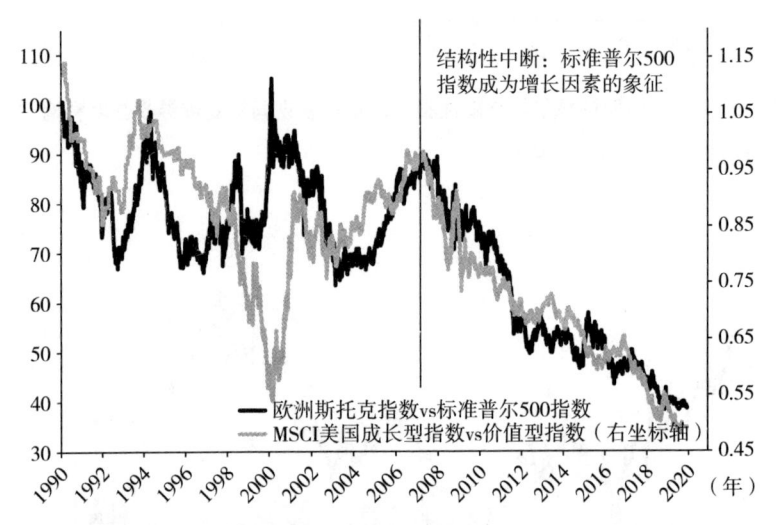

图 9.22 欧洲股市相对于美国股市的表现，反映了价值型股票相对于成长型股票的表现

数据来源：高盛全球投资研究部。

有趣的是，两个市场相对表现的趋向性与价值型股票和成长型股票的相对表现密切相关。美国被认为是一个成长型市场，拥有高度集中的高增长公司，而欧洲市场恰恰相反：在相对成熟的行业中，低增长、"低成本"的公司所占比例较高，而高增长公司所占比例较低。

自金融危机以来，不同地区的股市表现存在显著差异，这也反映在主要股市之间的每股盈利增长存在非常显著的差异。例如，如图9.23所示，自金融危机开始前每股盈利水平的最后一个峰值以来，美国股市的每股盈利水平已经增长了近90%，其中很大一部分归功于科技行业。在日本，每股盈利增长了12%，在整个欧洲（图中显示的是斯托克600指数的成分股），每股盈利的总体增长只有微不足道的4%。与美国一样，这些股市的行业权重也很重要。在美国，科技股的高权重提升了收益，而在欧洲，银行股权重最高（其收益大幅下降）。如果对欧洲的数据进行调整，看看当欧洲的行业权重与美国相同（比如科技股权重更高，银行股权重更低）时，每股盈利的增长会是什么样子，我们就会发现，增长要强劲得多，接近40%。

自危机前的高峰期起至2019年预测数据的每股收益水平增长

指数	增长(%)
标准普尔500指数	88
MSCI亚太地区（不包括日本）指数	17
东证股价指数	12
欧洲斯托克600指数	4
基于标准普尔500指数行业组成的欧洲斯托克600指数	53

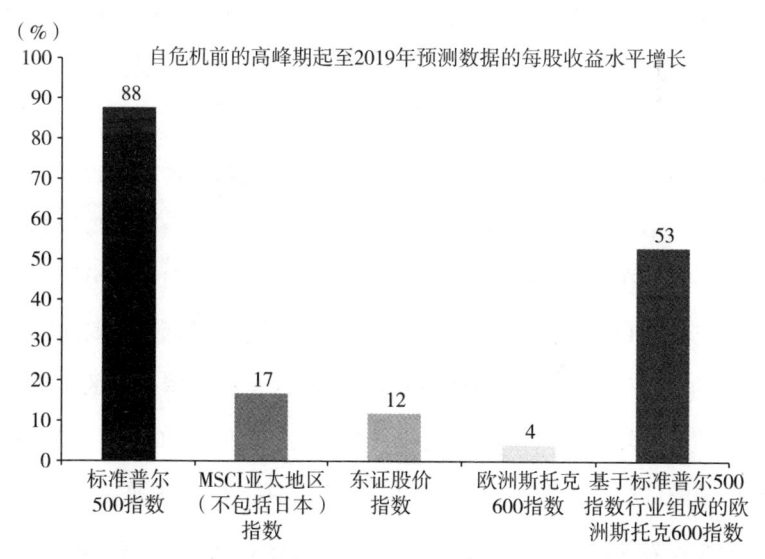

图9.23　如果对行业构成进行调整，欧洲和美国市场的每股收益水平差距会缩小约50%［标准普尔500指数和东证股价指数的每股收益在2006年达到峰值，欧洲斯托克600指数和MSCI亚太地区（不包括日本）指数在2007年达到峰值］

数据来源：高盛全球投资研究部。

日本的教训

自金融危机以来，经济增长水平、通胀水平和利率水平的下降已成为许多经济体的主要趋势，而这种趋势并非没有先例。日本在20世纪80年代末的金融危机之后，伴随着利率的持续下降，经历了类似的股市崩盘和债券价格飙升。因此，日本金融泡沫的经历为本书所讨论的后金融危机时代的一些趋势的可持续性提供了线索。可以肯定的是，日本自1990年以来的金融周期与2008年后全球其他地区所经历的金融周期存在重大差异。首先，日本的土地和房地产泡沫的规模要大得多。土地价格的激增详见第八章的讨论。不断上涨的地价、公司利润和股价之间的共生关系，意味着基准股票指数日经指数的往绩市盈率达到了约60倍的峰值，这远远高于2007年金融危机爆发前的水平。

增长不足的问题无疑影响了日本股市，正如我们在金融危机后看到的那样。在日本，成长型股票的表现并非一直优于价值型股票（在2007年、2008年之前，日本成长型指数与价值型指数显示，成长型股票的表现明显落后于价值型股票），但这是有具体原因的。首先，日本债券市场和股票市场的收益率都很低，这使得2007年以来高股息收益率的股票比大多数其他投资工具更具吸引力。其次，日本被视为股东友好型的公司相对较少，而支付股息表明了一个积极的态度。再次，过去二三十年日本成长型股票和价值型股票的表现与全球其他地区相似，而在全球其他地区，20世纪90年代初/中期价值型股票的表现更佳。

这就是说，增长不足确实对日本股市的相对回报产生了很大影响，尽管这种影响体现在出口业（在相对活跃的国外市场拥有强劲的需求）的持续领先上，尤其是相对于银行业而言（见图9.24）。过去10年间，欧洲市场也出现了同样的情况，国内需求疲弱和他国市场的合理增长，往往有利于外需型企业，而不利于内需较大的企业。最值得注意的是，尽管日元升值（至少最初是这样），但日本的情况依然如此。

自20世纪90年代以来，对经济增长率的变化相对不敏感的防御性公司在日本的表现相对更佳，其中表现最好的是"防御性成长型"——必需消费品行业和医疗保健行业（见图9.25）。在过去的十年间，欧洲的情况也是如此。然而，受到监管或股息率较高的防御性股票在日本的表现没有明显优势，而在欧洲，受到监管和缺乏定价能力的股票往往表现欠佳。

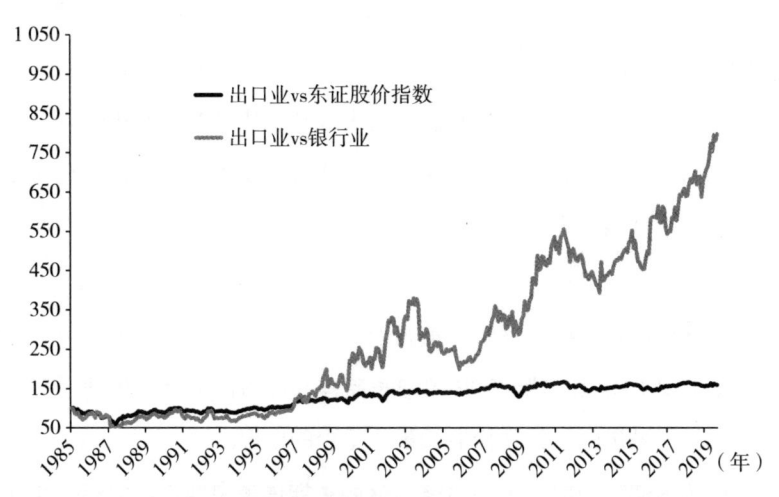

图9.24　日本出口业的表现持续优于银行业（以1985年数据为100）

数据来源：高盛全球投资研究部。

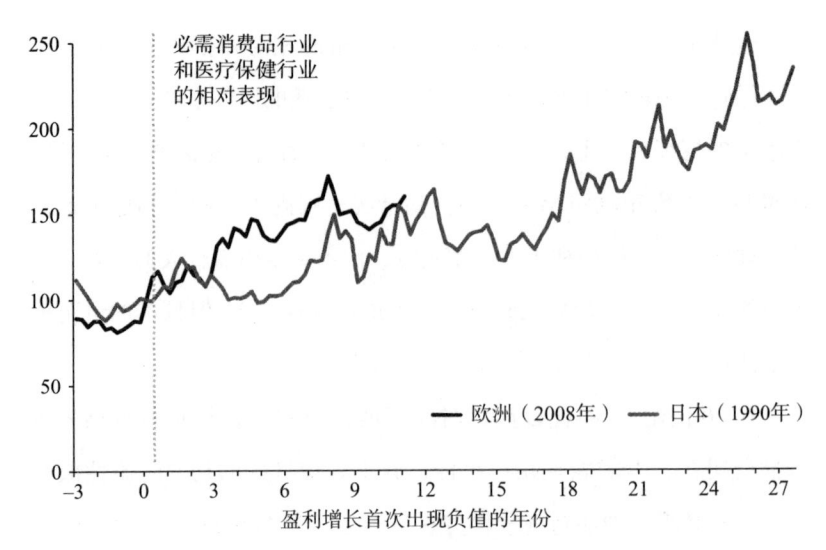

图 9.25　欧洲和日本的"防御性成长型"股票表现出色（以日本股市 1990 年第四季度数据、欧洲股市 2008 年第三季度数据为 0）

数据来源：高盛全球投资研究部。

后金融危机时期欧洲的市场周期与 20 世纪 90 年代及以后的日本市场周期的另一个相似之处是，银行业表现不佳。事实上，在压力最大的意大利，银行业在泡沫破裂后的表现甚至比日本还要糟糕。

总而言之，自金融危机以来，相对于战后平均周期，市场出现了几项重要的结构性变化：

- 经济周期异乎寻常地长（美国近 150 年来最长的一次）。
- 就名义 GDP 和实际 GDP 的增长而言，经济周期相对较弱，导致了异常激进的货币宽松期和量化宽松的出现。
- 尽管下调了利率，但西方经济体的长期增长预期已经放缓，企业部门的平均收入增长也有所放缓。
- 尽管经济和利润增长低于平均水平，但金融市场无论是在固定收益市场（受益于政策利率和通胀放缓）还是在股票和信贷市场（由于低利率推高了估值），都表现得异常强劲。
- 期限溢价和通胀预期已经崩溃，债券收益率跌至历史新低，在全球和许多经济体中都是如此。
- 经济增长缓慢以及处于历史低位的利率，意味着收入和增长的相对稀缺。由此产生的后果是，低波动性、高质量和成长型资产以及收益率可能上升的资产（如高收益企业信贷）将在相当长的时间内获得较好的相对回报。
- 金融危机和随后的复苏还伴随着科技领域长期、超周期的巨变。这导致收入和利润迅速集中于相对较少的几家超大型公司，其中许多为美国公司。这一点加上美国国内经济走强，使得美国股市实现了较高的相对回报。

第十章
利率：超低债券收益率的影响

第九章讨论了自金融危机以来的经济环境与前几个周期相比出现的一些关键结构性差异，其中包括全球利率和债券收益率水平的显著下降。

以历史标准衡量，美国和英国（两国均有长期历史数据）长期债券收益率的暴跌都是非同寻常的，英国债券收益率处于1700年以来的最低水平，美国债券收益率则处于19世纪80年代以来的最低水平（见图10.1）。

债券收益率在某些情况下的跌幅如此之大，以至全球大约25%的政府债券收益率为负值。换句话说，一个希望购买政府债券的投资者实际上是在付钱给政府来拿他们的钱。甚至有1/4的投资级公司（即资产负债表非常强劲的公司）的债券收益率也为负。为借出资金而付费的行为很奇怪，但它为什么会发生，对股票回报和周期又意味着什么？

债券收益率降至零，甚至在某些情况下降为负值，可能的原因有很多。首先，这反映了央行的利率政策。全球金融危机引发了全球范围内央行的努力，它们试图在金融危机之后迅速降低利率，以减轻对经济的冲击，并避免在之前的金融危机（尤其是20世纪80年代末的日本和20世纪30年代的美国）之后未及时做出反应的错误行为的发生。随后，通过量化宽松计划，各国央行对利率的"锚定"进一步巩固了长期利率和债券收益率。

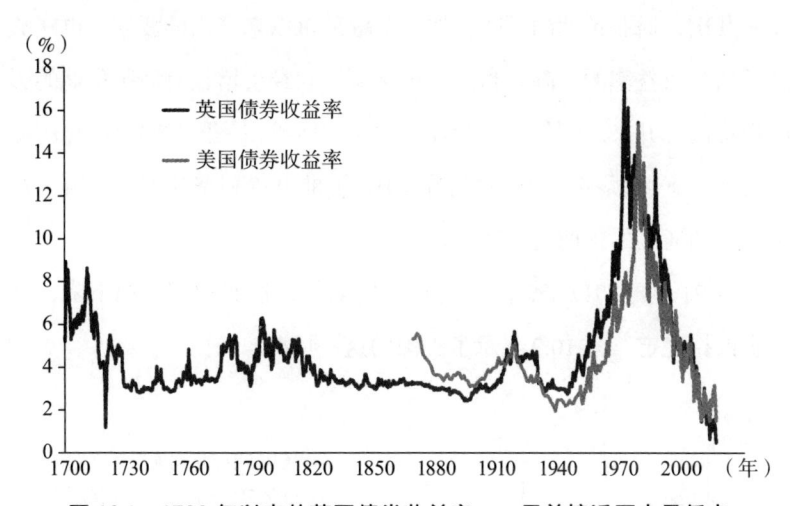

图10.1 1700年以来的英国债券收益率——目前接近历史最低点

数据来源：高盛全球投资研究部。

一般来说，量化宽松被认为是通过"信号效应"压低投资者对未来利率的预期，从而影响收益率，央行通过购买政府债券释放信号：目标利率水平将维持在低于原本可能的水平。另一种观点认为，央行通过购买政府债券鼓励投资者增加对高风险资产的投资需求，以获得可接受的回报，从而压低其他债券的收益率，如公司债券、高风险债券或长期债券。[1] 尽管关于量化宽松对债券收益率的直接影响的估计

1　See How quantitative easing affects bond yields: Evidence from Switzerland. Christensen, J., and Krogstrup, S.（2019）. Royal Economic Society [online]. Available at https://www.res.org.uk/resources-page/how-quantitative-easing-affects-bond-yields-evidence-from-switzerland.html.

各不相同，但大多数研究都得出相同结论，即美联储的量化宽松计划（大规模资产购买）对国债收益率水平产生了经济和统计上的显著影响，并且对其他国家的资产购买的研究也得出类似的结论。[1]

其次，通胀预期的下降，加之金融危机以来产出的疲软，也能够解释债券收益率的下降。当然，量化宽松和经济增长对通胀预期的影响很难区分开来。例如，尽管较弱的经济增长在一段时间内明显压低了日本的通胀预期，但当央行在2016年推出负利率政策时，市场对未来中期通胀的预期也下降了。[2]

自21世纪初以来，随着科技股的崩盘，通胀预期大幅下降，并一直保持稳定。图10.2显示了美国的这一情况。

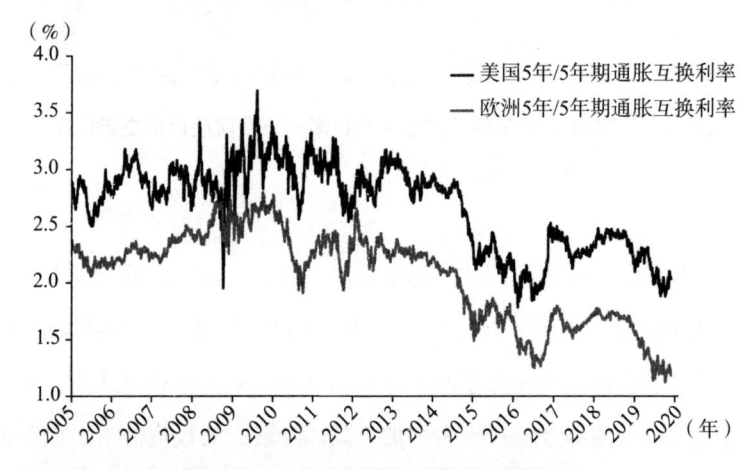

图10.2　市场的隐含通胀预期仍然很低

数据来源：高盛全球投资研究部。

1　See Gilchrist, S., and Zakrajsek, E.（2013）. The impact of the Federal Reserve's large-scale asset purchase programmes on corporate credit risk. *NBER Working Paper No. 19337* [online]. Available at https://www.nber.org/papers/w19337.

2　See Christensen, J. H. E., and Speigel, M. M.（2019）. Negative interest rates and inflation expectations in Japan. *FEBSF Economic Letter*, 22.

日本和欧洲是近年来通胀预期急剧下降的两个地区，这两个地区集中了全球大部分的负收益债券。与日本类似，欧洲近年来持续的负利率政策对其他地区的债券市场产生了溢出效应，包括美国的债券市场（见图10.3）。

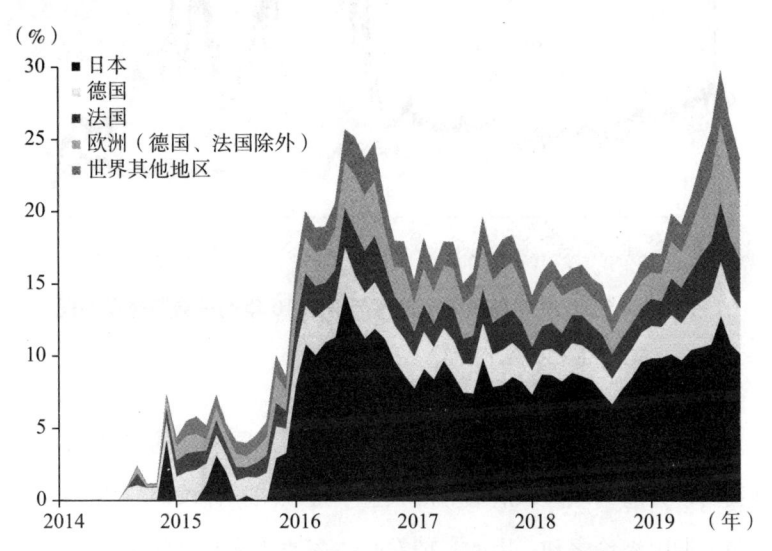

图10.3　欧元区引领了近期负收益率债券的激增
（按国家划分的全球负收益率债券的份额）

数据来源：高盛全球投资研究部。

以欧洲为例，欧洲央行的量化宽松政策和德国国债的负收益率也对主权债利差产生了重大影响。在2011年欧洲主权债务危机的震中，希腊债券收益率一度飙升50%以上，2015年再次短暂飙升。自那以来，随着对欧元区解体的担忧逐渐消退以及量化宽松政策加强，德国国债的负收益率对欧洲其他债券市场的溢出效应产生了重大影响，导致希腊10年期国债收益率与美国10年期国债收益率趋同（见图10.4）。

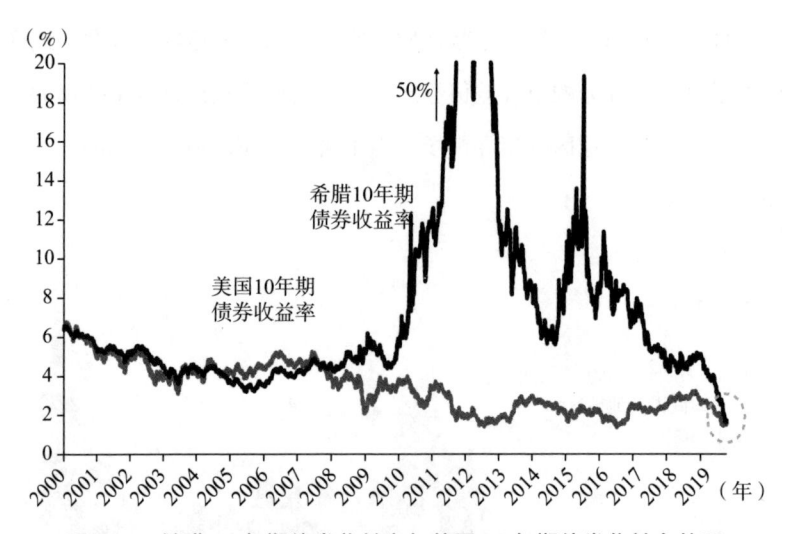

图 10.4 希腊 10 年期债券收益率与美国 10 年期债券收益率趋同

数据来源：高盛全球投资研究部。

再次，债券收益率的下降也反映了所谓期限溢价的崩溃。理论告诉我们，无违约风险政府债券的收益率是该债券存续期的预期政策利率加上期限溢价之和。因此，债券收益率的变化通常反映了对短期利率预期的修正，或者与久期相关的风险的修正。

期限溢价的存在是因为，投资者因承担经济风险而要求得到补偿（就像股票风险溢价一样）。债券持有人需承担两类特定的相关风险。一个是通胀的风险：意外的通胀会侵蚀固定名义支付的实际价值，降低债券的实际回报。这意味着，当预期通胀高企和/或对中期走势更加不确定时，债券投资者将需要更高的期限溢价。另一个是经济衰退的风险。当然，这也是股票投资者面临的主要风险。由于经济衰退意味着预期财富及消费增长将降低，同时也会导致风险厌恶情绪上升，从而导致投资者对持有风险资产要求更高的补偿，对更安全的固定收益资产要求更低的溢价。

零利率与股票估值

那么，无风险利率为负的全球经济环境对经济周期、资产估值及其回报有什么影响呢？理论和历史都支持这样一种观点：在其他条件相同的情况下，低利率会增加股票的价值。所谓收益率差——标准普尔 500 指数的盈利收益率（市盈率的倒数）与 10 年期美国国债收益率的差值——是衡量利率与股票价值之间的关系及其变化的一种方式。随着时间的推移，这种关系的变化反映了债券和股票之间的相关性，正如第四章指出的，这种相关性不是恒定的。实际上，在过去很长一段时间里，这种关系一直是正向的，但自金融危机以来一直是负向的（如图 10.5 所示）。

自金融危机以来，随着债券收益率不断下跌，收益率差扩大了。换句话说，考虑到无风险利率（或长期债券收益率）的下降，股市的市盈率低于预期（盈利收益率高于预期），而这种效应在政府债券收益率为负的欧洲更为显著。

当金融危机爆发时，德国 10 年期国债收益率约为 4.5%，与当时的美国国债收益率相当。但在那之后的一段时间里，随着通胀预期的下降和量化宽松政策的实施，德国债券收益率由正转负。对股市投资者可获得的回报率（股息收益率与股票回购收益率之和）的计算显示，近年来股市回报率稳步上升（见图 10.6）。两者之间的差距达到了历史最高水平。

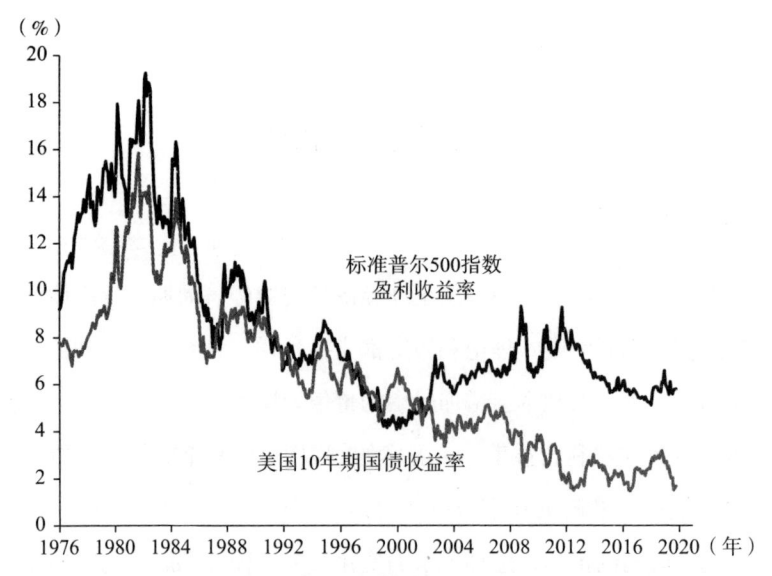

图 10.5　标准普尔 500 指数盈利收益率与美国 10 年期国债收益率
（截至 2019 年 7 月 26 日）

数据来源：高盛全球投资研究部。

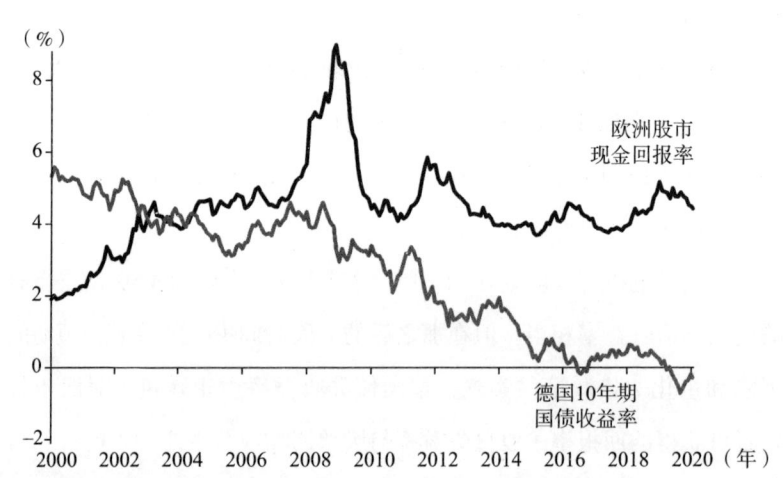

图 10.6　股票拥有可观的收益率 "缓冲" ［德国 10 年期国债收益率与欧洲股市现金回报率 （股息收益率与股票回购收益率之和）］

数据来源：高盛全球投资研究部。

在美国，股市的总现金回报率与政府债券收益率之间的差距并不像欧洲那么大，这反映出人们对美国公司盈利长期增长前景的预期高于欧洲。然而，股市现金回报率与债券收益率的相对关系已经发生了很大的变化。例如，20世纪90年代初，当10年期政府债券收益率为8%时，投资者在股市获得的现金回报率约为4%。目前，10年期债券收益率已跌至1.5%以下，但股票投资者在股市能够获得超过5%的现金回报率。两者之间的差异代表了长期增长预期的显著下降（见图10.7）。

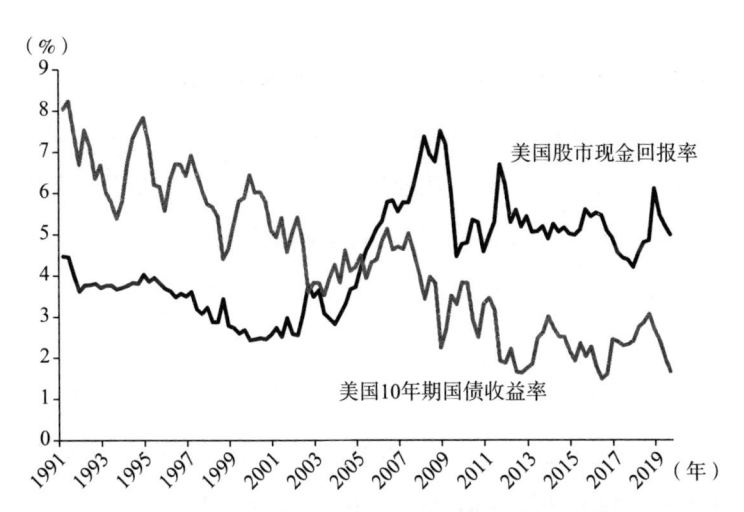

图10.7 近年来，尽管债券收益率下降，但股票的估值仍然具有吸引力［美国10年期国债收益率与股市现金回报率（股息收益率与股票回购收益率之和）对比］

数据来源：高盛全球投资研究部。

零利率与增长预期

通过比较政府债券收益率和股票回报率，我们可以近似地得到股权风险溢价,或者投资者从股票中获得的相对于债券的额外回报。股权风险溢价可能会受到不确定性和投资者长期增长预期变化的影响,而零或负债券收益率往往也会对二者产生影响。

这些关系可以用一个标准的估值工具来理解,投资者往往利用这个工具来评估未来股息流的现值。这种方法是一种简单的单阶段股利贴现模型(也称戈登增长模型)[1],它使投资者能够"提取"或倒推出风险溢价。公式如下:

债券收益率 + ERP = 股息收益率 + 长期预期增长率

如果债券收益率为零(或为负),这意味着 ERP 等于(或高于)股息收益率(称为权益成本)和长期预期增长率之和。

以欧洲为例,假设股息收益率为 4%(大致相当于目前欧洲股市的回报率),长期预期增长相当于长期名义 GDP 增长,假设为 2%(由 1% 的实际 GDP 增长和 1% 的通货膨胀组成的保守假设),我们可以得知,如果债券收益率为负,或者假设长期通胀率略高(与欧洲央行 2% 的目标一致),那么 ERP 至少为 6%,或者更高。

这表明,债券收益率为零的影响之一,是投资者需要更高的股票未来回报,部分因为零利率增加了未来走势的不确定性,部分因为零利率还与较低的长期预期增长率有关。这与债券收益率的期限溢价下降类似。这些因素在多大程度上影响所需的未来回报或 ERP 是很难估量的。问题在于,在现实中,在任何时候都没有明确的、可观测的风险溢价(即额外回报)水平,确保能够激励投资者投资股票而非债

---

[1] See http://pages.stern.nyu.edu/~adamodar/pdfiles/eqnotes/webcasts/ERP/ImpliedERP.ppt.

券等更安全的资产，而且无论风险溢价是多少，它都可能会随着时间的推移而改变。

然而，我们可以计算出事后风险溢价——也就是投资者在历史上投资股票与债券相比实际获得的额外回报。假设投资者过去对资产进行了大致正确的定价（当然，情况可能并非总是如此），那么应该可以计算出历史所需 ERP 的合理估值。以 10 年期股票的表现与债券的表现来衡量，战后的事后风险溢价约为 3.5%，至少自 20 世纪 50 年代以来美国是这样的。

由零利率倒推未来增长率

如果假设 3.5% 代表了历史上整个周期的合理风险溢价，将这个风险溢价与债券收益率和股息收益率结合起来，我们就有可能倒推出股息或盈利的预期隐含增长率。欧洲的情况如图 10.8 所示（欧洲的经济增长已经放缓，股市中成熟、增长较慢的板块占比更高）。图 10.8 显示了使用 3.5% 或更高的风险溢价推算出的隐含增长率。另一种解释是，如果 3.5% 是股票相对于债券的预期额外回报，那么股市的定价是合理的，这基于投资者预期收益为零和股息持续增长。另一方面，ERP 需要达到 8%，市场的预期长期名义盈利增长率才会为 4.7%（约 2.7% 的实际盈利增长率加 2% 的通胀）。

无论人们使用何种水平的 ERP，在过去 10 年间，隐含的（或预期的）长期增长率似乎都在持续下降。因此，尽管较低的（在极端情况下为负的）债券收益率可能意味着股票的贴现率更低，从而导致估值更高,但长期增长放缓将抵消这种影响。如果预期增长放缓,那么企业部门的长期现金流或利润增长也会放缓。

图 10.8 在单阶段股利贴现模型中使用 3.5% 的 ERP,可推算出市场每股股利(DPS)年隐含增长率 < 0 (在单阶段股利贴现模型中使用可替换 ERP 推算股利增长)

数据来源:高盛全球投资研究部。

增长预期的降低是合理的吗?事情可能没有听起来那么严重。毕竟,近几十年来,日本的名义 GDP 增长几乎为零(投资者担心,目前欧洲债券收益率为负的经济环境表明,未来欧洲甚至其他地区也可能出现类似的情况)。

从盈利增长来看,近年来的历史增长率呈下降趋势(见图 10.9)。在 20 世纪 90 年代和 21 世纪前 10 年,包括欧洲在内的世界其他地区的经济增速轻松超过了日本,尽管差距正在缩小。

盈利增长下降是过去 10 年通胀下降和实体经济增长疲软的结果。此外,对欧元区中期 GDP 增长的共识预期也逐渐下降,从 20 世纪

90年代中期的2.5%降至目前的接近1%。

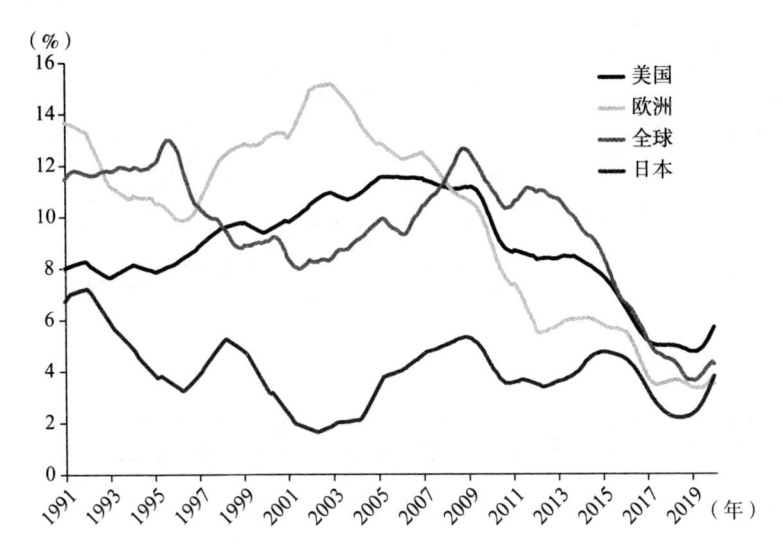

图10.9 欧洲销售增长放缓，目前已接近日本水平（按地区划分的10年滚动平均销售增长，以美元计）

数据来源：高盛全球投资研究部。

从长期（6~10年）来看，经济学家的共识预期显示，自金融危机以来，尽管实施了强有力的宽松货币政策并启用了量化宽松政策，且美国的财政支出也大幅增加，但长期实际GDP增长预期仍呈下降趋势（见图10.10）。

在全球经济增长预期降低的大背景下，欧洲和日本的债券收益率下降幅度最大，在全球负收益率债券中所占比例最高（见图10.11）。

尽管理论表明，无风险利率如此大幅下降，会提高未来现金流的现值，并推高股票估值，但事实恰恰相反。这两个地区股市的市盈率水平相近，均低于债券收益率较高的美国。对此的解释是，日本和德国的负债券收益率都与较低的长期预期增长率有关（见图10.12）。

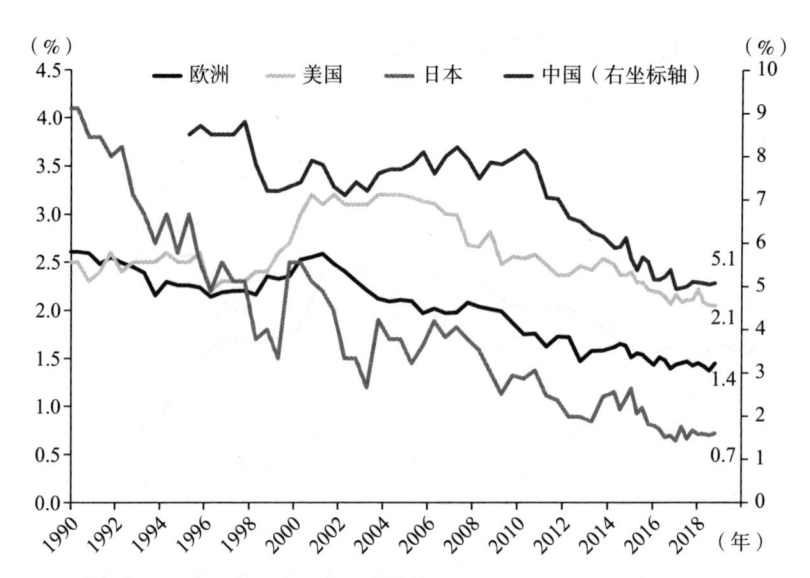

图 10.10 全球长期实际 GDP 增长预期处于历史低位 （6~10 年共识预期）

数据来源：高盛全球投资研究部。

图 10.11 德国债券收益率收敛，相当于（甚至低于）日本水平
（10年期国债收益率，%）

数据来源：高盛全球投资研究部。

图 10.12　欧洲股市和日本股市的市盈率相近（12个月远期市盈率）

数据来源：高盛全球投资研究部。

企业盈利长期增长放缓的情况在日本已经持续了 20 年。随着欧洲债券收益率同日本一样跌为负值，这一趋势也在欧洲显现（见图10.13）。

另一个影响是对银行利润率的冲击。面对疲弱的贷款增长和负利率，银行业绩受到很大的打击。例如，2012 年至 2016 年，一项针对 33 个经合组织成员 6 558 家银行的研究显示，零利率政策的出台减少了银行贷款。[1] 有趣的是，将银行业的相对表现与更广泛的股市表现进行比较后发现，自 1990 年金融危机结束、弱增长和负利率开始出现以来，日本银行业的表现一直欠佳。随着 2008 年金融危机的爆发以及随之而来的弱增长和负利率，欧洲也出现了类似的模式。

1　See Molyneux, P., Reghezza, A., Thornton, J., and Xie, R.（2019）. Did negative interest rates improve bank lending？ *Journal of Financial Services Research*, July 2019.

图 10.13　日本一半的市场在过去20年里一直处于缓慢增长状态，在欧洲，这种趋势近期刚刚显现（第三财年销售增长率＜4%的低增长公司的百分比）

数据来源：高盛全球投资研究部。

零利率与人口统计

对于欧洲和日本来说，较低的债券收益率可能会在一定程度上受到与人口统计学相关的其他结构性因素的影响。如图10.14所示，欧洲和日本长期来看是人口老龄化速度最快的两个地区，而这两个地区的债券收益率均低于零。生命周期投资假说（莫迪利安尼和布伦贝格，1980）认为，人们年轻时借入更多，老年时储蓄更多；随着老年人或中年人比例的增加，对能产生收入的安全资产（如政府债券）的需求应该会增加，这将推高安全资产的价格，压低其收益率。其他人则认为，中年人与年轻人的比率（所谓的"MY比率"）有助于解释长期利率水平。[1]

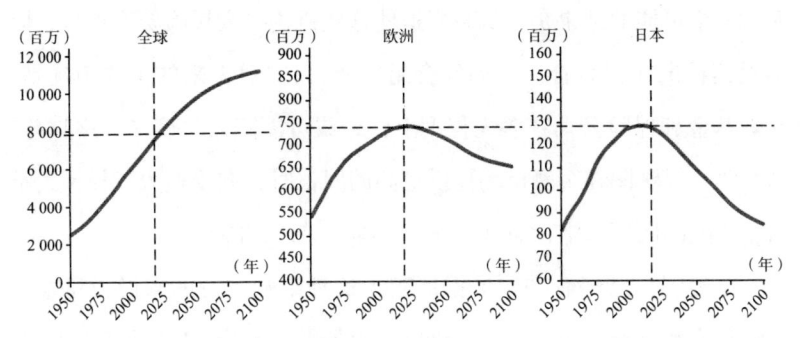

图 10.14 未来几十年，欧洲和日本的人口都会下降，但日本的下降速度更快

零利率与风险资产偏好

关于零利率或负利率的另一个有趣的话题是，它将如何影响养老基金和保险公司等长期投资机构对风险资产的偏好。

对这些机构来说，主要影响之一是，随着利率下降，养老金计划或保险公司未来负债的净现值（未来现金流的贴现值）将增加。对于一个典型的固定收益养老金计划来说，在其他条件相同的情况下，长

---

1 See Gozluklu, A. (n.d.). *How do demographics affect interest rates*? The University of Warwick [online]. Available at https://warwick.ac.uk/newsandevents/knowledgecentre/busi-ness/finance/interestrates/.
另一些人则认为，人口老龄化的总体影响是打破了抚养比率的"均衡"，一些估计表明，1990 年至 2014 年，人口统计学使均衡利率至少降低了 1.5 个百分点（Carvalho, C., Ferro, A., and Nechio, F. (2016). Demographics and real interest rates: Inspecting the mechanism. *Working Paper Series 2016－5.* Federal Reserve Bank of San Francisco [online]. Available at http://www.frbsf.org/economic-research/publications/working-papers/wp2016－05.pdf）。

期债券收益率下跌 100 个基点可能意味着负债立即增加约 20%。[1]

一个可能的结果是，低利率迫使这些机构扩大风险资产敞口，以实现其长期回报目标。正如经合组织所言，"对未来的主要担忧是，养老基金和保险公司在多大程度上已经或可能陷入过度'追逐收益'的泥淖，以试图在金融市场提供更高的回报时，向受益人或投保人承诺相匹配的回报水平，而这可能会增加其破产风险"。[2]

在美国，已经有一些证据证实了这种影响。总的来说，随着无风险利率和融资利率的下降，机构承担了更多风险。[3] 其他研究表明，追逐收益不仅限于机构投资者，也适用于个人投资者。[4]

低利率对养老基金也有广泛的影响。由于危机和随后的利率下降，未来有大量养老金负债的公司会受到严重影响（债务的净现值增

---

[1] See Antolin, P., Schich, S., and Yermi, J.（2011）. The economic impact of low interest rates on pension funds and insurance companies. *OECD Journal: Financial Market Trends*, 2011（1）. 详见第 15 页脚注 2。

[2] 关于资产/负债组合和"追逐收益"风险的讨论，详见 Can pension funds and life insurance companies keep their promises?（2015）. *OECD Business and Finance Outlook 2015* [online]. Available at https://www.oecd.org/finance/oecd-business-and-finance-outlook-2015 - 9789264234291-en.htm。

[3] Gagnon, J., Raskin, M., Remache, J., and Sack, B.（2011）. The financial market effects of the Fed-eral Reserve's large-scale asset purchases. *International Journal of Central Banking*, 7（1），3 - 43. 这些作者还发现，随着债券收益率下降，资产负债表不佳的美国州级和市级债券投资者扩大了风险敞口。他们估计，2002 年至 2016 年，基金总风险中多达 1/3 与资金不足和低利率有关。也可参见 Lu, L., Pritsker, M., Zlate, A., Anadu, K., and Bohn, J.（2019）. Reach for yield by U.S. public pension funds. *FRB Boston Risk and Policy Analysis Unit Paper No. RPA 19 - 2* [online]. Available at https://www.bostonfed.org/publications/risk-and-policy-analysis/2019/reach-for-yield-by-us-public-pension-funds.aspx。

[4] Lian, C., Ma, Y., and Wang, C.（2018）. Low interest rates and risk taking: Evidence from individual investment decisions. *The Review of Financial Studies*, 32（6），2107 - 2148.

加)。[1] 对保险公司来说，利率下降可能会威胁到人寿保险合同的保证收益率，使其在经济低迷时期的抗压性降低。如果增加政府债券的比重，它们就会陷入结构性低回报的困境。[2]

在一些地区，尤其是在欧洲，出于监管目的，养老基金和保险公司的股票投资风险权重限制提高了增加风险资产投资权重的难度。这种情况带来的一个可能的影响是，出于对冲利率和负债风险的需求，养老基金和保险公司对债券的需求增加，给债券收益率带来进一步的下行压力。反过来，这可能会加剧养老基金和保险公司的融资问题，并给总体债券收益率带来进一步的下行压力。事实上，正如图10.15所示，尽管债券收益率已降为负值，但近年来欧洲养老基金和保险公司总体上仍持续专注于政府债券等债务投资。

综上所述，我们可以对债券收益率为零或负的情况提出几点看法：

- 自金融危机以来，全球债券收益率的暴跌是前所未有的，其结果导致大约1/4的政府债券收益率为负。这一方面反映了经济增长放缓导致通胀预期下降，另一方面也反映了量化宽松政策和较低期限溢价对通胀预期的影响。
- 债券收益率为零并不一定有利于股票。总的来说，日本和欧洲的经验表明，较低的债券收益率推高了所需的股权风险溢价，即相对于无违约风险的政府债券，投资者承担风险并购买股票所需的额外回报。

1　See Antolin, Schich, and Yermi,（2011）. The economic impact of low interest rates on pension funds and insurance companies.
2　See Belke, A. H.（2013）. Impact of a low interest rate environment – Global liquidity spillovers and the search-for-yield. *Ruhr Economic Paper No. 429.*

- 债券收益率为零或为负可以降低周期的波动性，从而影响周期，但与此同时，这使得股市对长期增长预期更加敏感。如果一场冲击导致经济衰退，我们可能会看到其对股票估值的负面影响比我们在过去的周期中看到的要大得多。
- 随着债券收益率为零或为负，养老基金和保险公司很容易受到债务不匹配的影响。这可能会导致一些机构为了达到承诺的回报而承担过多风险，但随着收益率下降，也可能会导致对债券的需求增加，从而导致债券收益率进一步下降。

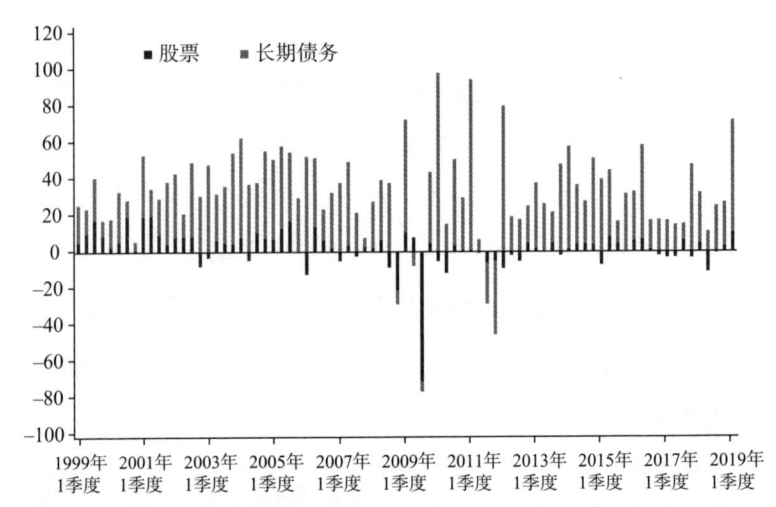

图 10.15 养老基金和保险公司继续专注于债务投资（而在很大程度上忽略了股票）（欧元区养老基金和保险公司每季度流入长期债务和股票的资金对比，单位：十亿欧元）

数据来源：高盛全球投资研究部。

第十一章

科技与周期

第九章讨论了自2008年大衰退和随后的金融危机以来经济周期的变化。本轮经济周期比以往更弱，但持续时间更长。与此同时，股市周期更为强劲。

名义GDP增速相对于前几个周期的放缓，加之较低的通胀，导致企业盈利的增长更加乏力。但并非所有企业部门都经历了缓慢的利润增长，科技行业就是个例外。过去10年，鉴于科技公司（尤其是在美国）规模和影响力不断扩大，科技对股市及其周期的影响引起了人们的兴趣。正如第九章所讨论的，科技行业是金融危机以来利润增长最强劲的行业。

在数字革命（也被称为第三次工业革命）中，科技的迅速变化意义深远，其对金融危机以来股市周期的演变产生了巨大影响，并导致股市中相对赢家和输家之间的差距不断扩大。

科技公司动用较少资本就能生产产品的能力，也对这个周期中不同行业和企业的相对表现产生了巨大影响。例如，通过对资本密集型行业和非资本密集型行业进行简单划分，我们可以看出，自金融危机以来，市场中"较轻"资本的行业获得了更高的回报（见图11.1）。

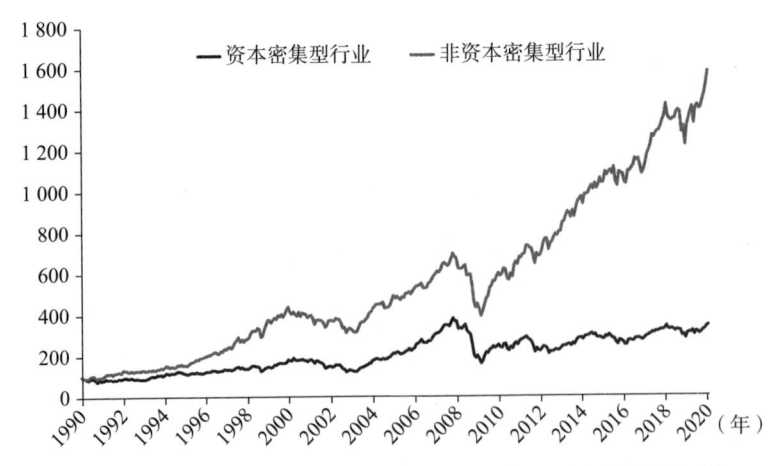

图11.1 自金融危机以来，资本密集型行业表现不佳（世界总量）

数据来源：高盛全球投资研究部。

注：资本密集型行业包括林业和造纸业、工业金属和采矿业、汽车和零部件、休闲用品、建筑材料、石油设备和服务、固定线路电信、移动电信、电力、天然气、水和多种公用事业；非资本密集型行业包括饮料与食品生产商、家庭用品、房屋建筑、个人用品、烟草、普通零售商、保健设备和服务、制药和生物技术、软件和计算机服务、技术硬件和设备。

科技的崛起与历史的对照

鉴于科技行业的巨大成就和主导地位，今天的科技革命似乎是前所未有的。据估计（参见挪威科学和工业研究基金会，2013），世界上90%的数据是在过去两年产生的。[1] 现在，世界上超过一半的人口可以上网，而在不到30年前，这一数字几乎为零。数据和云存储的

1　See Internet World Stats: www.internetworldstats.com.

爆炸式增长，不仅改变了那些促进技术发展的公司，也改变了那些利用技术颠覆传统业务的公司。

也就是说，当前数字技术革命的许多特征，与其他科技快速创新时期的历史先例有相似之处，这有助于我们将当前周期中看到的趋势置于历史大背景之下。

印刷机与第一次大数据革命

1454年，印刷机的发明引发了最早也是最重要的一次技术浪潮，它彻底改变了世界经济的运作方式以及人们的工作和交流方式。这项技术引发了信息爆炸（类似于近年来的数据爆炸），为启蒙时代和许多其他改变生活的技术（在当代常被称为"杀手级应用"）的诞生播下了种子。在印刷机出现之前，信息都是手写的（手稿），其生产和传播都受到教会的严格控制。随着印刷机的出现，可用的数据量呈指数级增长，信息成本也随之大幅下降（听起来是不是很熟悉？）。根据布林和范桑登（2009）[1]的研究，到1550年，欧洲每年出版的图书数量从零增加到大约300万本——超过了整个14世纪的手稿（预印本）的总数（见图11.2）。到了1800年，出版图书数量达到6亿册。与所有的技术创新一样，图书的价格随着生产成本的下降而暴跌，随之而来的是巨大的社会变革。

与今天的互联网类似，印刷机充当了许多其他重要技术的跳板，这些技术反过来又激发了新的商业模式，并颠覆了传统行业，为许多

1　Buring, E., and van Zanden, J. L. (2009). Charting the "Rise of the West": Manuscripts and printed books in Europe: A long-term perspective from the sixth through eighteenth centuries. *The Journal of Economic History*, 69(2), 409–445.

行业带来改变和发展。

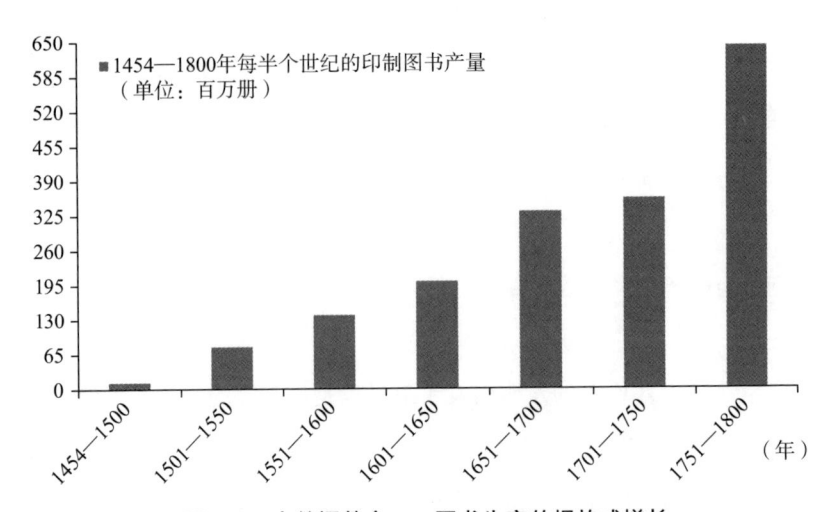

图11.2 大数据革命——图书生产的爆炸式增长
（印刷机的发明带来了大规模的数据增长并催生了其他技术）

数据来源：高盛全球投资研究部。

铁路革命与基础互联设施

与当前科技创新浪潮相似的情况也可以在工业革命时期看到，当时技术再次成为增长的核心动力。这些技术中有许多是相互发展甚至相互依赖的，就如同今天的智能手机依赖互联网一样，反之亦然。无论是在印刷机发明之后还是在铁路革命期间，创新的网络效应都被证明是至关重要的。在工业革命期间，铁路系统的发展壮大激发了很多新机会。1830年，英国仅有98英里的铁路；到1840年，铁路里程已增长至1 500英里；到1849年，连接所有主要城市的铁路里程已经达到 6 000 英里。[1]

廉价资金和铁路这项新的（革命性的）技术吸引了大量投资，这反过来又促进了工厂数量的增长、城市化的发展和新零售市场的出现，形成连锁反应，而所有这些将产生怎样的结果在当时还不是很明显。19世纪40年代，铁路的铺设促进了电报基础设施的发展。在10年内，发送电报（以前是不可能的）已经成为日常生活的一部分（有点儿像20世纪90年代到21世纪前10年互联网的发展）。到19世纪60年代中期，伦敦和纽约已通过电报互相连接，10年后，伦敦和孟买之间的信息可以在几分钟内成功传输。电报和电信公司变得非常强大，1885年，美国电话电报公司诞生。

同时，另外一些技术也创造了巨大的需求，吸引了大量的新进入者。随着广播电台的发展，对收音机的需求迅速增加。1923年到1930年间，60%的美国家庭购买了收音机，这引发了广播电台的爆炸式增长。1920年，美国广播电台由KDKA电台主导，而到1922年，全美已有600家广播电台开播。

我们在20世纪90年代的科技热潮中也看到类似的模式，当时人们认为，科技将促进数据的使用，引发电信、媒体以及新科技公司价值的激增。事实证明，新兴技术领域的最终赢家往往不是人们预期的，甚至不是第一次浪潮中存在的公司。不仅如此，许多电信和媒体公司已经为20年前人们认为具有变革性的科技创新所颠覆。在铁路繁荣时期，蒸汽机促进了铁路的发展，网络效应和互联互通带动了其

---

1 George Hudson and the 1840s railway mania.（2012）. *Yale School of Management Case Studies* [online]. Available at https://som.yale.edu/our-approach/teaching-method/case-research-and-development/cases-directory/george-hudson-and-1840s.

他技术的发展。这种模式在过去 20 年里也很明显。互联网的发展和迅速普及使得智能手机的发展和快速渗透成为可能，同时也催生了一个基于手机应用的行业（例如，出租车和外卖服务的变革），进而催生了"万物互联"（物联智能家居的世界）。

电力和石油推动了 20 世纪的发展

另一个非同寻常的创新浪潮的例子是 20 世纪初发电量的快速增长。在 1900 年的美国，只有 5% 的机械动力是由电力而不是蒸汽或水产生的（1890 年仅为 1%）。到 20 世纪 20 年代，电力已经覆盖了一半的公司和近一半的家庭。与之前的其他技术浪潮一样，电力价格暴跌。1900 年至 1920 年间，电力的实际价格下降了约 80%[1]，这促进了许多其他相关产品的发展（例如收音机）。

技术：颠覆与适应

关于技术创新及其对产业的影响的另一个考虑是，投资者通常会关注技术的破坏性影响，认为它将取代现有的产业，但往往会发现它是叠加性而非破坏性的。例如，当铁路在 19 世纪主导技术时，人们担心不再需要马匹。事实证明，铁路实际上增加了人们对马匹的需求，因为从出发地到火车站，或从火车站到最终目的地的路途上，人

---

1 Brookes, M., and Wahhaj, Z.（2000）. Is the internet better than electricity？ *Goldman Sachs Global Economics Paper No. 49.*

们仍然需要马匹来负责运输。[1] 这个"第一英里问题"与今天有着有趣的相似之处，因为随着需求向互联网转移，就需要配套的移动和交付解决方案。例如，人们可能越来越多地通过互联网购买食物，但送货到家往往由摩托车、自行车和汽车来完成，其他网上购物也是如此。这反过来又创造了新的公司，它们可以利用科技平台更有效地解决这些物流问题。类似的趋势在城市共享单车和共享电动车的最新解决方案中表现得很明显。因此，新技术带来的问题似乎也为新机遇的出现提供了基础。

除了提供新的机遇，新科技也为传统工业带来了新的适应形式。例如，当电子表在20世纪70年代出现时，人们普遍预测机械表会消失。然而，这些担忧是没有必要的，因为传统的手表制造商重新定位了机械表，主打品质和怀旧，并受益于这样的消费趋势。2018年，仅瑞士制表业就创造了218亿瑞士法郎的收入。[2] 同样，20世纪80年代视频科技的出现，以及1997年DVD（数字通用光盘）的出现，让人们认为电影院会因为在家看电影的便利而关门。事实证明，电影业再次自我革新，成为娱乐业中一个快速增长的行业，2018年全球票房收入达到创纪录的417亿美元。[3] 就连黑胶唱片也在被复古魅力吸引的年轻人中重新流行开来，2018年，仅英国就售出了400多万张上榜专辑。[4]

1　See Odlyzko, A. (2010). Collective hallucinations and inefficient markets: The British railway mania of the 1840s. *SSRN* [online]. Available at https://ssrn.com/abstract=1537338.

2　https://www.fhs.swiss/eng/statistics.html.

3　McNary, D. (2019, Jan. 2). 2018 worldwide box office hits record as Disney dominates. *Variety* [online]. Available at https://variety.com/2019/film/news/box-office-record-disney-dominates-1203098075/.

4　https://www.classicfm.com/discover-music/millennials-are-going-nuts-for-vinyl-revival/.

科技创新、经济增长与周期

在过去 10 年左右的时间里,主导股市周期的当前科技浪潮的一个特征是,经济增长和生产率增长普遍较低。一些人认为这是一个悖论,它说明这些科技的影响有限,因此股价肯定高估了它们的潜力。但历史上强有力的证据表明,以前的技术浪潮也导致生产率和经济活动的增速比人们普遍认为的要低。例如,尽管詹姆斯·瓦特在 1774 年推出了一款相对高效的发动机,但直到 1812 年才出现了第一辆商业上成功的蒸汽机车,直到 19 世纪 30 年代,英国的人均产出才明显加快。

一些学术研究表明,19 世纪末英国生产率的提高幅度很小。[1] 生产率在 18 世纪的最后几十年增长缓慢,直到 1830 年才有所提高。然而,这也产生一种观点,即最初的技术变革往往需要很长时间才能影响整个经济。

在 19 世纪 80 年代的电气时代也可以观察到类似的模式。直到 20 世纪 20 年代,当工厂重新设计产品的可能性成为现实时,这些创新才带来了实质性的生产力提高。[2] 事实上,类似的情况在信息技术

1　See Antras, P., and Voth, H. (2003). Factor prices and productivity growth during the British Industrial Revolution. *Explorations in Economic History*, 40 (1), 52–77; See also Harley, N. F. R., and Harley, C. K. (1992). Output growth and the British Industrial Revolution: A restatement of the Crafts-Harley view. *Economic History Review*, 45 (4), 703–730.

2　Crafts, N. (2004). Productivity growth in the Industrial Revolution: A new growth accounting perspective. *The Journal of Economic History*, 64 (2), 521–535.

革命之后也出现了（戴维和赖特，2001）。由此可见，数字革命尚未带来生产力的提高是有道理的。[1]

新技术在推动生产率增长方面往往有巨大的潜力，但在制造过程实现重组之前，新技术很难被有效利用，而且在许多情况下，技术存在全球统一标准。同时，构建完整网络效应的需求可能会减缓技术的内部渗透，从而减缓生产力的提高。蒸汽机和冶炼用煤的使用同样受制于网络效应。煤炭运输最终成为经济增长和生产力的主要推动力，但在运输网络完善之前并未被充分利用。同样，只有当足够多的新用户转向新能源时，大笔的固定投资才能被收回。同时，蒸汽动力的使用需要建造工厂，修建运河，以方便原材料和成品的运输。同样，将交通工具从内燃机转向电气化在技术上可能是可行的，但在这项技术被完全采用之前，人们仍然需要集成供电系统和电能补给站。

20世纪80年代，人们普遍担心生产率增长乏力，从而导致与科技相关的公司估值过高。1987年，诺贝尔奖得主罗伯特·索洛指出："你可以在任何地方感受到计算机时代，除了生产率统计数据。"[2] 20世纪90年代，当许多经济体的生产率大幅提高时，这些担忧随之消失了。但自大衰退和金融危机以来，许多经济体生产率增长乏力，再次引发了这场辩论。

有些人认为，人们的工作时长被低估了，这表明实际生产率可能更低，而另一些人则指出其中存在核算错误。例如，高盛的经济学

1　Mühleisen, M.（2018）. The long and short of the digital revolution. *Finance & Development* [online] 55（2）. Available at https://www.imf.org/external/pubs/ft/fandd/2018/06/impact-of-digital-technology-on-economic-growth/muhleisen.htm.

2　Roach, S. S.（2015）. Why is technology not boosting productivity? *World Economic Forum* [online]. Available at https://www.weforum.org/agenda/2015/06/why-is-technology-not-boosting-productivity.

家[1]分析了易贝上出售的全新 iPhone（苹果手机）的市场价格，发现在新机型即将推出的前几个月里，老款的价格会下降 20% 至 40%，这意味着 iPhone 新机型的质量有了显著提升。二级市场价格和电话硬件 CPI 之间的通货膨胀差距意味着每年约 8% 的质量改进。将这些质量调整应用于与之相关的消费类别，他们估计过去 10 年的年消费增长率可能被低估了 0.05 到 0.15 个百分点（pp）。综合这些结果，他们估计，目前对美国 GDP 增长的综合核算误差介于每年 2/3pp 至 3/4pp 之间，而 20 年前约为 1/4pp。尽管所有这些数字都相当不确定，但他们的分析和最近的文献均表明，目前的生产率增长速度比看上去要高得多。

这一点十分重要，因为它表明，金融危机后出现的经济增长疲弱，至少在一定程度可能是由于对科技增长和生产力的影响的核算误差造成的。这也可以解释为什么近年来科技行业的利润增长要比 GDP 增长强劲得多。无论如何，核算问题可能在某种程度上解释了为什么后金融危机时期的经济和投资周期如此与众不同（见第九章）。

尽管这些新技术创新的速度和创造衍生产品的速度似乎从未如此之快，但历史表明，我们过去也经历过类似的模式。推动前几波技术浪潮的主导公司在很长一段时间内仍处于主导地位，但这些公司的网络效应引发了进一步的创新和新公司的诞生。就技术机会而言，有三个相关的观察结果：

1　Hatzius, J., Phillips, A., Mericle, D., Hill, S., Struyven, D., Choi, D., Taylor, B., and Walker, R.（2019）. *Productivity paradox v2.0: The price of free goods*. New York, NY: Goldman Sachs Global Investment Research.

- **发明/创新的公司（印刷机、收音机、电视）**

  尽管创新者往往是赢家，但并非所有创新者或科技先行者都能成功。历史上，涌入新行业的公司很多，成功的却寥寥无几。1899年，30家美国汽车制造商生产了2 500辆汽车，在接下来的10年里，有485家公司进入了这一行业。[1] 目前，整个市场却被三家头部集团控制。类似地，从1939年至今，有超过220家电视机制造商为美国市场生产电视机。其中，估计仅有23家至今仍在生产电视机。[2]

- **为支持新发明而搭建基础设施的公司（铁路/石油/发电/互联网搜索引擎）**

  如前所述，网络公司最终可能会占据主导地位，但一开始很难确定哪家公司有可能生存下来。例如，美国在线（AOL）是最早的互联网供应商之一，但最终输给了谷歌。聚友网是最早推广社交媒体和在线个人资料的公司之一，后来被美国新闻集团收购，但最终输给了脸书。

- **利用新创新颠覆/取代现有行业的公司（科技平台/数字集市）**

  近年来，我们见证了科技平台或数字集市的影响，这些科技平台或数字集市之所以成功，是因为它们受益于所谓的网络效应。《经济学人》这样写道："规模催生规模：比如亚马逊能够吸引更多卖家，更多买家就会在那里购物，从而进一步吸引更多卖家，循环往复。"[3]

1　Automobile history，History.com，21 August 2018.
2　http://www.tvhistory.tv/1960－2000-TVManufacturers.htm.
3　How to tame the tech titans.（2018）．*The Economist* 18th June 2018，Leaders Section.

在某种程度上，上述这些观察确实过于简单了。最终的赢家可能是恰当的时机（当产品获得市场普遍接受时）、良好的管理和融资综合作用的结果。

科技股和科技行业的主导地位还能持续多久？

尽管今天科技行业的基本面比20年前更为强劲，但该行业在某些市场中所占的比重相当大，这就引发了可持续发展的问题。关于行业主导地位的持久性，历史能告诉我们什么？一个行业或一类股票能发展到什么程度？

参考标准普尔500指数成分股的历史情况，个别行业主导市场显然不是什么新鲜事。随着时间的推移，不同的技术浪潮将行业主导状态分成了不同阶段。随着股市变得更加多元化，主导板块在整个市场中所占的份额往往越来越小（见图11.3）。

美国股市的行业主导状态可以分为三个主要时期，每一个时期都反映出当时经济的主要推动力。

- 1800年至19世纪50年代：金融。在此期间，银行业是最大的板块。最初，银行业几乎占到了股市的100%，直到股市发展壮大。到19世纪50年代，银行业的权重下降了一半以上。
- 19世纪50年代至20世纪头10年：运输。随着银行开始为美国（及其他地区）快速扩张的铁路系统提供资金，运输股成为指数中最大的板块。在繁荣时期，运输股曾接近美国指数的70%，但在第一次世界大战结束时,其市值下降到标准普尔500指数的大约1/3。

- **20世纪20年代至20世纪70年代**:能源。随着以石油而非蒸汽和煤炭为动力的工业的快速增长,能源股成为最大的板块。直到20世纪90年代,能源仍是主导板块,不过也有一小段时间由新兴技术行业主导(在第一波浪潮中,主要是大型计算机,随后是软件)。

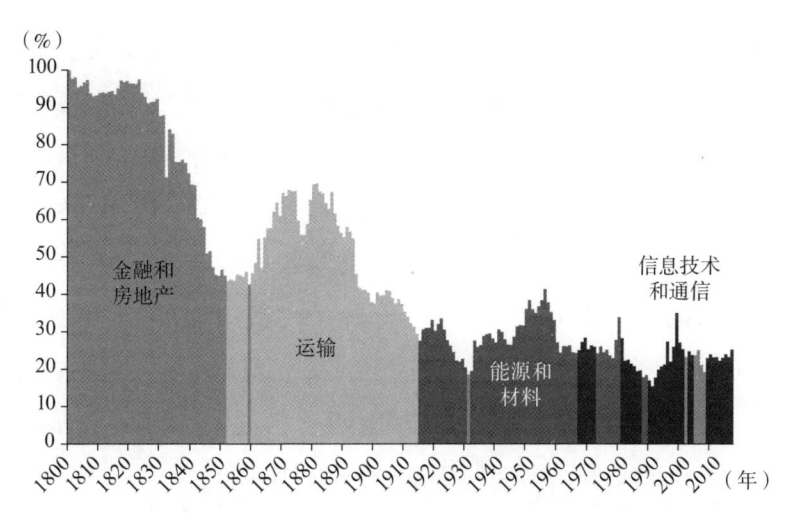

图11.3 随着股票市场的多元化,主导板块所占的份额越来越小(美国)

数据来源:高盛全球投资研究部。

估值会涨到多高?

在历史上的其他时期,成长型公司的估值也曾超过我们今天看到的水平。曾有两个时期一组股票主导了股市的回报和估值，它们是20世纪60年代至70年代初，即所谓的"漂亮50"时期，以及见证科技崛起的20世纪90年代末。与20世纪90年代末不同，"漂亮50"时期50家公司占据主导地位，这些公司不是专注于一个特定的行业，而是专注于一种理念。人们非常乐观地认为，美国在经济上的主导地位将使新生代的美国公司超越国界，成为全球市场领导者和大型跨国公司。

许多受到青睐的公司确实享受到了很高的回报（这与20世纪90年代末的科技泡沫大不相同，当时市场由没有回报的新公司主导），而且投资者相信，这些回报可以长期持续下去。因此，这类股票通常被称为"一锤定音型"股票。投资者通常乐于购买并持有它们，而不管价格如何。人们普遍从价值型投资转向成长型投资。因此，估值大幅上升。到1972年，标准普尔500指数市盈率为19倍，而整个"漂亮50"指数的平均市盈率是这一水平的两倍多。宝丽来的市盈率超过90倍，华特迪士尼和麦当劳的预期市盈率超过80倍。尽管估值很高，杰里米·西格尔教授（1998）仍认为，大多数股票实际上的增长达到了它们的估值，并实现了非常强劲的回报。

后来，一个类似的"故事"将人们的注意力转向了20世纪90年代末的"新经济"。就像20世纪60年代一样，价值型（或者"旧经济型"）股票不再受欢迎。金融危机后，科技公司的崛起与20世纪90年代末由狂热情绪催生的泡沫截然不同。在金融危机爆发前的几年里，得益于强劲增长、高杠杆和产品创新的综合作用，银行业在多个股市中占据了主导地位。随着银行业在市场上的主导地位不复存在，科技行业迅速成为市场回报的主力军，并再次成为主导行业。自2008年以来，科技股在全球股市的份额从7%上升至12%；与此同时，科技股在美国市场的份额几乎翻了一番，在标准普尔指数中从13%升至21%。在20世纪90年代末，科技股在全球资本市场中的份额从1996年仅占标准普尔指数的10%上升到2000年的33%。

然而，最重要的是，早期科技公司的估值远高于今天大多数科技公司的估值。如表11.1所示，在科技泡沫时期，最大的科技股的平均市盈率超过50倍（尽管许多股票远高于此）。规模最大的"漂亮50"股票的平均市盈率为35倍。如今，尽管利率水平非常低（尤其是相对于20世纪70年代初而言），但是最大的科技股的平均预期市盈率约为25倍。

表11.1 美国科技股"五巨头"（FAAMG，即脸书、亚马逊、苹果、微软和谷歌）、20世纪90年代的科技股泡沫和"漂亮50"股票表现对比（FAAMG数据截至2019年12月31日，科技泡沫数据截至2000年3月24日，"漂亮50"数据截至1973年1月2日，1972年实际市盈率除外）

	规模市场权重	市值（单位：十亿美元）	估值（第二财年市盈率）
FAAMG			
苹果	4.6%	1 305	18.7
微软	4.5%	1 203	25.5
谷歌	3.0%	993	25.0
亚马逊	2.9%	916	65.9
脸书	1.8%	585	22.1
FAAMG总计	16.8%	5 002	25.1
科技股泡沫			
微软	4.5%	581	55.1
思科系统公司	4.2%	543	116.8
英特尔	3.6%	465	39.3
甲骨文	1.9%	245	103.6
朗讯科技	1.6%	206	35.9
科技股泡沫总计	15.8%	2 040	55.1

续表

	规模市场权重	市值（单位：十亿美元）	估值（第二财年市盈率）
"漂亮 50"			
IBM	8.3%	48	35.5
伊士曼－柯达	4.2%	24	43.5
西尔斯－罗巴克	3.2%	18	29.2
通用电气	2.3%	13	23.4
施乐公司	2.1%	12	45.8
"漂亮 50" 总计	20.1%	115	35.5

数据来源：高盛全球投资研究部。

相对于市场，公司能有多大？

在当前周期中，领先的科技公司的市值已经变得非常大，这反映了技术支出的显著增长及其取代传统资本支出的能力。通常情况下，新的科技平台甚至会占据整个市场。

但是，再一次，这不是一个新现象。例如，到 1900 年，标准石油公司在美国控制了超过 90% 的石油产量和 85% 的石油销售。与此同时，另一家占主导地位的美国钢铁公司成功避免了分拆，成为第一家"十亿美元级公司"。

另一波技术浪潮使美国电话电报公司占据了市场主导地位。美国电话电报公司垄断了美国电信市场几十年，直到美国政府对其实施了著名的反垄断诉讼。从 1950 年到 1980 年，美国电话电报公司在美国上市电信公司中保持着超过 70% 的销售额。司法部在 1974 年首次对该公司提起诉讼,但直到 1982 年才做出对其不利的裁决,该公司最终在 1984 年 1 月 1 日被勒令拆分。拆分增加了电信行业的公司数量,因为美国电话电报公司("贝尔大妈")被分成 8 个"贝尔宝宝"。1975 年,美国电话电报公司是全球行业分类系统(GICS)电信系统中仅有的两家销售额超过行业总销售额 5% 的公司之一。到 1996 年,美国有 9 家上市电信公司的销售额超过整个行业的 5%。[1]

随着 20 世纪 70 年代大型计算机的发展,龙头企业的市场份额也高度集中,尤其是 IBM,其主导地位在 1969 年引发了美国司法部的反垄断诉讼。根据当时的新闻报道,IBM 在这段时间占据了大约 70% 的大型机市场份额。美国司法部于 1969 年 1 月提起诉讼,指控 IBM 通过捆绑销售等多种手段抑制竞争。该诉讼持续了 13 年,最终于 1982 年 1 月被撤销。

尽管政府未对 IBM 做出不利判决,但监管风险仍导致其销售增长和利润率持续下滑。在 20 世纪 60 年代和 70 年代,IBM 的季度/年度销售增长相当不稳定,但在 80 年代,随着行业转向新产品且监管审查仍在持续,IBM 的季度/年度销售增长明显下降。

随着软件成为科技的主要驱动力,市场主导地位又发生了转变。针对微软在业内定位的一系列诉讼始于 1992 年,其中最引人注目的是微软将浏览器与 Windows 操作系统捆绑销售的做法。美国政府诉微软案于 1998 年 5 月开始,法官于 2000 年 6 月下令将微软一分为二。然而,在 2001 年 6 月的上诉中,这一判决被推翻,并促成了一项和解,

---

1 Hammond, R., Kostin, D. J., Snider, B., Menon, A., Hunter, C., and Mulford, N. (2019). *Concentration, competition, and regulation: "Superstar" firms and the specter of antitrust scrutiny*. New York, NY: Goldman Sachs Global Investment Research.

根据和解协议，微软改变了一些商业行为，比如排他性协议。2000年，微软的操作系统在超过90%的用户设备上运行（美国司法部，2015）。然而，2001年和解协议中的条款限制了微软开发和授权软件的方式。微软的平均季度/年度销售增长率从1988年至2000年的40%下降到2001年至2018年的10%，尽管这种下降的部分原因可能是科技环境的变化（例如，智能手机的出现和向"云"科技的转变）。

近年来，随着移动计算和互联网应用的普及，市场集中度再次发生变化。例如，在互联网搜索领域，谷歌拥有超过90%的市场份额，其第二大竞争对手必应仅拥有3.2%的市场份额（浏览器全球市场份额）。在当前的经济周期中，个别科技公司变得异常庞大并占据主导地位，人们开始质疑竞争以及潜在的立法和监管。同样，这也不是当前周期所特有的。正如我们在不同行业中发现的那样，从能够反映经济状况的较长时期来看，龙头企业能够一直保持领先，且通常占据市场主导地位。标准普尔指数中最大的几家企业在历史上的表现如下：

- 1955—1973年，通用汽车：在"资本主义的黄金时代"，通用汽车的盈利超过标准普尔500指数成分股总盈利的10%。
- 1974—1988年，IBM："大型机时代"（顶峰时期总市值占比为7.6%）。
- 1989—1992年，埃克森美孚公司：从标准石油公司剥离出来的石油公司，此前，标准石油公司曾占据市场主导地位近一个世纪（顶峰时期总市值占比为2.7%）。
- 1993—1997年，通用电气：（顶峰时期总市值占比为3.5%）。
- 1998—2000年，微软："软件时代"（顶峰时期总市值占比为4.9%）。

- 2000—2005 年，通用电气（再一次）：（顶峰时期总市值占比为 3.5%）。
- 2006—2011 年，埃克森美孚公司（再一次）：（顶峰时期总市值占比为 5.2%），尽管美国银行和花旗集团在金融危机前的 2006—2007 年一度是市值最高的股票。
- 2012 年至今，苹果（有时还有微软）：（顶峰时期总市值占比为 5.0%）。

在过去的几段时期中，占主导地位的公司在整个市场中所占的份额显然比今天更大。然而，有趣的是，那些最大的公司，尤其是很久以前的大公司，在市场权重或市值方面并不像如今的公司那么大。例如，拆分前，美国电话电报公司的市值约为 470 亿美元，相当于现在的 1 200 亿美元。目前占主导地位的公司的业务范围和盈利能力都比我们过去看到的要大得多。这些龙头企业的庞大规模的确增加了它们的增长难度，但随着新公司的发展，这不大可能限制科技行业在整个市场中的贡献。

科技的赢家与输家

虽然我认为，科技在当前股市周期中的主导地位不是一个新现象，但科技在这个周期中的变化之一是，它如何影响全球股市的主导风格。特别是在过去的 10 年里，科技的影响在两个方面拉大了赢家和输家之间的差距。

第一个是影响工资和利润之间的差距，或者劳动力市场占产出的比例和企业部门占产出的比例。一些学术研究强调，资本积累和资本增值的技术变革是劳动力份额占比演变的决定因素（参见邦托利拉和圣保罗，2003；哈钦森和佩尔辛，2012）。

根据经合组织（2012年多要素生产率）的估计，作为经济增长的关键驱动力，全要素生产率（TFP）的增长和资本深化是1990年至2007年经合组织成员行业内劳动力份额占比平均下降的主要原因。这种转变的趋势已经出现多时了。例如，美国的劳动力占GDP的比例自二战以来一直呈下降趋势，自金融危机以来降幅尤为明显。[1]

当然，科技并不是唯一的原因。财政紧缩的影响起到了一定作用，量化宽松政策也有一定影响。这些政策有助于降低利率水平，提高企业利润（以及美国企业的回购趋势）。类似地，尽管许多美国科技公司使用美国以外更廉价的劳动力，但其他行业的制造商也是如此，而且这一趋势出现在互联网、计算机和智能手机出现之前。此外，在许多情况下，低收入者一直是科技提供的连通性的受益者，尤其是在科技平台压低了书籍、服装、玩具和电子产品价格的情况下。所以说，科技可能促成了消费的繁荣。

第二个转变是通过影响本轮周期内成长型公司相对于价值型公司的回报而实现的。也就是说，高增长公司（其中有许多在科技行业）的表现明显好于那些看起来"便宜"的公司（市盈率低或股息率高）。

需要明确的是，成长型股票相对于价值型股票的优异表现是许多

---

[1] The Labour Share in G20 Economies International Labour Organisation for Economic Co-operation and Development with contributions from International Monetary Fund and World Bank Group Report prepared for the G20 Employment Working Group Antalya, Turkey, 26–27 February 2015.

因素的结果，而不仅仅是科技成功的反映。金融危机后银行的持续疲软，以及超低利率（在许多情况下为负）对银行利润的持续侵蚀也是原因之一。此外，自金融危机以来，债券收益率长期下降，加之通货膨胀，也是重要的影响因素。

  与价值型公司相比，成长型公司被认为拥有"较长的久期"。换句话说，成长型公司（收入有望在未来长期增长）的净现值对利率水平变化的敏感性高于价值型公司，后者往往来自更成熟、增长更慢的行业。这意味着，在利率下降的时期，科技公司的净现值受到的积极影响要高于价值型公司或那些对短期经济发展特别敏感的公司。第五章讨论了市场中的投资风格的驱动因素，第九章讨论了自金融危机以来这些因素发生的变化。

结　论

随着时间的推移，经济、政治和投资格局发生了重大变化。重大科技创新（如互联网）和挑战（如气候变化）与经济增长率、通货膨胀和利率的典型周期共同演化。也就是说，尽管出现了如此多的变化，但经济活动和金融资产回报模式仍在周期中循环往复。

作为总结，以下是一些重要的经验。

我们可以从过去学到什么？

• 资产带给投资者的回报取决于诸多因素，其中最重要的可能是投资的时间跨度和初始估值。投资者乐于持有投资的时间越长，经波动率调整后的回报率可能会越高。

对股票投资者来说，这一点尤其重要。例如，在2000年科技泡沫顶峰时买入的股票，其10年期回报率是100多年来最差的，因为初始估值过高。类似地，日本股市（日经225指数）比1989年的峰值水平低了大约45%。标准普尔指数直到1955年才回到1929年的水平。尽管这些都是历史上非同寻常的时点，但大部分都可以归结于估值。不难理解的是，在风险调整的基础上，估值高峰（1929年、1968年、1999年）之后往往是回报率非常低的时期，而在市场低谷（1930年、1973年、2008年）的极低估值之后往往是回报率非常高的时期。

- 自1860年以来，美国股票的平均年化总回报率约为10%，在1年期到20年期的持有期跨度内都是如此。对10年期政府债券来说，相同持有期限的平均回报率在5%至6%之间。虽然在短期内，股票经波动率（风险）调整后的回报要比债券低得多，但从长期来看，投资者通常会因承担风险而获得回报。

- 在很长一段时间内，股票市场（和其他资产类别）往往会周期性波动。随着经济周期的成熟，每个周期通常可以进一步划分为四个阶段，各个阶段所反映的驱动因素有所不同：（1）绝望期，在这一阶段，市场从顶峰走向低谷，也被称为熊市；（2）希望期，即市场通过多次扩张从谷底反弹的短暂时期（美国平均为10个月，欧洲平均为16个月），这一阶段对投资者来说至关重要，因为它通常是在周期中实现最高回报的阶段，而且通常开始于宏观数据和企业部门的利润表现仍然低迷的时期；（3）增长期，通常是持续时间最长的时期（美国平均为49个月，欧洲为29个月），盈利开始增长并推高回报；（4）乐观期，即周期的最后阶段，此时投资者变得越来越自信，甚至可能变得自满，估值往往会再次上升，并超过收益增长，通常情况下，这一阶段在美国持续时长为25个月。

- 规避熊市很重要，因为股票回报在股票周期中高度集中。年回报率的变动可能是巨大的。战后标准普尔指数年回报率最低为 –26.5%（1974年），最高为52%（1954年）。历史表明，随着时间的推移，避开最糟糕的月份和在最好的月份投资同样有价值。并非所有熊市都是一样的。我们发现，从历史上看，熊市可以根据其严重程度和持续时间分为三类：周期性、事件驱动型和结构性。

周期性熊市和事件驱动型熊市的股价一般跌幅为30%左右，而结构性熊市的价格跌幅要大得多，约为50%。事件驱动型熊市往往是最短的，平均持续7个月；周期性熊市平均持续26个月；而结构性熊市平均持续3.5年。事件驱动型和周期性熊市往往会在大约1年后恢复到之前的峰值，而结构性熊市平均需要10年才能恢复到之前的峰值。

牛市可以带来强大的回报。作为一个粗略的经验法则，以美国为例，牛市的平均股价在4年内上涨超过130%，年化回报率约为25%。

部分牛市是由持续的估值增长驱动的，可以广义地描述为长期牛市。1945—1968年的战后繁荣，以及1982—2000年通货紧缩和"冷战"结束的长期繁荣都是最佳的例子。牛市趋势不那么明显，而且往往更具周期性。我们将其分为以下几类：

1. 市场窄幅扁平（低波动性、低回报）。市场扁平化且股价停滞在一个狭窄的交易区间，波动较小。
2. 市场宽幅扁平（高波动性，低回报）。这段时期（通常很长）是指，股票指数的总体涨幅很小，但波动很大，其间会出现强势的反弹和回调（甚至有微型牛市和熊市）。

我们可以从现在学到什么？

- 尽管市场一直倾向于周期性波动，但金融危机后的周期在许多方面与过去有所不同。一方面，经济周期已经很长了，就美国而言，本轮周期是一个多世纪以来最长的。另一方面，通胀预期放缓，债券收益率跌至历史低点。英国长期债券收益率已达到 1700 年以来的最低水平，目前有超过 14 万亿美元的政府债券收益率为负。在利润增长和回报方面，技术创新也导致相对的赢家和输家之间的差距越来越大。自金融危机以来，科技行业一直是利润率和利润增长的主要来源。

- 自金融危机以来，相对较弱的经济增长、相当低的通胀预期和债券收益率的经济背景意味着，投资者面临收入和增长的稀缺（因为政策利率接近甚至低于零）：与金融危机前相比，高增长公司的数量有所减少，总体而言，企业部门的收入增速已经放缓。这些因素结合在一起，引发了人们在固定收益和信贷市场中对收益率的追逐，也在很大程度上反映在成长型股票相对于价值型股票的表现上。无论是信贷市场还是股市，对未来增长的不确定性越高，对质量的溢价也就越高，也就是说，资产负债表越强健的公司对经济周期的敏感性越低。除非或直到经济增长和通胀预期开始恢复到金融危机前经济周期中的普遍水平，否则这种状况可能会持续下去。

- 由于上述这些变化以及量化宽松的开启，金融资产的估值普遍上升，这意味着未来的回报会更低。债券收益率为零并不一定有利于股票。日本和欧洲的经验表明，较低的债券收益率推高了所需的股权风险溢价,即相对于无违约风险的政府债券,投资者承担风险并购买股票所需的额外回报。

债券收益率为零或为负可以降低周期的波动性,从而影响周期,但与此同时,这使得股市对长期增长预期更加敏感。如果一场冲击导致经济衰退,我们可能会看到其对股票估值的负面影响比我们在过去的周期中看到的要大得多。

随着债券收益率为零或为负,养老基金和保险公司很容易受到债务错配的影响。这可能会导致一些机构为了达到保证的回报而承担过多风险,但收益率下降也可能导致对债券的需求增加,从而导致债券收益率进一步下降。

由于技术创新,又一个结构性转变已然出现。据估计,世界上90%的数据是在过去两年产生的。[1]这迅速影响了相对的赢家和输家之间的布局。那些最大的公司已经变得更加庞大:亚马逊、苹果和微软的总市值超过了非洲(54个国家)的年GDP,科技股是美国股市的主导板块。历史表明,这种情况并不罕见。随着时间的推移,不同的技术浪潮将行业主导情况分成了不同的阶段,从金融股(1800年至19世纪50年代)、反映了铁路繁荣的运输股(19世纪50年代至20世纪头10年)和能源股(20世纪20年代至20世纪70年代)开始。自那以后,除了2008年金融危机之前的一小段时间,科技一直占据主导地位。体现在从大型机(1974年IBM成为标准普尔500指数成分股中市值最高的股票)到个人计算机(1998年微软成为市值最高的公司)再到苹果(2012年成为市值最高的公司)的演变。

---

1 SINTEF.(2013). Big data, for better or worse: 90% of world's data generated over last two years. *ScienceDaily* [online]. Available at https://www.sciencedaily.com/releases/ 2013/05/130522085217.htm.

对于未来，我们可以期待些什么？

未来的金融周期并不是本书的重点。然而，我们可以对过去和当前的周期进行观察，从而为未来的预期提供一些线索。

• 从过去的周期中可以得出的最一致的观察结果之一是，估值很重要。高估值往往导致较低的未来回报，反之亦然。在后金融危机周期中，产品市场的通胀水平相对较低，金融资产的通胀水平则较高（且回报率较高），这种不同寻常的组合在一定程度上是由同一个因素导致的：利率不断下降。

• 实际利率水平的下降可以反映出许多因素：人口老龄化、储蓄过剩、技术对定价的影响，以及全球化。至少在一定程度上，这也反映了金融危机后各国央行所采取的激进的量化宽松政策。

• 这种实际收益率的下降，加之总体增长率的下降，使得经济周期比我们过去看到的往往更长。与此同时，经济体、企业和投资者更加依赖于这些现行条件的延续。这表明，未来几年投资者将面临一些不同寻常的挑战。

• 尽管短期内经济衰退的可能性仍然不大，但在面对经济冲击时降息的空间比过去要小得多，这使得从经济低迷中复苏变得更加困难。政府可能会认为，在融资成本处于历史低位的情况下，增加借贷和财政扩张正变得越来越有吸引力。

• 但如果这样的借贷引发了更强劲的经济增长，那么在某个时候，通货膨胀预期和利率很可能会从当前的历史低点开始上升，随着债券收益率升至更高的水平，可能会引发金融资产减值。

- 一个可能的结果是，经济活动恢复到金融危机前的增长速度。这将提振人们对未来增长的信心，但与此同时，可能会大幅推高长期利率，增加金融资产减值的风险，并可能导致股票和债券市场陷入痛苦的熊市。另一种可能的情况是，经济增长、通货膨胀和利率仍然非常低迷，就像日本近几十年来的情况一样。尽管这可能会降低金融资产的波动性，但很可能伴随着低回报。鉴于人口老龄化以及由医疗保健和养老金成本形成的长期负债，对回报的需求不断上升，这使得在不冒更大风险的情况下，获得所需的回报变得更难了。

- 或许最大的挑战将来自气候变化和经济脱碳的需要。尽管这方面的努力代价高昂，但它也为投资和调整经济结构提供了重要机会，使未来的增长更具可持续性。

- 技术成果开始显现。在过去的 8 年里，风力发电成本下降了 65%，太阳能发电成本下降了 85%，电池成本下降了 70%。在未来的 15 年里，新技术不仅可以以与化石燃料发电相媲美的价格提供可再生电力，而且可以提供低成本的备份和存储系统，使得 80% ~ 90% 依赖于间歇性可再生能源的电力系统得以运行。[1]

- 从长期看，即便要承受周期引起的波动，投资也能够获得极高的利润。不同的资产往往在不同的时间表现最佳，而回报将取决于投资者的风险承受能力。尤其是对股票投资者而言，历史表明，如果能够持有自己的投资至少 5 年，特别是如果能够识别出泡沫和周期变化的迹象，投资者就真的能够享受到长期回报带来的益处。

1　Turner, A.（2017）. The path to a low-carbon economy. *Climate 2020* [online]. Available at https://www.climate2020.org.uk/path-low-carbon-economy.

致 谢

本书的主要内容为经济和金融市场周期,以及影响它们的因素。

本书基于我和我的团队自20世纪80年代中期以来所进行的大量工作。这段时间以来,我很幸运能与许多优秀的同事共事,也从与客户的无数次沟通中受益,所有这些都帮助我加深了对经济和市场以及塑造和推动它们的因素的理解。他们对我的影响在很大程度上塑造了本书的观点和思想。

我非常感谢与我在高盛宏观研究小组密切合作的所有同事。我要特别感谢莎伦·贝尔,她是我25年来的亲密同事,她对书中的大部分工作都起到了巨大的作用,没有她,这本书就不可能完成。克里斯蒂安·米勒-格利斯曼对本书所体现的许多观点、框架以及过去10年高盛的战略研究分析做出了重大贡献。这两位同事为我提供了源源不断的创新思想和友情支持。

高盛团队中的许多其他同事也影响并发展了书中的许多观点。安德斯·尼尔森和杰茜卡·宾得·格雷厄姆共同撰写了本书提到的股权风险溢价和股利贴现模型,并在《投资组合管理杂志》的一篇文章中对此进行了探讨。[1]我还要感谢现在的团队成员莉利亚·佩塔万、纪尧姆·杰森和阿莱西奥·里齐为本书提供的思想支持，以及他们的辛勤工作和持续奉献，我也非常感谢纪尧姆·杰森绘制并完善了书中的图表。

我还要感谢读过本书初稿并发表评论的几位同事：杰茜卡·宾德·格雷厄姆、保罗·史密斯和布赖恩·鲁尼。纽约的戴维·科斯廷，中国香港的蒂姆·莫和东京的松井凯茜，这几位高盛战略小组的老同事一直是我创意和热情的源泉。还有高盛全球研究主管史蒂夫·斯特龙金，他支持和鼓励我撰写本书，并对我的思想产生了重大影响。

我非常感谢高盛的同事洛蕾塔·散纳克斯，感谢她对手稿的编辑以及在整个过程中无尽的耐心、宝贵的建议和用心的付出。我要感谢读过初稿并发表评论的所有前同事。我之前的研究主管——高盛前首席经济学家、高盛投资管理公司董事长吉姆·奥尼尔勋爵以及英国标准人寿保险公司首席执行官基思·斯科奇，他们都对我产生了重大影响，也是我的创意来源。我还要感谢哈佛商学院高级讲师休·皮尔、伦敦商学院经济学教授伊利亚斯·帕帕约安努，以及牛津大学企业、市场和伦理中心主席布赖恩·格里菲思勋爵，感谢他们的洞见。我要特别感谢汇丰银行高级顾问简世勋，他为我提供了宝贵的建议、支持，以及详细的指导。

最后，我要感谢我出色的妻子乔安娜，还有我的孩子杰克和米娅，他们一直是我灵感和快乐的源泉。

1　Binder, J., Nielsen, A.E.B., and Oppenheimer, P. (2010). Finding fair value in global equities: Part I. *Journal of Portfolio Management*, 36 (2), 80–93.

参考文献

Across the rich world, an extraordinary jobs boom is under way. (2019, May 23). *The Economist*.

Aikman, D., Lehnert, A., Liang, N., and Modugno, M. (2017). Credit, financial conditions, and monetary policy transmission. *Hutchins Center Working Paper #39* [online]. Available at https://www.brookings.edu/research/credit-financial-conditions-and-monetary-policy-transmission

Ainger, J. (2019). 100-year bond yielding just over 1% shows investors' desperation. *Bloomberg* [online]. Available at https://www.bloomberg.com/news/articles/2019-06-25/austria-weighs-another-century-bond-for-yield-starved-investors

Akerlof, G., and Shiller, R. J. (2010). *Animal spirits: How human psychology drives the economy, and why it matters for global capitalism*. Princeton, NJ: Princeton University Press.

An, A., Jalles, J. T., and Loungani, P. (2018). How well do economists forecast recessions? *IMF Working Paper No. 18/39* [online]. Available at https://www.imf.org/en/Publications/WP/Issues/2018/03/05/How-Well-Do-Economists-Forecast-Recessions-45672

Antolin, P., Schich, S., and Yermi, J. (2011). The economic impact of low interest rates on pension funds and insurance companies. *OECD Journal: Financial Market Trends*, 2011(1).

Antras, P., and Voth, H. (2003). Factor prices and productivity growth during the British industrial revolution. *Explorations in Economic History*, 40(1), 52–77.

Baddeley, M. (2010). Herding, social influence and economic decision-making: Socio-psychological and neuroscientific analyses. *Philosophical Traditions of The Royal Society* [online]. Available at https://doi.org/10.1098/

rstb.2009.0169

Balatti, M., Brooks, C., Clements, M. P., and Kappou, K. (2016). Did quantitative easing only inflate stock prices? Macroeconomic evidence from the US and UK. *SSRN* [online]. Available at https://papers.ssrn.com/sol3/papers.cfm?abstract_id=2838128

Belke, A. H. (2013). Impact of a low interest rate environment – Global liquidity spillovers and the search-for-yield. *Ruhr Economic Paper No. 429*.

Bentolila, S., and Saint-Paul, G. (2003). Explaining movements in the labor share. *Contributions to Macroeconomics*, 3(1).

Benzoni, L., Chyruk, O., and Kelley, D. (2018). Why does the yield-curve slope predict recessions? *Chicago Fed Letter No. 404*.

Bernanke, B. S. (2005). The global saving glut and the U.S. current account deficit. Board of Governors of the Federal Reserve System speech 77.

Bernanke, B. (2010, Sept. 2). *Causes of the recent financial and economic crisis*. Testimony before the Financial Crisis Inquiry Commission, Washington, DC.

Bernstein, P. L. (1997). What rate of return can you reasonably expect . . . or what can the long run tell us about the short run? *Financial Analysts Journal*, 53(2), 20–28.

Binder, J., Nielsen, A. E. B., and Oppenheimer, P. (2010). Finding fair value in global equities: Part I. *Journal of Portfolio Management*, 36(2), 80–93.

Blau, F. D., and Kahn, L. M. (2013). Female labor supply: Why is the US falling behind? *NBER Working Paper No. 18702* [online]. Available at https://www.nber.org/papers/w18702

Borio, C. (2013). On time, stocks and flows: Understanding the global macroeconomic challenges. *National Institute of Economic and Social Research*, 225(1), 3–13.

Borio, C., Disyatat, P., and Rungcharoenkitkul, P. (2019). What anchors for the natural rate of interest? *BIS Working Papers No 777* [online]. Available at https://www.bis.org/publ/work777.html

Borio, C., and Lowe, P. (2002). Asset prices, financial and monetary stability: Exploring the nexus. *BIS Working Papers No 114* [online]. Available at https://www.bis.org/publ/work114.html

Borio, C., Piti, D., and Juselius, M. (2013). Rethinking potential output: Embedding information about the financial cycle. *BIS Working Papers No 404* [online]. Available at https://www.bis.org/publ/work404.html

Brookes, M., and Wahhaj, Z. (2000). Is the internet better than electricity? *Goldman Sachs Global Economics Paper No. 49*.

Browne, E. (2001). Does Japan offer any lessons for the United States? *New England Economic Review*, 3, 3–18.

Browser market share worldwide. (n.d.). Statcounter Global Stats [online]. Available at https://gs.statcounter.com/search-engine-market-share

Bruno, V., and Shin, H. S. (2015). Cross-border banking and global liquidity. *Review of Economic Studies*, 82(2), 535–564.

Buring, E., and van Zanden, J. L. (2009). Charting the "Rise of the West": Manuscripts and printed books in Europe; A long-term perspective from the sixth through eighteenth centuries. *The Journal of Economic History*, 69(2), 409–445.

Caballero, R. J., and Farhi, E. (2017). The safety trap. *The Review of Economic Studies*, 85(1), 223–274.

Can pension funds and life insurance companies keep their promises? (2015). *OECD Business and Finance Outlook 2015* [online]. Available at https://www.oecd.org/finance/oecd-business-and-finance-outlook-2015-9789264234291-en.htm

Carvalho, C., Ferro, A., and Nechio, F. (2016). Demographics and real interest rates: Inspecting the mechanism. *Working Paper Series 2016-5*. Federal Reserve Bank of San Francisco [online]. Available at http://www.frbsf.org/economic-research/publications/working-papers/wp2016-05.pdf

Case, K., and Shiller, R. (2003). Is there a bubble in the housing market? *Brookings Papers on Economic Activity*, 34(2), 299–362.

Cawley, L. (2015). Ozone layer hole: How its discovery changed our lives. BBC [online]. Available at https://www.bbc.co.uk/news/uk-england-cambridgeshire-31602871

Chancellor, E. (2000). *Devil take the hindmost: A history of financial speculation*. New York, NY: Plume.

Christensen, J. H. E., and Speigel, M. M. (2019). Negative interest rates and inflation expectations in Japan. *FEBSF Economic Letter*, 22.

Cooper, M., Dimitrov, O., and Rau, P. (2001). A Rose.com by any other name. *The Journal of Finance*, 56(6), 2371–2388.

Crafts, N. (2004). Productivity growth in the industrial revolution: A new growth accounting perspective. *The Journal of Economic History*, 64(2), 521–535.

Cunliffe, J. (2017). *The Phillips curve: Lower, flatter or in hiding?* Bank of England [online]. Available at https://www.bankofengland.co.uk/speech/2017/jon-cunliffe-speech-at-oxford-economics-society

Cutts, R. L. (1990). Power from the ground up: Japan's land bubble. *The Harvard Business Review* [online]. Available at https://hbr.org/1990/05/power-from-the-ground-up-japans-land-bubble

David, P. A., and Wright, G. (2001). General purpose technologies and productivity surges: Historical reflections on the future of the ICT revolution. *Economic Challenges of the 21st Century in Historical Perspective*, Oxford, UK. Available at https://www.researchgate.net/publication/23742678_General_Purpose_Technologies_and_Productivity_Surges_Historical_Reflections_on_the_Future_of_the_ICT_Revolution

Dhaoui, A., Bourouis, S., and Boyacioglu, M. A. (2013). The impact of investor psychology on stock markets: Evidence from France. *Journal of Academic*

Research in Economics, 5(1), 35–59.

Dice, C. A. (1931). New levels in the stock market. *Journal of Political Economy*, 39(4), 551–554.

Eckstein, O., and Sinai, A. (1986). The mechanisms of the business cycle in the postwar era. In R. Gorden (Ed.), *The American business cycle: Continuity and change* (pp. 39–122). Cambridge, MA: National Bureau of Economic Research.

The end of the Bretton Woods System. IMF [online]. Available at https://www.imf.org/external/about/histend.htm

Evans, R. (2014). How (not) to invest like Sir Isaac Newton. *The Telegraph* [online]. Available at https://www.telegraph.co.uk/finance/personalfinance/investing/10848995/How-not-to-invest-like-Sir-Isaac-Newton.html

Fama, E. F. (1970). Efficient capital markets: A review of theory and empirical work. *The Journal of Finance*, 25(2), 383–417.

Fama, E. F., and French, K. (1998). Value versus growth: The international evidence. *Journal of Finance*, 53(6), 1975–1999.

Ferguson, N. (2012). *The ascent of money*. London, UK: Penguin.

Fama, E. F., and French, K. (2002). The equity premium. *Journal of Finance*, 57(2), 637–659.

Ferguson, R. W. (2005). *Recessions and recoveries associated with asset-price movements: What do we know?* Stanford Institute for Economic Policy Research, Stanford, CA.

Filardo, A., Lombardi, M., and Raczko, M. (2019). Measuring financial cycle time. *Bank of England Staff Working Paper No. 776* [online]. Available at https://www.bankofengland.co.uk/working-paper/2019/measuring-financial-cycle-time

Fisher, I. (1933). The debt-deflation theory of the great depressions. *Econometrica*, 1, 337–357.

Five things you need to know about the Maastricht Treaty. (2017). ECB [online]. *Available at* https://www.ecb.europa.eu/explainers/tell-me-more/html/25_years_maastricht.en.html

Frehen, R. G. P., Goetzmann, W. N., and Rouwenhorst, K. G. (2013). New evidence on the first financial bubble. *Journal of Financial Economics*, 108(3), 585–607.

Fukuyama, F. (1989). The end of history? *The National Interest*, 16, 3–18.

Gagnon, J., Raskin, M., Remache, J., and Sack, B. (2011). The financial market effects of the Federal Reserve's large-scale asset purchases. *International Journal of Central Banking*, 7(1), 3–43.

Galbraith, J. K. (1955). *The great crash, 1929*. Boston: Houghton Mifflin Harcourt.

George Hudson and the 1840s railway mania. (2012). *Yale School of Management Case Studies* [online]. Available at https://som.yale.edu/our-approach/teaching-method/case-research-and-development/cases-directory/george-hudson-and-1840s

Gilchrist, S., and Zakrajsek, E. (2013). The impact of the Federal Reserve's large-scale asset purchase programs on corporate credit risk. *NBER Working Paper No. 19337* [online]. Available at https://www.nber.org/papers/w19337

Goobey, G. H. R. (1956). Speech to the Association of Superannuation and Pension Funds. *The pensions archive [online]*. Available at http://www.pensionsarchive.org.uk/27/

Gozluklu, A. (n.d.). *How do demographics affect interest rates?* The University of Warkick [online]. Available at https://warwick.ac.uk/newsand-events/knowledgecentre/business/finance/interestrates/

Graham, B. (1949). *The intelligent investor*. New York, NY: HarperBusiness.

Graham, B., and Dodd, D. L. (1934). *Security analysis*. New York, NY: McGraw-Hill.

Guild, S. E. (1931). *Stock growth and discount tables*. Boston, MA: Financial Publishing Company.

Gurkaynak, R. (2005). Econometric tests of asset price bubbles: Taking stock. *Finance and Economics Discussion Series*. Washington, DC: Board of Governors of the Federal Reserve System.

Hammond, R., Kostin, D. J., Snider, B., Menon, A., Hunter, C., and Mulford, N. (2019). *Concentration, competition, and regulation: 'Superstar' firms and the specter of antitrust scrutiny*. New York, NY: Goldman Sachs Global Investment Research.

Harley, N. F. R., and Harley, C. K. (1992). Output growth and the British Industrial Revolution: A restatement of the Crafts-Harley view. *Economic History Review*, 45(4), 703–730.

Hatzius, J., Phillips, A., Mericle, D., Hill, S., Struyven, D., Choi, D., Taylor, B., and Walker, R. (2019). *Productivity paradox v2.0: The price of free goods*. New York, NY: Goldman Sachs Global Investment Research.

Hayes, A. (2019, April 25). Dotcom bubble. Investopedia.

How quantitative easing affects bond yields: Evidence from Switzerland. (2019). Royal Economic Society [online]. Available at https://www.res.org.uk/resources-page/how-quantitative-easing-affects-bond-yields-evidence-from-switzerland.html

How to tame the tech titans. (2018). *The Economist*.

Hutchinson, J., and Persyn, D. (2012). Globalisation, concentration and footloose firms: In search of the main cause of the declining labour share. *Review of World Economics*, 148(1).

Jacques, M. (2009). *When China rules the world: The end of the western world and the birth of a new global order*. New York, NY: Penguin Press.

Johnston, E. (2009). Lessons from when the bubble burst. *The Japan Times* [online]. Available at https://www.japantimes.co.jp/news/2009/01/06/reference/lessons-from-when-the-bubble-burst/

Jorda, O., Schularick, M., Taylor, A. M., and Ward, F. (2018). Global financial cycles and risk premiums. *Working Paper Series 2018-5*, Federal Reserve

Bank of San Francisco [online]. Available at http://www.frbsf.org/economic-research/publications/working-papers/2018/05/

Kahneman, D., and Tversky, A. (1979). Prospect theory: An analysis of decision under risk. *Econometrica*, 47(2), 263–292.

Keynes, J. M. (1930). *A treatise on money*. London, UK: Macmillan.

Kindleberger, C. (1996). *Manias, panics, and crashes* (3rd ed.). New York, NY: Basic Books.

Kuhn, P., and Mansour, H. (2014). Is internet job search still ineffective? *Economic Journal*, 124(581), 1213–1233.

Lian, C., Ma, Y., and Wang, C. (2018). Low interest rates and risk taking: Evidence from individual investment decisions. *The Review of Financial Studies*, 32(6), 2107–2148.

Loewenstein, G., Scott, R., and Cohen J. D. (2008). Neuroeconomics. *Annual Review of Psychology*, 59, 647–672.

Lovell, H. (2013). "Battle of the quants". *The Hedge Fund Journal*, pp. 87.

Lu, L., Pritsker, M., Zlate, A., Anadu, K., and Bohn, J. (2019). Reach for yield by U.S. public pension funds. *FRB Boston Risk and Policy Analysis Unit Paper No. RPA 19-2* [online]. Available at https://www.bostonfed.org/publications/risk-and-policy-analysis/2019/reach-for-yield-by-us-public-pension-funds.aspx

Lucibello, A. (2014). Panic of 1873. In D. Leab (Ed.), *Encyclopedia of American recessions and depressions* (pp. 227–276). Santa Barbara, CA: ABC-CLIO.

Macaulay, F. R. (1938). *Some theoretical problems suggested by the movements of interest rates, bond yields, and stock prices in the United States Since 1856*. Cambridge, MA: National Bureau of Economic Research.

Mackay, C. (1841). *Extraordinary popular delusions and the madness of crowds*. London, UK: Richard Bentley.

Malmendier, U., and Nagel, S. (2016). Learning from inflation experiences. *The Quarterly Journal of Economics*, 131(1), 53–87.

Marks, H. (2018). *Mastering the cycle: Getting the odds on your side* (p. 293). Boston, MA: Houghton Mifflin Harcourt.

Mason, P. (2011). Thinking outside the 1930s box. BBC [online]. Available at https://www.bbc.co.uk/news/business-15217615

Masson, P. (2001). Globalization facts and figures. *IMF Policy Discussion Paper No. 01/4* [online]. Available at https://www.imf.org/en/Publications/IMF-Policy-Discussion-Papers/Issues/2016/12/30/Globalization-Facts-and-Figures-15469

McCullough, B. (2018). An eye-opening look at the dot-com bubble of 2000 – and how it shapes our lives today. IDEAS.TED.COM [online]. Available at https://ideas.ted.com/an-eye-opening-look-at-the-dot-com-bubble-of-2000-and-how-it-shapes-our-lives-today

McNary, D. (2019, Jan. 2). 2018 worldwide box office hits record as Disney dominates. *Variety [online]*. Available at https://variety.com/2019/film/news/box-office-record-disney-dominates-1203098075/

Mehra, R., and Prescott, E. C. (1985). The equity premium: A puzzle. *Journal of Monetary Economics*, 15(2), 145–161.

Minsky, H. P. (1975). *John Maynard Keynes*. New York, NY: Springer.

Modigliani, E., and Blumberg, R. (1980). Utility analysis and the aggregate consumption function: An attempt at integration. *The collected papers of Franco Modigliani*. Cambridge, MA: MIT Press.

Modigliani, F., and Cohn, R. A. (1979). Inflation, rational valuation and the market. *Financial Analysts Journal*, 35(2), 24–44.

Molyneux, P., Reghezza, A., Thornton, J., and Xie, R. (2019). Did negative interest rates improve bank lending? *Journal of Financial Services Research*, July 2019.

Mueller-Glissmann, C., Wright, I., Oppenheimer, P., and Rizzi, A. (2016). *Reflation, equity/bond correlation and diversification desperation*. London, UK: Goldman Sachs Global Investment Research.

Mühleisen, M. (2018). The long and short of the digital revolution. *Finance & Development [online]* 55(2). Available at https://www.imf.org/external/pubs/ft/fandd/2018/06/impact-of-digital-technology-on-economic-growth/muhleisen.htm

Multifactor productivity. (2012). OECD Data [online]. Available at https://data.oecd.org/lprdty/multifactor-productivity.htm

Norris, F. (2000). The year in the markets; 1999: Extraordinary winners and more losers. *New York Times* [online]. Available at https://www.nytimes.com/2000/01/03/business/the-year-in-the-markets-1999-extraordinary-winners-and-more-losers.html

Norwood, B. (1969). The Kennedy round: A try at linear trade negotiations. *Journal of Law and Economics*, 12(2), 297–319.

Odlyzko, A. (2010). Collective hallucinations and inefficient markets: The British railway mania of the 1840s. SSRN [online]. Available at https://ssrn.com/abstract=1537338

Okina, K., Shirakawa, M., and Shiratsuka, S. (2001). The asset price bubble and monetary policy: Experience of Japan's economy in the late 1980s and its lessons. *Monetary and Economic Studies*, 19(S1), 395–450.

Oppenheimer, P., and Bell, S. (2017). *Bear necessities: Identifying signals for the next bear market*. London, UK: Goldman Sachs Global Investment Research.

Oxenford, M. (2018). *The lasting effects of the financial crisis have yet to be felt*. London, UK: Chattam House.

Pasotti, P., and Vercelli, A. (2015). Kindleberger and financial crises. *FESSUD Working Paper Series No 104* [online]. Available at http://fessud.eu/wp-content/uploads/2015/01/Kindleberger-and-Financial-Crises-Fessud-final_Working-Paper-104.pdf

Perez, C. (2009). The double bubble at the turn of the century: Technological roots and structural implications. *Cambridge Journal of Economics*, 33(4), 779–805.

Pezzuto, I. (2012). Miraculous financial engineering or toxic finance? The genesis of the U.S. subprime mortgage loans crisis and its consequences on the global financial markets and real economy. *Journal of Governance and Regulation*, 1(3), 113–124.

Phillips, M. (2019). The bull market began 10 years ago. Why aren't more people celebrating? *New York Times* [online]. Available at https://www.nytimes.com/2019/03/09/business/bull-market-anniversary.html

Post-war reconstruction and development in the golden age of capitalism. (2017). *World Economic and Social Survey 2017*.

Privatisation in Europe, coming home to roost. (2002). *The Economist*.

Rajan, R. J. (2005). Financial markets, financial fragility, and central banking. *The Greenspan era: Lessons for the future*, sponsored by the Federal Reserve Bank of Kansas City, Jackson Hole, WY.

Reid, T. R. (1991). Japan's scandalous summer of '91. *Washington Post* [online]. Available at https://www.washingtonpost.com/archive/politics/1991/08/03/japans-scandalous-summer-of-91/e066bc12-90f2-4ce1-bc05-70298b675340/

Ritter, J., and Warr, R. S. (2002). The decline of inflation and the bull market of 1982–1999. *Journal of Financial and Quantitative Analysis*, 37(01), 29–61.

Roach, S. S. (2015). Why is technology not boosting productivity? *World Economic Forum* [online]. Available at https://www.weforum.org/agenda/2015/06/why-is-technology-not-boosting-productivity

Romer, C., and Romer, D. (2017). New evidence on the aftermath of financial crises in advanced countries. *American Economic Review*, 107(10), 3072–3118.

Roubini, N. (2007). *The risk of a U.S. hard landing and implications for the global economy and financial markets*. New York: New York University [online]. Available at https://www.imf.org/External/NP/EXR/Seminars/2007/091307.htm

Shiller, R. J. (1980). Do stock prices move too much to be justified by subsequent changes in dividends?. *NBER Working Paper No. 456* [online]. Available at https://www.nber.org/papers/w0456

Shiller, R. J. (2000). *Irrational exuberance*. Princeton, NJ: Princeton University Press.

Shiller, R. J. (2003). From efficient markets theory to behavioral finance. *Journal of Economic Perspectives*, 17(1), 83–104.

Siegel, J. (1994). *Stocks for the long run* (2nd ed.). New York, NY: Irwin.

Siegel, J. (1998). *Valuing growth stocks: Revisiting the nifty fifty*. The American Association of Individual Investors Journal [online]. Available at https://www.aaii.com/journal/article/valuing-growth-stocks-revisiting-the-nifty-fifty

SINTEF. (2013). Big data, for better or worse: 90% of world's data generated over last two years. *ScienceDaily* [online]. Available at https://www.sciencedaily.com/releases/2013/05/130522085217.htm

Smith, A. (1848). *The bubble of the age; or, The fallacies of railway investment, railway accounts, and railway dividends.* London, UK: Sherwood, Gilbert and Piper.

Smith, B., and Browne, C. A. (2019). *Tools and weapons: The promise and the peril of the digital age.* New York, NY: Penguin Press.

Smith, E. L. (1925). *Common stocks as long-term investments.* New York, NY: Macmillan.

Sorescu, A., Sorescu, S. M., Armstrong, W. J., and Devoldere, B. (2018). Two centuries of innovations and stock market bubbles. *Marketing Science Journal*, 37(4), 507–684.

Sterngold, J. (1991). Nomura gets big penalties. *New York Times*, October 9, Section D, p. 1.

Stone, M. (2015). The trillion fold increase in computing power, visualized. *Gizmodo [online].* Available at https://gizmodo.com/the-trillion-fold-increase-in-computing-power-visualiz-1706676799

Struyven, D., Choi, D., and Hatzius, J. (2019). *Recession risk: Still moderate.* New York, NY: Goldman Sachs Global Investment Research.

Summers, L. H. (2015). Demand side secular stagnation. *American Economic Review*, 105(5), 60–65.

Sunstein, C. R., and Thaler, R. (2016). The two friends who changed how we think about how we think. *The New Yorker* [online]. Available at https://www.newyorker.com/books/page-turner/the-two-friends-who-changed-how-we-think-about-how-we-think

Terrones, M., Kose, A., and Claessens, S. (2011). Financial cycles: What? How? When? *IMF Working Paper No. 11/76*, [online]. Available at https://www.imf.org/en/Publications/WP/Issues/2016/12/31/Financial-Cycles-What-How-When-24775

Thaler, R. H., and Sunstein, C. R. (2008). *Nudge: Improving decisions about health, wealth, and happiness.* New York, NY: Penguin.

Thompson, E. (2007). The tulipmania: Fact or artifact? *Public Choice*, 130(1–2), 99–114.

Tooze, A. (2018). *Crashed: How a decade of financial crises changed the world.* London, UK: Allen Lane.

Turner, A. (2017). The path to a low-carbon economy. *Climate 2020* [online]. Available at https://www.climate2020.org.uk/path-low-carbon-economy

Turner, G. (2003). *Solutions to a liquidity trap.* London, UK: GFC Economics.

US Department of Justice. (2015). U.S. v. Microsoft: Proposed findings of fact. Available at https://www.justice.gov/atr/us-v-microsoft-proposed-findings-fact-0

Vogel, E. (2001). *Japan as number one lessons for America.* Lincoln, NE: iUniverse.com.

Why weather forecasts are so often wrong. (2016). *The Economist explains.*

推荐阅读

Ahir, H., and Prakash, L. (2014). Fail again? Fail better? Forecasts by economists during the great recession. George Washington University Research Program in Forecasting Seminar.

Balvers, R. J., Cosimano, T. F., and McDonald, B. (1990). Predicting stock returns in an efficient market. *The Journal of Finance*, 45(4), 1109–1128.

Barnichon, R., Matthes, C., and Ziegenbein, A. (2018). *The financial crisis at 10: Will we ever recover?* San Francisco, CA: Federal Reserve Board.

Bell, S., Oppenheimer, P., Mueller-Glissmann, C., and Huang, A. (2015). *Below zero: 10 effects of negative real interest rates on equities*. London, UK: Goldman Sachs Global Investment Research.

Bernanke, B. (2018). The real effects of the financial crisis. *Brookings Papers on Economic Activity*.

Borio, C. (2012). The financial cycle and macroeconomics: What have we learnt? *BIS Working Papers No 395* [online]. Available at https://www.bis.org/publ/work395.htm

Burton, M. (1973). *A random walk down Wall Street*. New York, NY: W. W. Norton & Company.

Cagliarini, A., and Price, F. (2017). Exploring the link between the macroeconomic and financial cycles. In J. Hambur and J. Simon (Eds.), *Monetary policy and financial stability in a world of low interest rates (RBA annual conference volume)*. Sydney, Australia: Reserve Bank of Australia.

Campbell, J. (2000, Fall). Strategic asset allocation: Portfolio choice for long-term investors. *NBER Reporter* [online]. Available at https://admin.nber.org/reporter/fall00/campbell.html

Claessens, S., Kose, M. A., and Terrones, M. E. (2011). How do business and financial cycles interact? IMF Working Paper 11/88.

Cribb, J., and Johnson P. (2018). *10 years on – Have we recovered from the financial crisis?* London, UK: Institute of Fiscal Studies.

Crump, R. K., Eusepi, S., and Moench, E. (2016). The term structure of expectations and bond yields. *Federal Reserve Bank of New York Staff Reports No. 775.*

Daly, K., Nielsen, A. E. B., and Oppenheimer, P. (2010). Finding fair value in global equities: Part II—Forecasting returns. *The Journal of Portfolio Management*, 36(3), 56–70.

Diamond, P. A. (1999). What stock market returns to expect for the future? *Social Security Bulletin*, 63(2), 38–52.

Durré, A., and Pill, A. (2010). Non-standard monetary policy measures, monetary financing and the price level. *Monetary and Fiscal Policy Challenges in Times of Financial Stress*, Frankfurt, Germany. Available at https://www.ecb.europa.eu/events/pdf/conferences/ecb_mopo_fipo/Pill.pdf?c87bc7b3966364963b437607ec63d1b8

Fama, E. F., and French, K. (1988). Dividend yields and expected stock returns. *Journal of Financial Economics*, 22(1), 3–25.

Garber, P. M. (2000). *Famous first bubbles*. Cambridge, MA: MIT Press.

Goyal, A. (2004). Demographics, stock market flows, and stock returns. *Journal of Financial and Quantitative Analysis*, 39(1), 115–142.

Howard, M. (2018). *Mastering the market cycle: Getting the odds on your side*. London, UK: Nicholas Brealey Publishing.

Kettell, S. (1990–1992). *A complete disaster or a relative success? Reconsidering Britain's membership of the ERM*. Coventry, UK: University of Warwick.

King, S. D. (2017). *Grave new world: The end of globalization, the return of history*. New Haven, CT: Yale University Press.

Kopp, E., and Williams, P. D. (2018). A macroeconomic approach to the term premium. *IMF Working Paper No. 18/140* [online]. Available at https://www.imf.org/en/Publications/WP/Issues/2018/06/15/A-Macroeconomic-Approach-to-the-Term-Premium-45969

Kuhn, M., Schularitz, M., and Steins, U. (2018). Research: How the financial crisis drastically increased wealth inequality in the U.S. *The Harvard Business Review* [online]. Available at https://hbr.org/2018/09/research-how-the-financial-crisis-drastically-increased-wealth-inequality-in-the-u-s

Lansing, K. J. (2018). Real business cycles, animal spirits, and stock market valuation. *Federal Reserve Bank of San Francisco Working Paper 2018-08* [online]. Available at https://www.frbsf.org/economic-research/publications/working-papers/2018/08/

Lenza, M., Pill, H., and Reichlin, L. (2010). Monetary policy in exceptional times. *ECB Working Paper Series No. 1253* [online]. Available at https://www.ecb.europa.eu/pub/pdf/scpwps/ecbwp1253.pdf

Lincoln, E. J. (2002). *The Japanese economy: What we know, think we know, and don't know*. [online] Washington, DC: Brookings Institution. Available at https://www.brookings.edu/research/the-japanese-economy-what-we-know-think-we-know-and-dont-know/

Loungani, P. (2001). Deciphering the causes for the post-1990 slow output recoveries. *International Journal of Forecasting*, 17(3), 419–432.

Martin, J. (2009). *When China rules the world: The end of the western world and the birth of a new global order*. London, UK: Penguin Books.

Miranda-Agrippino, S., and Rey, H. (2015a). US monetary policy and the global financial cycle. *NBER Working Paper No. 21722*.

Miranda-Agrippino, S., and Rey, H. (2015b). World asset markets and the global financial cycle. *CEPR Discussion Papers 10936*.

Mueller-Glissmann, C., Rizzi, A., Wright, I., and Oppenheimer, P. (2018). *The balanced bear – Part 2: Chasing your tail risk and balancing the bear*. London, UK: Goldman Sachs Global Investment Research.

Mukunda, G. (2018). The social and political costs of the financial crisis, 10 years later. *The Harvard Business Review [online]*. Available at https://hbr.org/2018/09/the-social-and-political-costs-of-the-financial-crisis-10-years-later

Musson, A. E. (1959). The Great Depression in Britain, 1873–1896: A reappraisal. *Journal of Economic History*, 19(2), 199–228.

Odlyzko, A. (2012). The railway mania: Fraud, disappointed expectations, and the modern economy. *Journal of the Railway & Canal Historical Society*, 215, 2–12.

Oppenheimer, P. (2004). *Adventures in Wonderland: Through the looking glass; Scenarios for a post-crisis world*. London, UK: Goldman Sachs Global Investment Research.

Oppenheimer, P. (2015). *The third wave: Wave 3 of the crisis and the path to recovery*. London, UK: Goldman Sachs Global Investment Research.

Oppenheimer, P. (2016). *Any happy returns: The evolution of the 'long good buy'*. London, UK: Goldman Sachs Global Investment Research.

Oppenheimer, P., Bell, S., and Jaisson, G. (2018). *Making cents; The cycle & the return of low returns*. London, UK: Goldman Sachs Global Investment Research.

Oppenheimer, P., and Jaisson, G. (2018). *Why technology is not a bubble: Lessons from history*. London, UK: Goldman Sachs Global Investment Research.

Oppenheimer, P., Kerneis, A., Coombs, S., Mejia C., Hickey, J., Ng, C., Pensari, K., and Savina, M. (2002). *Share despair: Anatomy of bear markets and the prospects for recovery*. London, UK: Goldman Sachs Global Investment Research.

Oppenheimer, P., Kerneis, A., Coombs, S., Mejia C., Ng, C., Pensari, K., and Patel, H. (2004). *Bear repair: Anatomy of a bull market*. London, UK: Goldman Sachs Global Investment Research.

Oppenheimer, P., Mueller-Glissmann, C., Moser, G., Nielsen, A., and Bell, S. (2009). *The equity cycle part I: Identifying the phases*. London, UK: Goldman Sachs Global Investment Research.

Oppenheimer, P., Mueller-Glissmann, C., and Rizzi, A. (2017). *Bull market, 8th birthday – Many happy returns?* London, UK: Goldman Sachs Global Investment Research.

Oppenheimer, P., Nielsen, A., Mueller-Glissmann, C., Moser, G., and Bell, S. (2009). *The equity cycle part II: Investing in phases.* London, UK: Goldman Sachs Global Investment Research.

Oppenheimer, P., and Walterspiler, M. (2012). *The long good buy: The case for equities.* London, UK: Goldman Sachs Global Investment Research.

Oppenheimer, P., and Walterspiler, M. (2013). *Long good buy II: 18 months on . . . the case for equities continues.* London, UK: Goldman Sachs Global Investment Research.

Reinhart, C. M., and Rogoff, K. S. (2008). This time is different: Eight centuries of financial folly. *NBER Working Paper No. 13882.*

Reinhart, C. M., and Rogoff, K. S. (2014). Recovery from financial crises: Evidence from 100 episodes. *American Economic Review*, 104(5), 50–55.

Rezneck, S. (1950). Distress, relief, and discontent in the United States during the Depression of 1873–78. *Journal of Political Economy*, 58(6), 494–512.

Schröder, D., and Florian, E. (2012). A new measure of equity duration: The duration-based explanation of the value premium. German Economic Association. *Annual Conference 2012: New Approaches and Challenges for the Labor Market of the 21st Century*, Goettingen, Germany.

Shah, D., Isah, H., and Zulkernine, F. (2019). Stock market analysis: A review and taxonomy of prediction techniques. *International Journal of Financial Studies*, 7(2), 26.

Siegel, J. J. (1992). The equity premium: Stock and bond returns since 1802. *Financial Analysts Journal*, (48)1, 28–38.

Siegel, L. B. (2017). The equity risk premium: A contextual literature review. *CFA Research Foundation Literature Reviews*, 12(1).

Spierdijk, L., Bikker, J., and van der Hoek, P. (2010). Mean reversion in international stock markets: An empirical analysis of the 20th century. *De Nederlandsche Bank Working Paper No. 247* [online]. Available at https://www.dnb.nl/en/news/dnb-publications/dnb-working-papers-series/dnb-working-papers/working-papers-2010/dnb232375.jsp

Vissing-Jorgensen, A., and Krishnamurthy, A. (2011). The effects of quantitative easing on interest rates: Channels and implications for policy. *Brookings Papers on Economic Activity,* pp. 215–265.

Wright, I., Mueller-Glissmann, C., Oppenheimer, P., and Rizzi, A. (2017). *The equity risk premium when growth meets rates.* London, UK: Goldman Sachs Global Investment Research.

Wright, J. H. (2012). What does monetary policy do to long-term interest rates at the zero lower bound? *Economic Journal*, 122(546), F447–F466.

Zhang, W. (2019). Deciphering the causes for the post-1990 slow output recoveries. *Economics Letters,* 176(C), 28–34.